"十三五"普通高等教育会计专业精品系列教材

◉ 主编 罗正英 陈 艳

成本与管理会计

CHENGBEN YU GUANLI KUAIJI

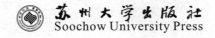

苏州大学出版社
Soochow University Press

图书在版编目(CIP)数据

成本与管理会计/罗正英,陈艳主编. —苏州：
苏州大学出版社,2018.12
"十三五"普通高等教育会计专业精品教材系列
ISBN 978-7-5672-2394-3

Ⅰ.①成… Ⅱ.①罗…②陈… Ⅲ.①成本会计-高等学校-教材②管理会计-高等学校-教材 Ⅳ.①F234

中国版本图书馆 CIP 数据核字(2018)第 262105 号

成本与管理会计
罗正英　陈　艳　主编
责任编辑　施小占

苏州大学出版社出版发行
(地址：苏州市十梓街1号　邮编：215006)
常州市武进第三印刷有限公司印装
(地址：常州市湟里镇村前街　邮编：213154)

开本 787mm×1092mm 1/16 印张 15.25 字数 372 千
2018 年 12 月第 1 版　2018 年 12 月第 1 次印刷
ISBN 978-7-5672-2394-3　定价：45.00 元

苏州大学版图书若有印装错误,本社负责调换
苏州大学出版社营销部　电话：0512-65225020
苏州大学出版社网址 http://www.sudapress.com

"十三五"普通高等教育会计专业精品系列教材编委会

顾　问　冯　博
主　任　王则斌
副主任　罗正英
委　员　周中胜　权小锋　俞雪华　张雪芬　龚菊明
　　　　　陈　艳　郁　刚　蒋海晨　倪丹悦

在现代企业管理中,成本成为一项涉及面广、综合性和制约性都很强的系统学科。公司的成本管理与决策作为现代公司管理的重要领域和专门学科,得到了广大理论工作者和实务界人士的高度重视。伴随着21世纪全球经济和管理技术的飞速发展,传统的成本理论与方法已经难以适应面临激烈竞争的公司的需要。现代企业管理需要运用适合企业及其环境的专业的成本及管理会计工具,使用合适的决策技能去评估多种商业决策。同时,还需要应用战略管理会计、业绩管理体系和业务改进的技能来评估组织业绩及其后续的战略发展。因此,具有这些方面优势的管理会计被结合进成本会计学中,集两门学科之精华,融合成为《成本与管理会计》。本教材的编写一方面要立足本土,贴近我国学生的知识结构和学习特点;另一方面与国际接轨,采用国际先进的理论和方法。

鉴于成本会计与管理会计既相互关联又各有特色,本书将这两门学科统一起来。第一章内容为成本会计和管理会计概述。第二章至第七章内容为成本会计部分,主要介绍成本的性态、计量与核算。第八章至第十四章内容为管理会计部分,这部分每一章的内容既相对独立,又与成本会计的内容相关联,主要介绍成本管理在企业管理决策中的应用。因此,对于成本会计课程,可重点学习第一章至第七章,根据课程特色选择学习第八章至第十四章中的任意章节。对于管理会计课程,可在了解第一章至第七章的基本方法后,重点学习第八章至第十四章的内容。本书使用灵活,可根据不同专业和类型的课程要求进行自主选择和安排。

本教材各章以案例为导线,将会计信息处理的方法标准化,化繁为简帮助学生高效理解和记忆相关内容。同时,基于以解决事务问题为导向的案例分析,使学生可以更快更容易地将学科知识运用到实务工作中去。

本教材由罗正英和陈艳合作完成。罗正英负责第一章、第二章、第三章、第五章、第七章和第十四章的撰写工作。陈艳负责第四章、第六章、第八章至第十三章的撰写工作。本教材在写作过程中参考了大量国内外资料和文献,吸取了其研究成果。对此,在教材中已注明,但恐仍有遗漏。由于编者的水平和业务能力有限,教材中难免存在一些问题和不足,非常欢迎各位学界同人批评指正,你们的任何建议都有助于本教材的完善和更新。期望我们的努力能够为我国高等教育和职业教育中成本和管理会计课程教学增砖添瓦,增加亮点。

作者
2018 年 7 月 1 日于苏州大学财科馆

- 第一章 成本会计和管理会计概述 /1
  - 第一节 成本会计的内容及其职能 /1
  - 第二节 成本会计的工作组织 /5
  - 第三节 管理会计的内容及其职能 /7
  - 第四节 成本会计、管理会计及财务会计之间的关系 /9
  - 本章小结 /12
- 第二章 成本的概念 /14
  - 第一节 成本 /14
  - 第二节 多维成本概念 /20
  - 第三节 产品成本的现实内容 /24
  - 本章小结 /25
- 第三章 制造业成本核算的基本原理 /28
  - 第一节 制造业成本核算概述 /29
  - 第二节 生产费用的分类 /31
  - 第三节 制造业成本核算的一般程序及成本计算方法 /34
  - 本章小结 /38
- 第四章 费用的归集和分配 /40
  - 第一节 材料费用的核算 /41
  - 第二节 人工费用的核算 /43
  - 第三节 折旧费及其他费用的核算 /47
  - 第四节 辅助生产费用的归集和分配 /49
  - 第五节 制造费用的归集和分配 /55
  - 第六节 生产损失的核算 /58
  - 第七节 生产费用在完工产品与在产品之间的归集和分配 /61
  - 本章小结 /67

- 第五章　成本计算的方法：品种法 / 72
  - 第一节　品种法概述 / 72
  - 第二节　品种法实例 / 74
  - 本章小结 / 77

- 第六章　成本计算的方法：分步法 / 81
  - 第一节　分步法概述 / 82
  - 第二节　顺序结转分步法 / 83
  - 第三节　平行结转分步法 / 90
  - 本章小结 / 94

- 第七章　成本计算的方法：分批法 / 100
  - 第一节　分批法概述 / 101
  - 第二节　分批法的成本计算程序 / 102
  - 本章小结 / 106

- 第八章　成本计算的方法：作业成本法 / 109
  - 第一节　作业成本法的概念 / 110
  - 第二节　作业成本法的步骤 / 112
  - 第三节　传统成本法与作业成本法的比较 / 117
  - 本章小结 / 119

- 第九章　本量利分析 / 125
  - 第一节　本量利相关概念 / 126
  - 第二节　盈亏临界点分析 / 129
  - 第三节　敏感性分析 / 131
  - 本章小结 / 136

- 第十章　成本与定价 / 139
  - 第一节　成本分析决策 / 140
  - 第二节　定价决策 / 144
  - 第三节　定价的影响因素 / 152
  - 本章小结 / 154

- 第十一章　成本计量方法与业绩、产量分析 / 156
  - 第一节　产量与存货成本 / 157
  - 第二节　吸收成本法下产量的选择与管理 / 165
  - 本章小结 / 174

- 第十二章　成本预测、决策与计划 / 176
  - 第一节　成本预测 / 177

第二节　成本决策　／185
　　第三节　成本计划　／190
　　本章小结　／197
● **第十三章　资本预算**　／201
　　第一节　资本预算　／202
　　第二节　资本预算中的现金流量预测　／204
　　第三节　资本成本　／207
　　第四节　投资项目决策评价指标　／210
　　本章小结　／214
● **第十四章　转移定价**　／221
　　第一节　转移定价的动因　／222
　　第二节　转移定价的方法　／223
　　第三节　转移价格制定　／227
　　本章小结　／231

第一章 成本会计和管理会计概述

学习目的与要求

1. 了解现代成本会计的主要内容及其任务；
2. 了解成本会计的工作组织；
3. 理解财务会计、管理会计与成本会计之间的关系。

【案例导入】

　　香味斋公司是一家百年老店，他们销售的麻花受到全国消费者的青睐。但是，随着消费者口味的日益变化，香味斋的销售受到各种零食的竞争。同时，随着人力成本的提高，以及制作技师的老龄化，公司的产量受到限制。针对这种情况，香味斋的管理层考虑通过增加麻花的口味来迎合消费者多样化的需求，同时考虑投资设备进行机械化生产以取代纯手工制作。由于财务报表的信息无法满足管理层决策的需求，他们需要更详细更深入的信息了解相关产品的成本，从而帮助其进行定价和投资决策。

　　成本会计是从财务会计中派生发展起来的，借助于管理会计形式得到深入发展。成本会计跨越了财务会计和管理会计两个领域。那么，财务会计、管理会计、成本会计之间究竟有什么联系和区别？成本会计在会计系统中有何重要作用？现代成本会计的主要内容及任务是什么？如何建立成本会计的工作组织？

第一节　成本会计的内容及其职能

　　成本会计在其发展的不同时期，由于其含义不同、目的不同，因此其内容也不完全相同。传统成本会计是运用会计核算的一般原理、原则和方法，全面系统地记录企业生产经营过程中所发生的各种生产费用,并按一定的程序,选择一定的标准,在各成本计算对象之间进行归集、分配、汇总,从而确定各种产品或劳务的总成本和单位成本,以供企业领导和管理部门制定产销政策时参考。这种对生产经营过程中实际发生的各种费用的记录、核算,在现代成本会计中仍然是一项重要内容,但仅进行事后的记录和核算,已不能满足现代企业成本管理的要求。因此,现代成本会计应对传统成本会计的内涵和外延进行拓展,使之涵盖更广泛的内容,才能满足现代企业成本管理的需要。

一、现代成本会计的主要内容

（一）成本预测

成本预测是指根据有关成本资料和现有各种技术经济因素的依存关系,运用一定的科学方法,对未来期间的成本水平及其变化趋势做出的科学的推测和估计。成本预测的目的在于寻找降低产品成本的途径,挖掘降低成本的潜力,并为做出成本决策、编制成本计划、进行成本控制提供科学的依据。

（二）成本决策

成本决策是指在成本预测的基础上,结合有关成本资料,采用定性与定量的方法,选择最优成本方案的过程。成本决策贯穿于企业整个生产经营过程,其目的在于对生产经营过程中的每个环节都能选择最优的成本决策方案,从而达到整体最优效果。

（三）成本计划

成本计划是指在成本决策的基础上,根据计划期的生产任务、降低成本的要求以及有关资料,通过一定的程序,运用一定的方法,以货币计量形式表现计划期产品的生产耗费和各种产品的成本水平。成本计划也是控制与考核成本的重要依据。成本计划的目的在于为降低产品成本提出明确的目标,提高企业领导和员工降低成本的自觉性,严格控制生产费用,挖掘降低成本的潜力,保证企业成本降低任务的完成,提高企业的经济效益。

（四）成本控制

成本控制是指根据预定的目标,在产品成本形成过程中,通过对成本发生和形成过程的监督,及时发现并纠正发生的偏差,使生产经营过程发生的各种消耗和费用支出被控制在成本计划和费用预算标准的范围内,以保证产品成本降低目标的实现。成本控制一般按成本费用发生的时间先后划分为事前控制、事中控制、事后控制三个阶段。成本控制的目的在于通过成本控制,使企业产品成本按照事先测算确定的成本水平进行,防止生产过程中损失和浪费现象的发生,使企业的人力、物力、财力得到合理利用,从而使企业能够节约各项消耗,降低产品成本,提高经济效益。

（五）成本核算

成本核算是指根据企业确定的成本核算对象,采用适当的成本计算方法,按照规定的成本项目,严格划分各种费用的界限,并将应计入产品成本的生产费用通过一系列的归集和分配方法,计算出各成本核算对象的总成本和单位成本。成本核算既是对生产经营过程中的实际耗费进行归集、分配及其对象化的过程,也是对各种劳动耗费进行信息反馈和控制的过程。成本核算的目的在于通过将实际成本核算资料与计划成本、目标成本的比较,了解成本计划的完成情况,同时为编制下期成本计划、进行成本预测和决策提供资料,并为制定成本价格提供依据。

(六)成本分析

成本分析是指根据成本核算资料及其他有关资料,运用一系列专门的方法,将本期实际成本、计划或目标成本、上期实际成本、国内外同类产品成本进行比较,借以揭示企业费用预算和成本计划的完成情况,查明影响预算或计划完成的各种因素变化的原因及影响程度,从而寻求节约费用、降低产品成本的途径。成本分析贯穿于费用发生和成本形成的全过程,有定期分析和不定期分析之分。其目的在于通过成本分析,找出成本费用管理工作中存在的问题,进一步挖掘企业节约费用、降低成本的潜力。

(七)成本考核

成本考核是定期对成本计划及其有关指标实际完成情况进行的考察和评价。成本考核一般以部门、单位或个人作为责任者的对象,按其可控成本为条件,以责任的归属来考察其成本指标的完成情况,评价其工作业绩和决定其奖惩。成本考核的目的在于通过考察、评价,寻求降低成本的途径,鼓励先进,鞭策后进,进一步完善成本管理责任制,调动各责任者努力完成目标成本的积极性,更好地履行经济责任,提高企业成本管理水平。

上述成本会计的各项内容,既相互独立又相互联系地构成一个有机的体系。成本预测是成本会计的第一个环节,它是成本决策的前提;成本决策既是成本预测的结果,又是制订成本计划的依据;成本计划是成本决策的具体化;成本控制是对成本计划的实施进行监督,是实现成本决策既定目标的保证;成本分析和成本考核是实现成本决策和成本计划目标的有效手段。应当指出,成本核算是成本会计最基本的内容,成本预测、决策、计划必须以过去的成本核算资料为重要依据,成本控制离不开成本核算提供的信息反馈,成本分析和成本考核更需要通过成本核算提供成本计划指标、实际完成情况的数据资料。

▶▶ 二、成本会计的职能

成本会计作为会计的一个重要分支,是企业经营管理的一个重要组成部分。因此,成本会计的职能由企业经营管理的要求所决定。但是,成本会计不可能全面地实现企业经营管理各个方面的要求,它要受成本会计的对象所制约。成本会计在企业经营管理中主要担负以下几个方面的职能。

(一)进行成本预测,参与经营决策,编制成本计划,为企业有计划地进行成本管理提供基本依据

在社会主义市场经济中,企业应在遵守国家的有关政策、法规和制度的前提下,按照市场经济规律的要求,正确地组织自己的生产经营活动。为此,企业必须在经营管理中加强预见性和计划性。也就是说,面对竞争日趋激烈的市场,企业应在分析过去的基础上,科学地预测未来,周密地对自身的各项经济活动实行计划管理。企业的成本管理是一项综合性很强、涉及面很广的工作,仅靠财会部门和成本会计工作人员是难以完成的。但成本会计作为

一项综合性较强的价值管理工作,应充分发挥自己的特点,在成本的计划管理中发挥主导作用。为了使企业成本管理工作有计划地进行和对费用开支有效地进行控制,成本会计工作应在有关方面的配合下,根据历史成本资料、市场调查情况以及其他有关方面(如生产、技术、财务等)的资料,采用科学的方法来预测成本水平及其发展趋势,制订各种降低成本的方案,进行成本决策,选出最优方案,确定目标成本;然后再根据目标成本编制成本计划,制定成本费用的控制标准以及降低成本应采取的重要措施,以此作为对成本实行计划管理,建立成本管理的责任制,开展经济核算和控制费用支出的基础。

(二) 严格审核和控制企业发生的各项费用支出,制止各种浪费和损失,不断节约费用,降低成本

企业作为自主经营、自负盈亏的商品生产者和经营者,应贯彻增产节约、增收节支的原则,加强经济核算,不断提高自己的经济效益,这是社会主义市场经济对企业的客观要求。在此方面成本会计担负着极为重要的任务。为此,成本会计必须根据国家有关成本费用的开支范围和开支标准,同时以企业的有关计划、预算、规定、定额等为依据,严格控制各项费用的开支,监督企业内部各单位严格按照计划、预算和规定办事,制止各种浪费和损失的发生,并积极探求节约开支、降低成本的途径和方法,以促进企业经济效益的不断提高。

(三) 及时、正确地核算各种生产费用、经营管理费用和产品成本,为企业生产经营管理提供所需的成本、费用数据

按照国家有关法规、制度的要求和企业经营管理的要求,及时、正确地核算企业生产经营过程中发生的各种生产费用、经营管理费用和产品成本,提供真实、有用的成本数据资料,是成本会计的基本任务。这是因为,成本核算所提供的成本数据资料,不仅是企业正确地进行存货计价、确定利润和制定产品价格的依据,同时也是企业进行成本管理的基本依据。在企业成本管理中,对各项费用的监督与控制主要是在成本核算过程中利用有关核算资料来进行的;成本预测、决策、计划、考核、分析等也是以成本核算所提供的成本数据资料为基本依据来进行的。

(四) 考核、分析各项消耗定额和成本计划的执行情况,进一步挖掘节约费用、降低成本的潜力

在企业的经营管理中,成本是一个极为重要的经济指标,它可以综合反映企业以及企业内部有关部门的工作业绩。因此,成本会计必须按照成本计划的要求,进行成本考核和分析,通过考核和分析,肯定成绩,找出差距,鼓励先进,鞭策落后。成本是综合性很强的指标,其消耗定额和成本计划的完成情况是诸多因素共同作用的结果。因此,在企业的成本管理工作中,必须认真、全面地开展成本考核和分析。通过成本考核和分析,揭示影响成本下降的各种因素及其影响程度,以便正确评估企业以及企业内部各有关单位在成本管理工作中的业绩,揭示企业成本管理工作中存在的问题,从而促进企业采取有效的措施,改善成本管理工作,提高企业的经济效益。

综上所述,成本会计的中心任务,是促使企业加强成本管理,取得成本优势。

第二节　成本会计的工作组织

为了充分发挥成本会计在企业生产经营过程中的作用，企业必须科学地组织成本会计工作。成本会计的组织工作主要包括：建立成本会计机构，配备合格的成本会计人员，制定和推行合理的成本会计制度。

一、建立成本会计机构

建立成本会计的组织机构，必须与企业体制、企业组织机构和会计工作组织相适应；必须与企业业务的特点和规模相协调；必须体现精简高效的原则；必须适应成本会计工作的内容和目的，贯彻落实经济责任制。

关于成本会计的职能机构，在大中型企业单设成本处（成本部）或成本科，也有企业在会计机构中设置成本股或成本组；至于规模小的企业，一般是在会计部门中指定一些人专门负责成本会计工作。

成本会计工作在厂部成本职能部门和企业内部各单位之间，可以采用两种不同的组织形式，即集中核算和非集中核算。

以工业企业为例，在集中核算的形式下，企业一切成本会计业务都集中在厂部成本职能部门进行，车间及其他部门一般只负责提供原始资料。在这种方式下，各车间及其他有关部门一般只配备专职或兼职的核算员。这种形式可以供厂部成本部门集中进行成本数据处理，及时掌握企业成本信息，减少核算层次，精简工作人员。但这样做不便于企业内部其他单位掌握和控制成本或费用支出，不利于调动他们控制成本费用、提高成本效益的积极性。

在非集中核算的形式下，车间或部门的成本及费用支出的计划、核算和分析等，一般由这些单位负责成本工作的人员担任；厂部成本部门主要负责成本数据的汇总，处理不便于分散到各单位去进行的成本工作，以及对各单位成本会计工作进行监督和指导。采用非集中核算形式，可以使成本工作更好地与各车间、各部门的生产经营管理结合起来，使各车间、各部门能够及时了解本单位的成本水平及其超降情况，更加直接有效地控制成本或费用。但是，这种组织形式增加了成本会计工作层次和工作人员。

企业应采用哪一种组织形式，要从有利于更好地完成成本会计任务的角度出发，根据企业规模的大小和经营管理水平等条件来决定。

二、配备成本会计人员

随着社会主义市场经济的建立，企业要成为独立的商品生产经营者，应面向市场，行动于市场。成本会计工作也要革新，适应社会主义市场经济的要求。因此，成本会计人员要树立起强烈的经营意识、竞争意识、技术进步意识和效益意识。

成本会计人员是指在企业成本会计机构中配备的成本会计工作人员。现代成本会计工作要求从事该项工作的人员具备一定的职业道德。西方国家对于管理人员的职业道德较为重视,其职业道德规范也较完善。在此,我们介绍管理会计师协会(IMA)于1983年发布的《管理会计人员道德行为准则》(The Standards of Ethical Conduct for Management Accountants)。表1-1给出了准则的内容。

表1-1 管理会计人员道德行为准则

能力	1. 通过持续不断地发展管理会计人员的知识和技能来保持特有的专业能力水平; 2. 遵守相关法律、规定和技术标准来履行管理会计人员的专业职责; 3. 在对相关的可靠的信息进行适当分析之后编制全面的清楚的报告和建议
保密	1. 除了被授权外,在法定对外披露前应避免泄漏在工作过程中所获知的机密信息; 2. 告诫下属对他们在工作过程中所获知的信息注意保密,并监督他们的活动以保证机密不被外泄; 3. 不得利用和间接利用在工作中所获得的机密信息,向其他人或第三者换取不道德的和违法的利益
正直	1. 避免卷入实际的和表面的利益冲突,并对潜在冲突的各有关方面提出建议; 2. 不得从事道德上有损管理会计人员履行自己职责的任何活动; 3. 拒绝会影响管理会计人员行为的任何礼物、恩惠和款待; 4. 避免主动地和被动地阻碍组织既合法又符合道德的目标的实现; 5. 了解和通晓不利于其做出认真负责的判断或顺利完成工作的某些专业性限制和其他的约束条件; 6. 传达不利的和有利的信息以及专业判断和观点; 7. 不得从事和支持任何有损职业信誉的活动
客观	1. 公正和客观地传达信息; 2. 充分披露可能影响预期使用者理解报告、评论和所提建议的所有相关信息

以上职业道德也适用于成本会计人员。现代成本会计工作不仅局限于计划、核算和考核,同时还要进行成本技术分析和成本效益分析,尤其是要把预测和决策放在重要地位。所以,成本会计人员要熟练掌握现代成本会计的理论和方法,学会分析、预测和决策等相关技能,具备过硬的岗位本领。

三、建立成本会计制度

成本会计制度是组织和从事成本会计工作必须遵循的规范和具体依据,是企业会计制度的一个组成部分。建立和健全成本会计制度对规范成本会计工作,保证成本会计信息质量,具有重要意义。

企业成本会计制度的制定要以会计准则、财务通则和财务会计制度的有关规定为依据,既要体现社会主义市场经济的要求,满足宏观调控的需要;又要适应企业的生产经营特点以及内部经营管理的具体要求与其他有关规章制度相协调;同时还要深入实践去调查研究,发动群众讨论,认真总结经验。

成本会计制度的内容,应包括对成本进行预测、决策、计划、控制、核算、分析和考核等所做出的规定,一般包括以下几个方面:

(1)成本岗位责任制;

(2) 成本预测和决策的制度;
(3) 关于成本定额、成本计划编制的制度;
(4) 关于成本控制的制度;
(5) 关于成本核算的制度;
(6) 关于成本报表制度;
(7) 关于成本分析制度;
(8) 企业内部价格制定和结算制度;
(9) 成本岗位考核标准;
(10) 其他有关成本会计的规定。

必须指出,成本会计制度一经制定,要认真严格执行,保持相对稳定。但是,随着客观形势的发展以及人们对客观事物认识的深化,成本会计制度也必须适当地修改。制度的修订是一项严肃的工作,必须既积极又慎重。在新制度未形成之前,原有制度要继续执行,以便使成本会计工作处于有章可循的正常状态,充分发挥其应有的积极作用。

第三节 管理会计的内容及其职能

一、管理会计的基本内容

管理会计是以提高企业经济效益为目标,通过一系列专门方法,利用财务会计提供的资料及其他资料进行加工、整理和报告,使企业各级管理人员能据此对日常发生的各项经济活动进行规划与控制,并帮助决策者做出各种决策的一个会计学分支。管理会计在企业的财务管理活动中正在起到越来越重要的作用。在管理会计的核心理念中,价值的创造与维护是最为重要的两点。基于此,管理会计是企业的战略、业务、财务一体化最有效的工具。

管理会计是一门正在发展中的新兴学科,主要服务于企业内部经营管理,其内容非常广泛。关于管理会计的内容到底应该包括什么,说法不一而足,并且随着管理会计的不断发展、完善,其内容还会不断地发展变化。就目前来看,管理会计的基本内容主要包括以下几个方面。

(一) 规划与决策会计

规划与决策会计是以企业经营目标为依据,在预测分析的基础上,运用一系列现代管理技术和方法,分析评价各种决策的经济效果,为各级管理人员提供所需信息的会计方法。主要包括预测分析、短期经营决策、长期投资决策和全面预算。

(二) 控制与业绩评价会计

控制与业绩评价会计是以全面预算为依据,通过标准成本制度,实施有效的成本控制;通过划分责任建立责任会计,对企业内部各单位实施控制考核和评价,以保证企业的各个环节和各项经营活动朝着既定的目标前进。

二、管理会计的职能

企业的管理会计职能主要涵盖四个方面的内容。

（一）为决策提供客观可靠的信息

企业的决策按时间长短可以划分为短期与长期两种决策类型。对企业内部会计进行短期分析，管理会计对微观经济学的概念进行了借鉴，采用了本—量—利、差量、增量等分析原理，对影响企业利润的相关成本与收入进行分析对比，对在企业经营过程中的短期决策与非正常方面的决策提供有效的保证。管理会计是依据时间价值，对现金流量进行分析与归集，并对时间价值对现金流量的作用进行考察分析，明确相关因素对现金流量的影响，从而对长期投资决策进行合理的注解。

（二）制订计划，编制预算

只有缜密的计划和控制才能够让所选择的目标得以实现，决策方案方能更加完善。控制能够得以实施，最主要还是通过预算来完成，预算可以使量化的数据最大可能实现企业将来要实现的经济效益。这就需要管理会计将各项工作以及目标细化，具体到每一个关键的环节，通过数据比较，及时发现偏差，找出原因。比如因素分析法，对影响最大的因素进行有效地控制，并且及时沟通使之落到实处，让计划与预算达到最终要实施的方案的每个步骤和目标。

（三）指导经营，实施控制

决策目标的实现，预算的实施，都依赖于实际的计划与预算执行过程中的控制来完成。管理会计通过对企业预算执行的跟踪来完成经营活动中的多方面数据资料的归集，并对预算数据与实际数据的差异进行比较与分析，及时对问题做出合理的分析与调查，对预算实施过程中的差异进行合理的控制，以达成经营活动的原定目标。并根据反馈信息，对长期投资决策进行合理的注解。

（四）成本确定和成本计算

管理会计在参与企业决策、编制计划和预算、帮助管理部门指导和控制经营活动的过程中，成本的确定与计算可以说是无处不在。所以可以这样理解，管理会计职能的重要组成部分是成本确定与成本计算。针对不同的管理需要，管理会计对成本的分类与定义给出了不同的注解与分类，对成本的确定也进行了梳理与计算。

第四节 成本会计、管理会计及财务会计之间的关系

现代企业会计的三个主要领域——财务会计、管理会计和成本会计,共同构成企业的会计信息系统。

一、会计系统的主要目标

几乎在所有的企业组织中,会计系统都是首要的而且是最可信的数字信息系统,这个系统能够为以下五项目标提供服务:

目标一:构建整体策略和长远规划。这包括对有形资产(设备)和无形资产(商标、专利和人力资源)进行新的产品开发和投资,而且通常涉及特殊目的的报告。

目标二:资源分配决策和定价决策。这通常包括向管理人员提供有关产品盈利能力、品牌类别、顾客、分销渠道等内容的内部常规报告。

目标三:企业经营活动的成本计划和成本控制。这包括提供有关收入、成本、资产、负债等各种责任领域的报告。

目标四:人员业绩的衡量与评估。这包括实际业绩与计划目标的比较,这种比较建立在财务和非财务信息的基础上。

目标五:满足外部监管,依法评估业绩。因为对外公布的财务报告是股东投资决策的依据,企业必须按照财务会计一般公认会计原则进行报告。

上述每个目标都可能要求以不同的方式搜集和报告数据,理想的数据库应包括很详细的信息,会计人员搜集和整理这些数据以回答内部或外部各种信息使用者的问题。但由于会计人员不可能预见到使用者需要进行的每项决策,系统通常设计为可以满足管理人员可预见的最广泛的使用要求。

二、财务会计、管理会计与成本会计的关系

管理会计的主要目的是协助实现组织目标,因而它主要关注上面列示的会计系统的前四个目标;财务会计针对外部报告,它注重上面列示的会计系统的第五个目标;成本会计主要处理企业获取和消耗资源的成本及其相关信息,向财务会计和管理会计提供必要的数据。例如,生产成本数据用于帮助经理们确定价格,这是一项管理会计用途。但是,生产成本数据也用来准备资产负债表中的存货价值项目,这是一项财务会计用途。图1-1描述了一个组织的基础会计系统、成本会计系统、财务会计和管理会计之间的关系。

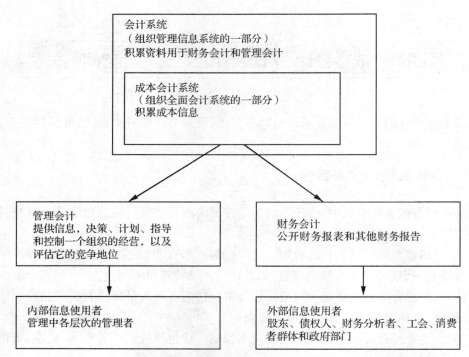

图 1-1　财务会计、管理会计与成本会计的关系

（一）财务会计与管理会计的关系

1. 财务会计与管理会计的区别

由于信息使用者的不同，产生了财务会计和管理会计两个子系统。财务会计主要是为股东、债权人、政府机构以及其他企业外部有经济利益关系的使用者提供财务状况与经营成果方面的信息，发挥会计信息的社会职能。管理会计主要是为企业内部各级管理人员提供计划、控制、决策等活动的管理信息，发挥会计信息的管理职能。

财务会计受制于一般公认会计原则，这些原则规定了一整套收入和成本的计算规则，指导资产负债表项目的划分。相比较而言，管理会计则不受限于这些会计原则。例如，对目标三和目标四来说，一个销售消费用品的公司在向其销售经理提供市场财务报告时，列示估计的品牌价值（如"可口可乐"的商标），尽管这样做并不符合一般公认会计原则，但是不要假定管理会计仅仅强调内部信息，管理者正在越来越多地与外部供应商和客户分享会计信息。

财务会计从历史的角度看问题，关注过去发生的事情。相反，管理会计强调未来，它除了提供历史报告外，还提供预算和其他预测信息。

表 1-2 总结了财务会计与管理会计的区别。

表 1-2　财务会计与管理会计的区别

	管理会计	财务会计
信息使用者	组织内部管理者	组织之外的利益涉及方
规则	只是为管理服务，不必遵循任何规则	必须遵守公认会计准则
资料来源	组织的基础会计系统以及其他各种来源	大多来自为组织积累财务信息的基础会计系统

续表

	管理会计	财务会计
报告及程序的特性	报告经常着重于组织内的子单位，例如部门、分部等，它基于一系列的历史数据来预测、计划未来活动	报告着重于企业整体，几乎完全基于历史交易数据

2. 财务会计与管理会计的联系

在会计信息系统中，财务会计与管理会计这两大分支是同源而分流的。管理会计尽可能运用财务会计所提供的资料，以财务会计资料为基础，对其中的某些方面进行加工、分析和延伸，使它们更有效地服务于企业内部管理。此外，管理会计为适应现代管理的要求，为企业使用者提供管理信息，也创立了自己独特的理论、方法、技术，为预算和决策最优化提供多种相关信息。总而言之，它们相互依存、相互补充，共同构成现代企业会计系统的有机整体。

（二）财务会计与成本会计的关系

1. 财务会计与成本会计的区别

财务会计与成本会计的区别主要体现在两者的职能及内容方面。

从两者的职能来看，财务会计的职能主要是核算并对外报告；成本会计的职能则是多方面的，它既要反映在特定期间内发生的各项费用和支出，并按规定及时计算出产品成本，同时还要对成本费用方面的经济业务进行预测、决策、规划、控制、分析和考核，为企业加强成本管理服务。

从两者的内容来看，成本会计的内容则限于成本、费用、支出方面；财务会计则对企业发生的全部经济业务进行反映，基本会计要素有资产、负债、所有者权益、收入、费用、损益。

从两者作用的时间来看，财务会计主要是反映过去；成本会计作用的时间阶段很全面，既有过去，又有现在，还有未来。即成本会计要遵循历史成本原则核算和计算已经发生的成本费用，并采用一定的方法分析和考核成本计划的完成情况，同时又要对正在发生的成本费用采用科学的方法进行控制，更要对将要发生的成本费用运用运筹学、数理统计等各种有效的方法进行科学的预测、决策并做出规划。

2. 财务会计与成本会计的联系

它们之间的联系主要是财务会计必须依赖成本会计所提供的信息。表现在财务会计进行资产计价和收益确定等及对外财务报告要依据成本会计提供的相关资料；而成本会计的形成、积累和结转的整个程序也要纳入以复式簿记为基础的财务会计框架中。因为成本会计计算的实际成本的高低、真伪直接对实际利润产生影响，对各相关者的经济利益产生影响，所以成本会计对成本开支范围、开支标准、补偿方式等都必须严格遵守有关法规中的明确规定。只有这样，所获得的成本数据才能取信于企业外部信息使用者，被他们用于对企业管理者业绩的评价，并据以做出各自的决策。

（三）管理会计与成本会计的关系

1. 管理会计与成本会计的区别

管理会计与成本会计的区别也体现在两者的职能和内容方面。

从两者管理职能的履行来说,管理会计侧重于为管理的决策功能提供相关的信息,着眼于利润的最大化;而成本会计侧重于为管理的控制功能提供相关的信息,着眼于成本的最低化。

从两者的内容来说,管理会计是对企业全部经济活动进行决策和控制,范围十分广泛,涉及的会计要素主要有收入、费用、损益等,是对企业的收入、成本、资金、利润等各方面进行管理;成本会计主要在成本费用方面进行管理。

从作用的时间来说,管理会计是筹划未来,控制现在;成本会计则是反映过去,控制现在,决策未来。

2. 管理会计与成本会计的联系

管理会计从传统的单一的会计系统中分离出来,成为与财务会计并列的独立学科,与泰勒提倡的科学管理在实践中的应用有着密切的联系。标准成本、差异分析及预算控制被人们普遍认为是管理会计的雏形,成本会计是管理会计的前身,管理会计的发展已超出成本会计的范围,成本会计只是管理会计的组成部分。

它们的联系主要表现在,企业经营决策的重要内容就是对决策方案的成本效益进行比较、分析与评价。成本会计提供资料是决策方案选择中不可缺少的重要指标。管理会计所用的各种独特的"成本"概念,实际上是以基本成本资料为基础进行加工、分析和延伸的,以适应不同情况进行灵活运用。离开了成本会计所提供的基本成本资料,经营决策分析和评价中所用各种形式的"成本"也就成了无源之水、无本之木了。同时,成本会计提供的资料,往往被用来作为对企业经理人员工作业绩的评价依据。它们共同组成一个管理会计系统,相辅相成地为内部使用者提供相关的管理信息。

▶▶▶ 三、成本会计的重要意义

从财务会计、管理会计与成本会计的关系中,可以看出成本会计是至关重要的,财务会计、管理会计都需要成本会计提供的成本资料,成本会计试图满足财务会计和管理会计的成本计算目标。当成本会计用于满足财务会计的目标要求时,它遵循公认会计准则的要求进行成本计量和成本分配。当用于满足内部需要时,成本会计提供关于产品、顾客、服务、项目、作业、流程和管理者可能会感兴趣的其他细节的成本信息。所提供的成本信息为计划、控制和决策发挥了重要的支持作用。通常这些信息不需要,也不应遵循公认会计准则。

本 章 小 结

现代企业会计的三个主要领域——成本会计、财务会计和管理会计,共同构成了完整的会计系统。成本会计作为会计系统中的一个子系统,为企业提供有关成本方面的各种信息,并参与企业的生产经营决策。三者之间既紧密相联,又有本质上的区别。

现代成本会计有七项主要内容,其中成本核算是最基本的内容。现代成本会计的中心任务是促使企业加强成本管理,取得成本优势。

成本会计的组织工作主要包括:建立成本会计机构,配备合格的成本会计人员,制定和推行合理的成本会计制度。

【关键词】

财务会计　管理会计　成本会计　成本会计机构

【思考题】

1. 成本会计的基础工作主要包括哪些内容?
2. 影响成本会计的经济环境有哪些?
3. 成本会计对象含有哪几项要素?
4. 成本核算的一般程序是什么?
5. 管理会计与成本会计的关系是什么?

【练习题】

1. 成本会计的内容及其职能。
2. 管理会计的内容及其职能。
3. 成本会计、管理会计、财务会计三者之间的关系。

【案例题】

1. Tom 是一个能干的电力工程师,他被告知自己将被提升为工厂经理的助理。Tom 很高兴,但又不轻松,尤其是因为他的会计知识很少。他虽然上过一门财务会计的课,但是没有受过管理会计的训练。而管理会计被他的上级认为是比较有用的。

于是 Tom 打算尽量修一门管理会计的课程。他还询问了他们公司的助理会计主管 Jack 关于管理会计和财务会计的主要区别,并请 Jack 用一些具体的实例来说明一下。

要求:假设你处在 Jack 的位置,请准备一个书面的回答给 Tom。

2. Pinnelas 打印机公司生产与家庭计算机系统适配的打印机。公司目前自己制造打印机的电子元件和塑料外壳。生产经理吉姆·凯森耐蒂最近收到环球塑料公司的一个提议,该公司愿意为 Pinnelas 生产打印机塑料外壳。如果外购塑料外壳,Pinnelas 打印机公司将能够关闭它的打印机外壳生产部门。为了决定是否接受环球塑料公司的提议,凯森耐蒂请 Pinnelas 的成本会计师 Tom 对关闭外壳生产部门所能节约的成本进行分析。

要求:假设 Pinnelas 公司成本会计师 Tom 的朋友——外壳部副主管杰克已经找他谈了这一问题。杰克担心,如果外壳部关闭,自己就会被解雇。

杰克请求他的朋友 Tom 低估关闭外壳部所能节约的成本,从而使生产经理倾向于保留该部门。请评论成本会计师 Tom 的职业道德责任。

第二章 成本的概念

 学习目的与要求

1. 理解成本在不同领域的含义及区别；
2. 理解多维成本概念体系；
3. 掌握产品成本的现实内容。

【案例导入】

宏盛公司专门为儿童制造各类模型玩具。在公司刚刚创立的时候,其商务方案中没有成本会计,但随着业务的增加,公司管理层开始关注直接、间接成本,固定、变动成本,以及其他一些事项,现在他们必须规范地分析和报告其成本,在公司内部,生产经理通过这些报告理解和控制生产成本。在公司外部,银行和股东使用这些报告来评价公司的业绩。今天,没有一项决策不受会计信息的影响,而这些会计信息是和公司丰富多彩的产品相联系的。

成本是商品经济的价值范畴,是商品价值的组成部分。人们要进行生产经营活动或达到一定的目的,就必须耗费一定的资源,其所费资源的货币表现及其对象化被称为成本。本章着重区分了成本在经济学、会计学领域不同的概念,不同的目的,需要用到不同的成本概念,由此形成了多维成本概念体系。随着商品经济的不断发展,成本概念的内涵和外延都处于不断地变化发展之中。

第一节 成本

成本,这一概念对普通人来讲十分熟悉。但仔细思考,不难发现日常生活中理解的"成本"一词与学术理论界所述的成本概念有很大的差别。不仅如此,即使在学术理论界,对成本的概念使用也十分的混乱,其在经济学、会计学等领域中存在较大差异,有必要做一番鉴别。

一、马克思政治经济学关于成本的含义

马克思的成本理论揭示了成本的经济内涵。成本是商品生产中耗费的劳动和物化劳动的货币表现。

马克思曾科学地分析了资本主义社会的商品价值构成,他说:"按照资本主义方式生产的每一个商品 W 的价值,用公式来表示是 W＝C＋V＋m。如果我们从这个产品价值中减去剩余价值 m,那么,在商品中剩下的,只是一个在生产要素上耗费的资本价值 C＋V 的等价物或补偿价值。"[1]马克思又进一步指出:"商品价值的这个部分,即补偿所消耗的生产资料价格和所使用的劳动力价格的部分,只是补偿商品使资本家自身耗费的东西,所以对资本家来说,这就是商品的成本价格。"[2]即资本主义制度下的成本,是由转移的生产资料的价值和劳动力的价格组成。劳动者在生产中创造的剩余价值那部分,为资本家的资本增值,转化为利润,不包括在成本之内。

以生产皮鞋为例。假定生产一双皮鞋需要耗费皮革、线绳及工具等价值 10 元;每天劳动力价值 3 元,每天劳动 6 小时可创造价值 3 元,每 6 小时生产一双皮鞋。假定资本家叫工人劳动 12 小时,12 小时生产两双皮鞋,所消耗的生产资料价值为 20 元(C),这部分生产资料价值,通过制皮鞋工人的具体劳动转移到两双皮鞋中去。工人劳动力日价值仍是 3 元(V),但他们劳动 12 小时,创造剩余价值为 3 元(m),这样生产 2 双皮鞋资本家共垫支 23 元,这就是商品的成本价格(C＋V),而 2 双皮鞋的价值是 26 元(W)。

马克思关于成本的理论,撇开资本主义的特征,对于社会主义社会,同样具有指导意义。在社会主义社会,仍然存在商品生产,产品价值包括生产中消耗掉的生产资料价值、劳动者为自己劳动所创造的价值和劳动者为社会劳动所创造的价值三个部分,成本就是前两个部分的货币表现。完整地说,成本就是企业在生产一定使用价值的产品中所消耗的、以货币形式表现的生产资料的转移价值和劳动者为自己劳动所创造的价值。这就是社会主义成本的经济实质,即社会主义社会的理论成本,也就是社会主义社会成本的理论概括。

二、西方经济学的成本概念

西方经济学中使用的成本概念不同于人们在日常生活中使用的成本概念。西方经济学使用的成本概念具有特定的含义,具体是指厂商进行生产活动所使用的生产要素的价格,或生产要素的所有者所得到的报酬或补偿。即生产成本＝使用的生产要素的收入＝土地的地租＋资本的利息＋劳动的工资＋企业主利润。所以,西方经济学中的成本与我们一般所理解的成本的最大区别是西方经济学所用的成本是包括正常利润,即经营者(企业主)所取得的正常收益。下面介绍西方经济学中有关成本的常用概念。

---

[1] 马克思:《资本论》第 3 卷,人民出版社 1975 年版,第 30 页。
[2] 马克思:《资本论》第 3 卷,人民出版社 1975 年版,第 30 页。

（一）短期生产成本与长期生产成本

1. 短期生产成本

经济学上所说的短期是指厂商不能根据它所要达到的产量来调整其全部生产要素的时期。短期生产成本的特点是固定成本和可变成本的区分泾渭分明，即前者不随产量的变化而变化，而后者则随着产量的变动而变动。生产投入中一部分生产要素，如：工人的工资、原料、燃料和辅助材料等可变成本，会随着生产数量的多少而改变，而投入的机器、厂房、设备和管理人员的工资等生产要素为固定成本，在一定的时期不随产量的变化而改变。短期总成本是固定成本与可变成本之和。例如宏盛公司的一部分短期生产成本构成见表 2-1 所示。

表 2-1　短期生产成本表

单位：万元

时间	原材料	工资	制造费	燃动费	变动成本之和	折旧费及管理费	总成本
2015.1	97.68	10.69	15.84	7.79	132.00	75	207.00
2015.2	136.71	14.96	22.17	10.91	184.75	75	259.75
2015.3	146.10	15.99	23.69	11.65	197.43	75	272.43
2015.4	154.98	16.96	25.13	12.36	209.43	75	284.43
2015.5	165.16	18.08	26.78	13.97	223.99	75	298.99
2015.6	156.38	17.12	25.36	12.47	211.33	75	286.33

从表中可以看出原材料、工资、制造费及燃动费短期内是变动成本，折旧费及管理费在短期内没有发生变动，是固定成本。

2. 长期生产成本

经济学上所说的长期是指厂商能根据它所要达到的产量来调整其全部生产要素的时期。在长期内，企业的各种生产投入包括固定投入和可变投入都可以做出充分而从容的调整，因而各个产量水平都可采用最佳生产要素组合。例如宏盛公司的一段长期生产成本构成见表 2-2 所示。

表 2-2　长期生产成本表

单位：万元

时间	原材料	工资	制造费	燃动费	折旧费及管理费	总成本
2015.1	97.68	10.69	15.84	7.79	75	207.00
2015.4	136.71	14.96	22.17	10.91	100	284.75
2016.7	146.10	15.99	23.69	11.65	150	347.43
2016.10	154.98	16.96	25.13	12.36	180	389.43
2017.1	165.16	18.08	26.78	13.97	240	463.99
2017.3	156.38	17.12	25.36	12.47	220	431.33

从表中可以看出所有生产要素的投入都发生了变动，没有固定成本与变动成本之分。

（二）边际成本与机会成本

1. 边际成本

边际成本（MC）是指当生产要素投入量这一自变量发生微量变化而引起的生产成本这一因变量的变化幅度。它等于总成本（TC）的改变量与总产量（Q）的改变量之比[1]，边际成本是总成本函数的一阶导数。例如：宏盛公司每天玩具的生产量由2个增加到3个，总成本由40元增加到50元，那么第3个玩具的边际成本就是50元－40元＝10元。

2. 机会成本

我们先用一个例子来说明机会成本这个概念。假定某人有10万元，将这笔钱投资于饭店每年可获利2万元，将这笔钱投资于商业可获利3万元；这笔钱只能投资于一处。投资于饭店获利2万元就要放弃投资于商业的获利3万元，在经济学上就把所放弃的3万元称作获得2万元的机会成本。由此我们可给机会成本下这样一个定义：当把一种资源用于某种用途获得一定收入时，所放弃的另一种用途的收入就是所获得收入的机会成本。显然机会成本的含义与传统成本观念不同，它从另一个角度分析所得和所失，是对传统成本分析的补充，也扩展了传统成本的内涵。

（三）显性成本与隐性成本

1. 显性成本

显性成本指企业从事一项经济活动时所花费的货币支出，包括雇员工资，购买原材料、燃料及添置或租用设备的费用，利息，保险费，广告费以及税金，等等。这些成本都会在企业的会计账册上反映出来，因此，又称会计成本。

2. 隐性成本

隐性成本是指企业使用自有生产要素时所花费的成本。这种成本之所以称隐性成本是因为看起来企业使用企业主自有生产要素时不用花钱，即不发生货币费用支出，例如使用自产原材料、燃料不用花钱购买，使用自有资金不用付利息，企业主为自己企业劳动服务时不用付工资，使用自有的房产不用付房租，等等。然而，不付费用使用自有要素不等于没有成本。因为这些要素如不自用，完全可以给别人使用而得到报酬。例如，厂房、设备租给别的企业用可得租金，资金借给别人用可得利息，企业主到别的企业打工就业可得工资。现在这些要素都为自己企业所用了，失去了为别的企业所用可得到的报酬，这种报酬就是企业使用自有要素的机会成本。这种成本就是隐性成本。

（四）会计成本与经济成本

经济学家对于成本的看法是与关心企业财务报告的会计人员的看法不相同的。会计人员喜欢回顾企业财务状况，因为他们必须记录资产和负债，对以往经济活动做出评价；经济学家（我们希望企业的管理者也同样）注意企业的前景，他们所关心的将来成本预计是多少，以及企业如何通过重组资源来降低生产成本，并提高企业利润率，因此，他们必须关心机会成本，即未能使企业资源得以最高价值的利用而放弃的机会成本。综上所述，会计成本属于显性成本，它是指从事某项经济活动的实际花费。而经济成本是指从事某项经济活动的显

---

[1] 余永定等：《西方经济学》，经济科学出版社1999年版，第88页。

性成本与隐性成本之和。

宏盛企业每年发给员工薪金 10 000 元，有价值 20 000 元的机器设备估计可用五年。若该企业把机器设备租赁给其他企业使用，每年可收回租金 8 000 元。问该企业每年的会计成本和经济成本各为多少？

由于机器设备折旧期为 5 年，因此每年的折旧费应为 4 000 元，构成企业成本。根据会计成本的定义，企业每年的会计成本是每年员工薪金加上资本的折旧。故会计成本为 14 000 元（10 000 元 + 4 000 元）。企业从事生产放弃了出租机器设备的机会，其机会成本是出租设备的收入 8 000 元，则企业的经济成本是 14 000 元 + 8 000 元 = 22 000 元。

三、西方新制度经济学对成本概念的发展

新制度经济学更注重研究企业作为社会经济活动中的一个细胞与外界（包括企业与企业之间、企业与社会之间）及企业内部组织之间发生的成本费用。新制度经济学发展了交易成本、代理成本和信息成本三个成本概念。

（一）交易成本

交易成本起因于财产所有权的转移，正如科斯提出交易成本概念时指出的："利用价格机制是有成本的，通过价格机制'组织'生产的最明显的成本就是所有发现相对价格的工作，它包括市场上每一笔交易的谈判费用、签订契约的费用、长期契约所节约的签订一系列短期契约的费用等，这些费用称为市场成本或市场交易成本"[1]，"为了进行市场交易，有必要发现谁希望进行交易，有必要告诉人们交易的愿望和方式，以及通过讨价还价的谈判缔结契约，督促契约条款的严格履行，等等"[2]。科斯提出交易成本概念后，诺斯、张五常等经济学家从制度的角度，认为交易成本实际上就是所谓的"制度成本"，交易成本"就可以看作是一系列制度成本，包括信息成本、监督管理的成本和制度结构变化的成本"[3]。威廉姆森从协约的角度，把交易成本分为事前与事后两种。威廉姆森还从资产专用性的角度发展了科斯的交易成本理论。

（二）代理成本

代理成本是指制定、管理和实施契约的全部费用。代理成本包括所有承接契约的费用，包括委托人的监视费、代理人的担保费和剩余损失等费用。代理成本来源于企业的所有权与经营权相分离。人们通过比较不同合同安排总代理成本的大小，可以更好地理解不同企业制度形式上的差异以及它们在风险分担的利益与代理成本之间的相互替代。

（三）信息成本

信息成本是指为搜集、整理、利用、交换信息，以便为有效决策提供信息支持的一切费用。它包括信息生产成本、信息服务成本、信息用户成本。信息成本范畴很广，它不仅包含了人与物质交流的信息成本，而且包含了人与人之间交流的信息成本，因此计算信息成本是

---

[1] 科斯：《论生产的制度结构》，三联书店 1994 年版，第 20 页。
[2] 科斯：《论生产的制度结构》，三联书店 1994 年版，第 21 页。
[3] 余永定等：《西方经济学》，经济科学出版社 1999 年版，第 675—676 页。

十分困难的。

▶▶ 四、会计学的成本概念

学习"成本会计"首先遇到的问题是,"成本"的含义是什么。会计学的成本概念有狭义和广义之分。

(一)狭义的成本

狭义的成本是指财务会计范畴内的费用概念。财务会计中成本与费用是紧密相联的。美国会计学会将已耗的历史成本定义为费用,而未耗的历史成本则定义为资产。在这里,人们一般会把费用(已耗成本)理解为成本,即狭义成本概念,人们在区分成本与费用时把成本称之为按成本对象归集了的费用。美国财务会计准则委员会在其第 6 号概念公告中,将费用(狭义成本)定义为:"是指某一个体在其持续的、主要或核心业务中,因交付或生产了货品,提供了劳务,或进行了其他活动,而付出或耗用的其他资产,或因而承担的负债(或两者兼而有之)。"在上述的定义中,已经阐述费用(狭义成本)是企业为了获得营业收入而发生的耗费。凡是不产生营业收入的资产耗费或减少,从性质来看,并不是费用(狭义成本),而是损失。例如,由于自然灾害所造成的资产毁损。

典型的成本是产品成本,其实质就是各项生产耗费的价值凝结,同时它也被用作存货资产价值的计量。在产品没有被售出之前,产品成本始终作为资产的一个组成部分。一旦产品售出,其成本就转化为出售当期的销售成本,并与当期发生的其他费用一起,由当期销售收入予以补偿。例如:宏盛公司在 8 月份购进存货而发生支出 3 000 元,其中 500 元存货在 8 月出售,另外 2 500 元存货在月末仍然未售出。我们可以看出总的成本支出为 3 000 元,未耗成本 2 500 元仍是一项资产,在资产负债表存货中列示;已耗成本 500 元相应产生 500 元费用,在损益表销售成本中列示。

(二)广义的成本

广义的成本概念要比狭义的成本概念宽泛得多。它已不仅仅只是人们熟悉的生产成本问题,而是随着会计管理职能的逐渐扩大所引入的诸如质量成本、差别成本、边际成本、机会成本、战略成本、环境成本等众多新型的成本范畴,人们已感到很难给成本一个明确的定义。其典型的定义是美国会计学会在 1951 年提出的《成本概念与标准委员会报告》中给成本所下的定义,认为"成本是指为实现一定的目的而付出(或可能付出)的用货币测定的价值牺牲"。这个定义有三个含义:第一,成本是一种价值牺牲,这种价值牺牲可以理解为一种价值消耗,不仅可以是现金支出,也可以是物资消耗、劳动消耗或是从外部提供的劳务消耗。第二,这种价值牺牲是为了一定目的,它已不十分强调与具体的成本计量对象相联系,而是目标导向。第三,这种牺牲可以用货币测定,也就是说可以用货币计量,因为这些价值要变为成本,最终都必须以货币来表现。可见,这一定义的外延非常广泛,远远超出产品成本的概念。

五、关于成本概念的小结

通过对经济学、会计学的成本概念的比较,可以得出以下结论。

(一)成本是一个不断发展的概念

从政治经济学角度看,马克思成本理论把成本表述为对象于商品体的物化劳动和活劳动的价值,揭示了成本概念的本质内涵,但这种价值是无法直接计量的;西方经济学中传统成本理论把商品和包括劳动力在内的各种生产要素在市场上表现出的交换价值来表示成本;新制度经济学进一步发展了成本概念,提出了交易成本、代理成本、信息成本等概念,将成本的外延从商品成本扩展到包括组织的交易成本在内的广义成本。

(二)会计学的成本概念更强调成本计量属性

会计学所指的成本概念必须是可计量和可用货币表示的。传统的财务会计受制于外部报表使用者对会计信息的要求,将成本理解为企业为了获得营业收入而发生的耗费。管理会计扩展了成本的内涵和外延,将成本定义为为达到某一特定目的所失去或放弃的一切可以用货币计量的耗费。

第二节 多维成本概念

会计学的成本有广义与狭义之分。广义的成本可以分为财务成本和管理成本,这种分类是由我国著名的会计学家杨纪琬教授提出的。财务成本就是前面论述过的狭义成本概念,管理成本则是"企业内部为了提高经营管理水平的需要,由企业自行计算的"[1]。"不同的目的、不同的成本"观念将构建起一个多维成本的概念体系,这是美国会计学会在1955年提出的,本节将简单介绍体系中一些重要的成本概念。

一、产品成本与期间成本

成本按费用发生与产品之间有无关系分为产品成本和期间成本。产品成本是与产品的生产直接相关的成本,包括产品生产过程中所耗费的直接材料费、直接人工费和制造费用。期间成本是企业生产经营过程中所发生的,但与产品生产没有关系的费用,它包括销售费用、管理费用和财务费用。

二、直接成本与间接成本

成本按与特定对象关系可分为直接成本和间接成本两大类。直接成本是指与某一特定成本对象(产品、劳务、加工步骤或部门)直接相关的、能够经济而又方便地进行追溯的成本;

---

[1] 杨纪琬:《改革财务,发展管理成本》,《会计研究》,1986年第6期。

间接成本是指与某一特定成本对象有关,但不能经济而又方便地追溯到各个成本对象的成本。间接成本可通过成本分配的方法分配给对象。例如:把棒球棒看作一个成本对象,制造棒球棒所需的木材的成本是直接成本,原因是木材的数量可以容易地追溯到棒球棒;而球棒生产车间的照明成本是间接成本,因为虽然照明是生产球棒所必需的,但若要精确计算生产某一球棒到底耗费了多少照明成本就不够经济了。

三、变动成本与固定成本

成本按成本性态可以分为两类:变动成本与固定成本。变动成本就是按成本动因变动的比例在总量上发生变动的成本。固定成本是尽管成本动因变动,其总量保持不变的成本。

宏盛公司为自己生产的玩具飞机购买一种 60 元的特殊夹钳,夹钳的总成本是 60 元乘以生产的玩具飞机的数量,这是变动成本的一个例子,随着成本动因的变化,成本在总量上发生变动,但每单位成本动因的成本不变。假如宏盛玩具公司每年花费 2 000 万元支付财产税、行政人员工资、租金及保险费,这些都是固定成本,即在给定时间内在成本动因的相关范围内总量不变的成本,当成本动因增加时,其单位固定成本会逐渐变小,公司一年生产 10 万架玩具飞机,那么每架玩具飞机的固定成本是 200 元(2 000 万/10 万)。与此相比,如果生产 50 万架玩具飞机,那么每架玩具飞机的固定成本就变成了 40 元。

四、决策成本

决策成本是指企业用于生产经营决策方面的成本指标。按决策的不同要求,可分为相关成本、差别成本、沉没成本和可避免成本等。

(一)相关成本和不相关成本

相关成本是因方案不同而有所不同的预期未来成本,该定义有两个主要方面:它是预期的未来成本;因不同的方案而不同。我们强调未来是因为每一个决策都与未来有关,决策的功能在于选择将来要进行的一系列活动,而过去是无法改变的。另外,不同方案的预期成本必须不同,否则,无论如何决策,成本都没有差异。与相关成本相对应的是非相关成本,它是指过去发生的、与某一特定决策方案没有直接联系的成本。

(二)差别成本

差别成本是指不同方案之间预计成本的差异。严格地说,差别成本是一种衍生成本,或是一种决策工具(差量分析),不是通过简单的成本归集和整理获得的。

宏盛玩具公司关于"不调整"和"重新调整"两种方案的资料见表 2-3 所示。左边两栏是全部数据,右边两栏是相关成本和相关收入。收入、直接材料、制造费用及销售费用都可以忽略,它们虽然也是预期成本,但在两种方案间无差异,因而是非相关的。表 2-3 表明,重新调整生产线将使下一年的预期经营利润增加 56 000 元。两种方案的总成本的差额叫差别成本。表 2-3 中方案 1 和方案 2 的差别成本为 56 000 元。

表 2-3 宏盛公司的相关成本和相关收入

单位:元

	全部数据		相关数据	
	方案1 不调整	方案2 重新调整	方案1 不调整	方案2 重新调整
收入	5 000 000	5 000 000	—	—
成本:				
直接材料	1 000 000	1 000 000	—	—
直接人工	512 000	384 000	512 000	384 000
制造费用	600 000	600 000		
销售费用	1 600 000	1 600 000		
重新调整费用	—	72 000		72 000
总成本	3 712 000	3 656 000	512 000	456 000
经营利润	1 288 000	1 344 000	(512 000)	(456 000)
	差异:56 000		差异:56 000	

(三) 沉没成本和付现成本

沉没成本是指不需要动用本期现金等流动资产的成本,它所涉及的是以前的付现成本,沉没成本往往是一种与决策无关的成本。与沉没成本相对应的是付现成本,它是指需动用本期现金等流动资产的成本,是制定决策时需要考虑的一种成本。

宏盛公司购买了一台小型计算机来协助产品登记。一年后,计算机出了故障,且其保修期已满。调查表明这种计算机对湿度和气温变化非常敏感。公司坐落于一栋旧楼中,保暖设施很差且没有空调。结果,计算机坏了,修理费用很高,办公室的职员开始争吵,办公室经理要求部门主任扔掉计算机,回到过去的手工登记制度中去。主任坚持说:"我们不能扔掉计算机,我们为它花了 3 400 元。"这一例子是不正确对待沉没成本的典型。购买计算机的 3 400 元是沉没成本。该办公室任何的未来决策都与之无关。未来决策应当基于如计算机修理费或改善办公室取暖或空调设施的费用等未来成本。

(四) 可避免成本和不可避免成本

可避免成本是指对于企业达到经营目的而言并非绝对必要的成本。可避免成本发生与否取决于管理者的决策。如果某项成本是同采用某一方案直接相联系的,该方案不采用,这一项成本就不会发生,这项成本就称为可避免成本。所谓不可避免成本是指在企业经营活动中必然要发生的成本,其数额的多少,不因为具体方案的选定而有所改变。

宏盛公司原生产 X 产品,现拟改产 Y 产品,除继续使用现有各项生产设备外,还需要添置一台价值为 25 000 元的新设备。在这里,这台设备是否真正购置,完全取决于是否正式生产 Y 产品。因此,本例中的新设备购置成本 25 000 元就是同转产 Y 产品这一方案直接相关联的可避免成本。然而无论该企业生产哪种产品,管理人员的工资都要支付,其工资费用就是一种不可避免成本。

五、控制与考核成本

控制与考核成本是企业用于经营活动过程中的劳动耗费,其考核指标主要包括标准成本、定额成本、责任成本、可控成本、可比成本等。

(一) 标准成本

标准成本是事先制定的一种目标成本,它是根据企业目前的生产技术水平,在有效的经营条件下可能达到的成本。

宏盛公司以单位遥控汽车的直接材料的标准用量和材料的标准价格为依据制定出生产5 000个遥控汽车所费直接材料的金额。如果每个遥控汽车需用3平方厘米标准的有机玻璃(每平方厘米花费1.5元),这家公司就要制定出15 000平方厘米有机玻璃和22 500元(1.5×15 000)的材料预算。该公司用每平方厘米1.5元和每单位3厘米的标准来监督其制造活动并评价业绩。

(二) 定额成本

定额成本是目标成本的一种,它是根据现行定额和计划单位成本制定的。定额成本是企业管理当局进行成本控制和成本考核的依据。

(三) 责任成本

责任成本是一种以责任中心为对象计算的成本,它是考核评价各责任中心营业业绩和职责履行情况的一个重要依据。

(四) 可控成本与不可控成本

可控成本和不可控成本是根据特定管理人员对成本项目的可控性进行分类。如果管理者可以控制成本或者对成本水平有重大影响,那么这项成本就被归为该管理者的可控成本。管理者不能对其产生重大影响的成本被归为不可控成本。例如:麦当劳餐厅的食品成本,对于餐厅经理来说是可控成本,他可以通过生产计划对食品数量进行控制,以保证无多余使用和浪费。

(五) 可比成本和不可比成本

可比成本是指基期(过去年度)正常生产、经营、开发过的对象成本,如常规产品成本。与可比成本相对应的是不可比成本,它是指基期(过去年度)末正式生产、经营、开发过的对象成本,如正在研究试制中的新产品成本。

1986年美国会计师协会(NAA)下属的管理会计实务委员会(MAP Committee)在颁布的《管理会计公告:目标与运作》中又提出了一些新的成本概念,如作业成本、人力资源成本、环境成本等,我们在以后章节再做介绍。

第三节　产品成本的现实内容

产品成本是企业诸多概念中最重要也是最基础的概念,要将理论成本应用于产品成本计算的实践,还应考虑宏观方针政策和微观企业管理的需要。当然,我们应该严格地限制这些需要对产品成本现实内容的影响;否则,将使产品成本范围失去理论依据。

在实际工作中,为了使企业产品成本口径保持一致,防止乱挤、乱摊产品成本,应由国家统一制定产品成本开支范围,明确规定哪些费用开支允许列入产品成本,哪些费用开支不允许列入产品成本。

产品成本开支范围的规定是财会制度的重要组成部分,直接涉及产品生产经营的劳动耗费补偿和利润取得的多少。它对于加强产品成本管理,增强产品成本的可比性和可控性,正确评价企业经济效益,保证企业生产和再生产的顺利进行具有重要的意义。我国工业企业产品成本开支范围,几经变化,在实践中逐渐明确和完善。综合《企业财务通则》《企业会计准则》和有关财会制度的规定,产品成本开支范围包括以下各项:

(1) 企业生产过程中实际消耗的原材料、辅助材料、外购半成品和燃料的原价和运输、装卸、整理等费用。

(2) 为制造产品而耗用的动力费。

(3) 企业生产单位支付给职工的工资、奖金、津贴、补贴和其他工资性支出,以及职工的福利费。

(4) 生产用固定资产折旧费、租赁费(不包括融资租赁费)、修理费和低值易耗品的摊销费用。

(5) 企业生产单位因生产原因发生的废品损失,以及季节性、修理期间的停工损失。

(6) 企业生产单位为管理和组织生产而支付的办公费、取暖费、水电费、差旅费,以及运输费、保险费、设计制图费、试验检验费和劳动保护费等。

为了严肃财经纪律、加强产品成本管理,财会制度还明确规定,下列各项开支不得列入产品成本:

(1) 资本性支出,如购置和建造固定资产、无形资产和其他长期资产的支出(这些支出效益涵盖若干个会计年度,在财务上不能一次列入产品成本,只能按期逐月摊入)。

(2) 投资性支出,如对外投资的支出以及分配给投资者的利润支出。

(3) 期间费用支出,包括销售费用、管理费用和财务费用,这些费用与产品生产活动没有直接联系,发生后直接计入当期损益。

(4) 营业外支出,如固定资产盘亏、处置固定资产净损失、处置无形资产净损失、债务重组损失、计提的无形资产、固定资产及在建工程的减值准备、罚款支出、非常损失,这些支出与企业生产经营活动无直接关系,应冲减本年利润。

(5) 在公积金、公益金中开支的支出。

(6) 其他不应列入产品成本的支出,如被没收的财物,支付的滞纳金、违约金、赔偿金、以及企业赞助、捐赠等支出。

综上所述,国家规定的产品成本开支范围是以产品成本的经济实质为基础,同时也考虑到国家的分配方针和企业实行独立核算的要求而制定的,因此,产品成本的现实内容同其经济实质稍有背离。比如,废品损失和停工损失等纯粹是损失性支出,并不形成产品的价值,但考虑到促使企业加强经济核算和改善成本管理,以及保证得到必要的补偿,就将这些费用也计入产品成本之内。这样,还可以提高成本指标综合反映能力,使成本指标全面反映企业工作质量的好坏,以充分发挥成本经济杠杆的积极作用。

本 章 小 结

本章重点介绍了成本在经济学、会计学领域不同的概念,经济学研究的是稀缺资源条件下经济运行规律,因而更强调揭示成本的经济内涵;而会计学的核心问题是计量,因而会计学更注重从计量方面来界定成本概念。

不同的目的,需要用到不同的成本概念,由此形成了多维成本概念体系。

【关键词】

成本 多维成本 成本习性 产品成本

【思考题】

1. 成本的定义是什么?
2. 成本起什么作用?
3. 成本会计的职能是什么?
4. 成本会计工作如何组织,其制度有哪些?

【练习题】

1. 直接成本与间接成本的划分

位于加利福尼亚的 NUMMI 工厂,是美国通用汽车公司和日本丰田公司的合作项目,这个工厂组装两种类型的汽车(Corollas 和 Goe Prism)。每种汽车使用独立的装配线。

下列成本选自 NUMMI 工厂的会计记录:

(1) Goe Prism 的轮胎成本;
(2) NUMMI 公关部经理的薪水;
(3) 一年一度的 Corollas 零部件供应商答谢晚宴费用;
(4) Goe Prism 产品设计主管经理的薪水;
(5) Corollas 发动机从日本丰田运到加利福尼亚的船运费;
(6) NUMMI 的用电成本(全厂统一结算);

(7) 生产高峰时期启用临时工人的费用(以小时为计量单位)。

要求:将以上成本项目划分为直接成本与间接成本。

2. 变动成本与固定成本的划分

下列成本发生在 Oakland 家具公司:

(1) 家具中使用的木材和纤维;
(2) 机器折旧;
(3) 工厂的财产税;
(4) 生产家具的人工成本;
(5) 机器的电费;
(6) 工厂租金;
(7) 生产监工工资;
(8) 砂纸及其他易耗品;
(9) 工厂火灾险;
(10) 付给销售人员的佣金。

要求:成本区分为变动成本和固定成本。

【案例题】

Calletas 是墨西哥的一家饼干厂,生产高质量的美式饼干。所有者想要识别每年发生的各项成本,以便计算和控制企业成本,该公司成本如下(单位:千比索):

烤制设施	1 600
用于包装产品的纸张	70
工资和奖金	15 000
饼干配料	27 000
福利费	1 000
管理费	800
设备维护	600
折旧	1 500
制服	300
保险费	600
办公室租金	13 200
广告	1500
盒子、杯子、袋子	700
经理工资	10 000
加班津贴	2 000
停工时间	400

要求:

(1) 计算产品成本和期间成本各是多少?

（2）假设 Calletas 正计划向美国、加拿大（首先是美国）市场扩张。扩张不需要增加烤制设施，但人工和材料将增加，另外，广告费和包装费也将显著增加。美国方面需要一些文件和说明书，这也将增加成本。

① 这些成本中哪些是产品成本？

② 哪些成本与是否进入美国这一决策相关？

第三章

制造业成本核算的基本原理

 学习目的与要求

1. 熟悉制造业成本核算的意义；
2. 理解制造业成本核算的基本要求及一般程序；
3. 掌握制造业成本核算的账簿设置和账务处理程序。

【案例导入】

西成电子是一家大型小家电制造公司，公司专门设立成本部来统筹处理产品成本这一方面。由于市场竞争激烈，公司在原生产的产品外，又新增了一批新产品制造业务。这些新产品，可谓是种类繁多，生产方式不一，既有单步骤生产的产品，又有多步骤生产的产品。新产品的成本直接关系到公司对其制定的销售价格是多少，因此，准确核算计量新产品的成本是一项十分重要的任务。那么如何对新产品进行合理的成本核算，这一点值得成本部好好考量一下。

制造业是指专门从事产品生产的企业，其生产的目的是向社会提供产品，满足人民生活和各方面消费的需要，同时从中获取利润，为国家提供积累。其成本核算相对于其他企业来说，有其特殊性和代表性，本章将以制造业为例介绍成本核算基本原理。成本核算的要求和一般程序是成本核算的基本内容，而成本核算的原理和成本核算的方法都需要借助成本核算程序，这几方面是相辅相成的，共同构成了成本会计的重要内容。

第一节　制造业成本核算概述

一、制造业成本核算的意义

成本核算是制造业会计核算的一个重要组成部分,也是企业生产经营管理的一个重要组成部分。做好成本会计工作,对于企业降低成本、费用,增加利润,提高企业生产技术和经营管理水平,以及正确处理企业、国家和投资者之间的分配关系,都有十分重要的意义。

（一）成本核算有利于计划、控制和业绩评价

成本核算要为分析和考核产品成本计划的执行情况提供数据,通过预算成本和实际成本的比较,根据对两者间差异的分析来判断成本计划是否完成以及完成的好坏,从而进行有效的控制。

（二）通过产品成本核算,可以为企业管理提供重要的资料

产品成本是伴随着料、工、费不断投入产品生产过程中而逐渐形成的,它同企业生产经营的各个环节有着密切的关系,成本是一面"镜子",可以反映出企业经营管理的好坏。为了提高企业经营管理水平,需要通过产品成本这面"镜子"找出成本管理的薄弱环节,并为改进成本管理提供依据。

（三）通过成本核算可以寻求降低产品成本的途径

降低产品成本是产品成本核算的根本目的。通过产品成本核算,可以发现产品成本形成过程中致使成本升高的原因,并以此为突破口,寻求降低成本的途径。例如,当材料成本偏高时,则可寻找原因:原材料利用率是否过低,材料采购成本是否过高,度量衡器具是否准确,等等。然后,寻求降低成本的途径,达到降低产品成本的目的。

（四）通过成本核算可以掌握成本变动的趋势

通过不同会计期间产品成本核算,可以提供各有关期间产品成本的实际资料。通过各期产品成本的比较,可以了解成本变化的情况以及变化趋势,如总成本是呈上升或是下降趋势;单位成本是呈上升或是下降趋势;各成本项目(直接材料、直接工资等)升降变化趋势;等等。了解成本变化趋势,并且通过成本核算的有关明细资料,分析成本变动的原因,对于制订成本计划、控制成本费用、降低产品成本具有重要作用。

二、制造业成本核算的特殊要求

制造业的成本核算是对生产经营过程中发生的生产费用,按经济用途进行分类,并按一定的对象和标准进行归集和分配,以计算确定各该对象的总成本和单位成本。概括地说,就是生产费用的发生和产品成本的形成,包括生产费用的汇总核算和产品成本的计算两个方面的内容。在实际工作中要把握好这两方面,主要有以下四个方面的特殊要求。

（一）算管结合、算为管用

企业管理的主要目的就是降低成本和费用，提高经济效益。因此，成本核算与管理相结合，就是要根据企业管理的要求组织成本核算，核算要服务于管理，服从于管理。进行成本核算需要：

（1）根据国家有关的法规和制度、企业的成本计划和相应的消耗定额，对企业的各项费用进行审核和控制，看应不应该开支；已经开支的，应不应该记入生产经营管理费用；记入生产经营管理费用的，应不应该记入产品成本。

（2）对已经开支的生产经营管理费用进行归集。经营管理费用应按期间进行归集，并记入当期损益；生产费用应按产品进行归集，计算各种产品成本。计算产品成本既要防止为算而算，脱离成本管理和生产经营管理实际需要的做法；也要防止片面追求简化，不能为管理提供所需数据的做法。

（二）正确划分各种费用界限

企业发生的费用，有的可以记入产品成本，有的不能计入产品成本，而应列入期间成本。为了正确计算产品成本，反映企业的真实的盈利水平，必须正确划分以下五个方面的界限。

1. 正确划分生产经营管理费用与非生产经营管理费用的界限

企业需要即分清应计入成本、费用和不应计入成本、费用的区别，关键问题是严格区分收益性支出与资本性支出的范围。凡支出的效益仅与本会计年度相关的，应当作为收益性支出，如各项生产支出和期间费用，均属于收益性支出，都应计入成本费用。收益性支出全部由当期营业收入（主要是产品销售收入）来抵偿。凡支出的效益与若干个会计年度相关的，应作为资本性支出，如企业为了形成和扩大生产能力购建固定资产和无形资产等，使企业在较长时期（多个会计年度）内收益的支出，均属于资本性支出。资本性支出都不应计入成本费用。资本性支出形成企业资产，它要在以后的使用过程中按照会计期间逐渐转入成本费用。

2. 正确划分生产成本与经营管理费用的界限

企业发生的各种经营性支出，并非全部计入产品生产成本。产品生产成本是指企业为制造产品在生产经营过程中所发生的直接费用和间接费用。用于产品生产的原材料费用、生产工人的工资费用、制造费用等，应计入生产成本。产品成本要在产品产成并销售以后，才能计入损益，当月投产的产品数量与当月产成、销售的产品数量不一定一致。因而，本月发生的生产费用往往不等于应计当月损益。经营管理费用是指企业在某个会计期间发生的直接计入当期损益的管理费用、财务费用和营业费用。经营管理费用而不应计入产品成本。由于产品销售、组织和管理生产经营活动及筹集生产经营资金的费用，应计入经营管理费用，并归集为营业费用、管理费用、财务费用，直接计入当月损益，从当月利润中扣除。

3. 正确划分各个会计期间的费用界限

企业须以权责发生制为基础正确划分各个月份的费用界限。即凡应由本期产品成本负担的费用，不论其是否在本期发生，都应全部计入本期产品成本；凡不应由本期产品成本负担的费用，纵然是在本期支付，也不能计入本期产品成本。典型的例子是正确地进行待摊费用和预提费用的核算。

4. 正确划分各种产品的费用界限

属于某种产品单独发生,能够直接计入该种产品成本的生产费用,应该直接计入该种产品的成本;属于几种产品共同发生,不能直接计入某种产品成本的生产费用,则应采用适当的分配方法,分配计入这几种产品的成本。另外,还应该特别注意盈利产品与亏损产品、可比产品与不可比产品之间的费用界限的划分。

5. 正确划分完工产品与在产品的费用界限

如果某种产品在月末都已完工,这种产品的各项生产费用之和,就是这种产品的完工产品成本;如果某种产品都未完工,这种产品的各项生产费用之和,就是这种产品的月末在产品成本;如果某种产品一部分已经完工,另一部分尚未完工,这种产品的各项生产费用,还应采用适当的分配方法在完工产品与月末在产品之间进行分配,分别计算完工产品成本和月末在产品成本。

总的来说,以上五个方面费用界限的划分,都应贯彻受益原则,即何者受益何者负担费用,何时受益何时负担费用,负担费用多少应与受益程度大小成正比。这五个方面费用界限的划分过程,实际上就是产品成本的计算过程。

(三)正确确定财产物资的计价和价值结转的方法

制造业企业的生产经营过程,同时也是各种劳动的耗费过程。在各种劳动的耗费中,财产物资的耗费占有相当的比重,其价值随着生产转移到产品成本中去。因此,这些财产物资的计价和价值结转方法,是影响产品成本计算正确性的重要因素。其中与固定资产有关的有:固定资产原价的计价方法、折旧方法、折旧率的种类和高低、固定资产修理费用是否采用待摊或预提方法以及摊提期限的长短等。与流动资产有关的有:材料价值(成本)的组成内容、材料按实际成本进行核算时发出材料单位成本的计算方法、材料按计划成本进行核算时材料成本差异率的种类(个别差异率、分类差异率还是综合差异率,本月差异率还是上月差异率)等。与固定资产和流动资产共同相关的有:固定资产与低值易耗品的划分标准、低值易耗品的摊销方法、摊销期限的长短和摊销率的高低等。

(四)选择适当的成本计算方法

产品成本是在生产过程中形成的,由于产品的生产工艺特点、生产组织和管理的要求不同,同时确定的产品成本计算对象也不同,导致这些因素对成本计算方法的选择有着十分重要的影响。成本计算方法的选择是否恰当,将直接影响产品成本计算结果的准确性。因此,企业在进行成本计算时,应当根据自身的具体情况,选择符合本企业特点和要求的成本计算方法,进行成本的计算。这一问题,将在后面有关章节专门阐述。

第二节 生产费用的分类

生产费用的分类是正确计算产品成本的重要条件。制造企业在生产经营过程中发生的耗费是多种多样的,为了正确地进行成本核算,满足企业成本管理的要求,应对种类繁多的生产费用按照一定的标准进行分类。

一、生产费用按照经济内容划分

企业的产品生产制造过程,也是物化劳动(劳动对象和劳动手段)和活劳动的耗费过程,因而生产经营过程中发生的费用,按照其经济内容分类,可分为劳动对象方面的费用、劳动手段方面的费用和活劳动方面的费用三大类。这三类又称为费用要素,具体可划分为以下八个要素,如表3-1 所示。

表3-1　成本费用按经济内容划分

分类内容	含　义
外购材料、燃料	企业为进行生产经营而耗用的一切从外部购进的原料及主要材料、半成品、辅助材料、包装物、修理用备件和低值易耗品以及各种燃料,包括固体、液体和气体燃料
外购动力	企业为进行生产经营而耗用的一切从外部购进的各种动力,包括热力、电力和蒸汽等
职工薪酬	企业为获得职工提供的服务而给予各种形式的报酬以及其他相关支出。包括职工工资、奖金、津贴、补贴、职工福利费、社会保险费、住房公积金、工会经费、职工教育经费、非货币性福利、辞退福利和其他与获得职工提供的服务相关的支出
折旧费	企业按照规定计提的固定资产折旧费用
利息费用	企业计入生产经营管理费用等的负债利息净支出(即利息支出扣除利息收入后的净额)
税金	应计入企业成本费用的各种税金,包括印花税、房产税、车船使用税、土地使用税等
其他支出	企业发生的不属于以上各要素而应计入产品成本或期间费用的费用支出,如差旅费、租赁费、外部加工费及保险费等

生产费用按经济内容划分为若干费用要素有其优缺点,表现在:

(1)优点:可以反映企业一定时期内发生了哪些耗费,金额各是多少,便于分析企业各个时期各种费用的构成和水平;可以反映企业生产经营中外购材料和燃料费用以及职工工资的实际情况,为企业核定储备资金定额、考核储备资金的周转速度,编制材料采购计划和制订其他费用计划提供资料。

(2)缺点:只能反映各费用要素的支出形态,说明企业在生产活动中支付了哪些费用,不能说明各种费用的经济用途,也不能说明费用的发生与企业成本之间的关系,所以不利于成本的分析和考核。因此,有必要对制造企业的生产费用再按照经济用途进行分类。

二、生产费用按经济用途的分类

生产费用是企业在一定时期内所发生的全部耗费的货币表现,而产品成本是企业为生产一定种类和一定数量的产品所发生的各项耗费,两者之间既有联系,又有区别。生产费用是产品成本形成的基础,产品成本则是对象化了的费用;但是,生产费用是与一定的期间相联系,而产品成本是与一定种类和数量的产品相联系。所以,制造企业在生产经营中发生的全部费用,并不都计入产品成本,它又可以分为计入产品成本的生产费用(制造成本)和计入当期损益的期间费用(非制造成本)。

（一）制造成本

制造企业计入产品成本的制造成本，也称生产成本，在产品生产过程中的用途也是多种多样的，其中有的直接用于产品生产，有的间接用于产品生产。为了具体反映计入产品成本的生产费用的各种用途，提供产品成本构成情况的资料，还应将其进一步划分为若干个项目，称为产品生产成本项目，简称成本项目。

成本项目的划分，要根据管理上的要求来确定。一般可设置"直接材料""直接人工""制造费用"等成本项目。具体内容如表3-2所示。

表3-2 制造成本项目

制造成本项目	含 义
直接材料	企业产品生产过程中直接用于产品生产、构成产品实体或有助于产品实体形成的原料及主要材料、辅助材料费用、外购半成品、备品配件、燃料、动力、低值易耗品、包装物等
直接人工	企业在生产产品过程中，直接从事产品生产的职工薪酬
制造费用	企业为生产产品和提供劳务而发生的各项间接费用。包括生产管理人员的职工薪酬、折旧费、办公费、水电费、机物料消耗、劳动保护费、季节性和修理期间的停工损失等

对于上述成本项目，企业可根据其生产特点和管理要求，增设成本项目。如，在废品较多且废品损失在产品成本中所占比重比较大的情况下，企业可增设"废品损失"成本项目；在采用逐步结转分步法计算产品成本的企业，为了计算和考核半成品的成本，可增设"自制半成品"成本项目；等等。

（二）非制造成本（期间成本）

非制造成本，也称非生产成本。它是指产品在销售和管理过程中发生的各项费用，是与企业的销售、经营和管理活动相关的成本，主要包括销售费用、管理费用和财务费用等。具体内容如表3-3所示。

表3-3 非制造成本项目

非制造成本项目	含 义
销售费用	企业在产品销售过程中发生的费用，以及为销售本企业产品而专设的销售机构的各项费用
管理费用	企业为组织和管理企业生产经营所发生的各项费用
财务费用	企业为筹集生产经营所需资金而发生的各项费用：包括利息支出（减利息收入）、汇兑损失（减汇兑收益）以及相关的手续费等

同样，产品生产费用按经济用途分类也有其优缺点，主要表现在：

（1）优点：能够反映费用与产品的关系，从而揭示产品成本的构成内容，便于进一步分析费用支出的合理性和结构水平，为挖掘企业降低成本的潜力创造有利条件。

（2）缺点：这种分类不能提供按原始经济性质反映的各种费用支出的水平，从而不利于企业从源头控制费用的发生。

综上所述，通过按经济内容和经济用途对费用的分类可以看出，两者之间既有区别，又有联系。

（1）联系：它们都从不同的角度反映企业生产经营过程中的各项耗费。

（2）区别：按经济内容对费用的分类，主要说明耗费了什么，耗费了多少，它反映某一时期内实际发生的全部生产费用，而不管它是用于哪一方面的；而按经济用途对费用的分类，主要反映耗费的原因和具体去向，反映某一时期生产一定种类和一定数量的产品应该负担的费用。

尽管费用要素与成本项目都从各自不同的角度反映企业的耗费且各有一定的不足，但两者却可以相互弥补。若将其配合使用，可以完整地反映企业生产经营过程中耗费的全貌，满足产品成本核算的基本需要。

三、生产费用的其他分类

（一）生产费用按其与生产工艺的关系可以分为直接生产费用和间接生产费用

直接生产费用是指由于生产工艺本身引起的、直接用于产品生产的各项费用，如生产过程中直接耗用的原材料、生产工人工资和机器设备折旧费等。间接生产费用是指与生产工艺没有直接联系，间接用于产品生产的各项费用，如机物料消耗、辅助工人工资和车间厂房折旧费等。

（二）生产费用按计入产品成本的方法可以分为直接计入费用（一般称为直接费用）和间接计入（或称分配计入）费用（一般称为间接费用）

直接费用是指可以根据原始凭证直接计入某种产品成本的费用。如原料及主要材料和生产工人的计件工资等。间接费用是指由于几种产品共同发生的费用。这些费用不能根据原始凭证直接计入某种产品的成本，而需要采用适当方法在有关产品之间进行分配。如同时生产几种产品的生产工人的计时工资和制造费用等。

第三节 制造业成本核算的一般程序及成本计算方法

一、制造业成本核算的一般程序

在了解了制造业成本核算的要求后，有必要进一步介绍成本核算的一般程序。它是指对生产费用进行分类核算，将生产经营过程中发生的各项费用要素按经济用途归类反映的过程。具体可以分为以下几个过程。

（一）归集和分配要素费用

企业的要素费用包括外购材料、外购燃料、外购动力、职工薪酬、折旧费、利息费用、税金以及其他费用。要素费用的分配是将其中可以直接计入产品成本的费用直接计入产品成本，将不可以直接计入产品成本的费用作为间接费用，先计入其他有关综合费用项目，然后再参加综合费用的分配。还有些要素费用与产品制造无关，则计入相应的期间费用或其他科目。

(二) 分摊或计提跨期摊配费用

企业应将非本月发生的,但应由本月和以后各月产品成本和期间费用共同负担的费用,记作待摊费用;将以前月份发生的待摊费用中属于本月应摊销的费用,摊入本月生产成本和期间费用。摊销时分别按车间、部门记入"制造费用""管理费用"等账户。

企业应将本月尚未发生但应由本月负担的费用,预提计入本月生产成本和期间费用,预提时,按车间、部门记入"制造费用""管理费用"等账户;将本月发生的以前月份已经预提的费用,冲减预提费用。

(三) 归集和分配辅助生产费用

辅助生产车间发生的各项费用中,直接用于辅助生产,并专设成本项目的费用,应单独直接记入"辅助生产成本"账户及所属明细账的借方。直接用于辅助生产、但没有专设成本项目的费用以及间接用于辅助生产的费用,一般有两种归集方式:一是先记入"制造费用"账户及所属明细账的借方进行归集,然后再从其贷方直接转入或分配转入"辅助生产成本"账户及所属明细账的借方;二是不通过"制造费用"科目核算,直接记入"辅助生产成本"账户及其所属明细账的借方。

"辅助生产成本"所归集的费用,就是辅助生产的产品或劳务的成本,应按其受益情况,分配结转到基本生产、管理部门、其他辅助生产部门和在建工程等受益对象中。

(四) 归集和分配制造费用

企业发生的各项制造费用,是按其用途和发生地点,通过"制造费用"科目进行归集和分配的。制造费用发生时,应根据有关的付款凭证、转账凭证和各种费用分配表记入"制造费用"账户及其所属明细账的借方。在车间只生产一种产品的情况下,制造费用可直接转入该种产品成本;在生产多种产品的情况下,制造费用应采用适当的方法分配计入各种产品成本。

(五) 生产费用在完工产品与在产品之间的归集和分配

每月月末,当产品成本明细账中按照成本项目归集了该种产品的本月发生的费用以后,如果产品已经全部完工,产品成本明细账中归集的月初在产品成本和本月发生的费用之和,就是该种完工产品的成本。如果既有完工产品又有在产品,产品成本明细账中归集的月初在产品成本与本月发生的费用之和,则应在完工产品与月末在产品之间采用适当的分配方法进行分配和归集,以计算完工产品与月末在产品成本。

(六) 结转完工产品生产成本

企业完工产品经产品仓库验收入库后,其成本应从"基本生产成本"科目和所属明细账的贷方转出,转入"库存商品"科目的借方。"基本生产成本"科目的月末借方余额,就是基本生产在产品的成本,也就是占用在基本生产过程中的生产资金,应与所属各种产品成本明细账中月末在产品成本之和核对相符。

二、制造业成本计算的方法

制造业产品成本计算的过程,就是对生产经营过程中所发生的费用,按照一定的对象进行归集和分配,计算出产品的总成本和单位成本的过程。在这个过程中要选择适当的成本计算方法,而这又受到企业的生产特点和管理要求的影响。

制造业成本核算账户处理的基本程序如图3-1所示。

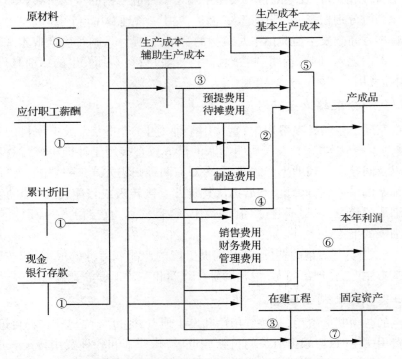

图 3-1 制造业成本核算账户处理的基本程序

说明:①分配生产经营管理费用和非生产经营管理费用;②摊销和预提本月成本、费用;③分配辅助生产费用;④分配制造费用;⑤结转完工产品成本;⑥结转经营管理费用;⑦结转应计入固定资产价值的在建工程成本。

(一) 生产类型

1. 按生产工艺过程的特点分类

产品生产工艺过程是指产品从投料到完工的生产工艺、加工制造的过程。以此为依据,可以将企业分为两大类,如表3-4所示。

表 3-4 生产类型按生产工艺过程的特点划分

生产类型	含 义
单步骤生产	指产品的生产工艺过程不能中断,也不便于分散在不同地点、由几个车间协作进行的生产,如发电、采掘、铸造等
多步骤生产	指产品的生产工艺过程由若干个可以间断的、分散在不同地点的生产步骤组成,除最后加工步骤生产产成品外,其他各加工步骤的完工产品,都是自制半成品,如纺织、机械、冶金等的生产

2. 按生产组织方式的分类

生产组织方式是指企业生产的专业化程度,具体是指在一定时期内生产产品品种的多少,同种类产品的数量以及生产的重复程度。以此为依据,可以将企业分为三大类,见表3-5所示。

表3-5 生产类型按生产组织方式划分

生产类型	含 义
大量生产	指不断地重复生产品种相同产品的生产,这种生产的产品品种较少,每种产品产量大,产品品种比较稳定
成批生产	指按规定的产品批别和数量进行的生产,这种生产的产品品种较多,每隔一定时期重复生产一批
单件生产	指根据订货单位所提出的要求,进行特定规格和数量的产品生产,这种生产的产品品种很多,产量较小,且很少重复生产或不定期重复生产

(二)生产特点和成本管理特点对制造业成本计算方法的影响

企业采用什么成本计算方法,在很大程度上是由产品的生产特点即生产类型决定的,而生产类型不同,对成本进行管理的要求也不一样。生产特点和管理要求又必然对产品成本计算产生影响,这一影响主要体现在:成本计算对象的确定、成本计算期的确定、生产费用在完工产品和在产品之间的分配三个方面。

1. 成本计算对象的确定

成本计算对象就是成本的承担者,根据管理的需要,它可能是产品的品种,也可能是产品的批别或者是产品的生产步骤。例如,在单步骤生产下,其工艺过程不能间断,原材料一经投入生产,必须连续不断地进行生产,直到最终生产出产品,因而只能按照产品的品种而不是生产步骤作为成本计算对象计算成本;而在多步骤生产下,其成本计算对象是最终产品和各步骤半成品。同样的道理,在大量或大批生产下,由于连续不断地重复生产一种或几种产品,生产的产品品种一般都比较稳定,因而管理上只要求按照产品的品种计算成本;而在小批、单件生产的情况下,则可以按照产品的批别(或件别)归集生产费用、计算产品成本。总之,成本计算对象是根据企业产品生产的特点和成本管理的要求来确定,一般有产品品种、产品批别和生产步骤,由此形成了品种法、分批法和分步法等成本计算的基本方法。

2. 成本期的确定

成本计算期是指每次计算产品成本的期间,也就是对生产费用计入产品成本所规定的起讫日期。它主要取决于生产组织的特点。例如,在单件、小批量生产中,生产一般都是不重复进行的,产品成本要在某件或某批产品完工后才能计算,因而成本计算期是不定期的,通常以生产周期为成本计算期,而不要求定期按月计算完工产品成本。而在大批、大量生产中,由于生产是连续不断进行的,每月都有完工产品,因而产品成本要定期在月末进行计算,成本计算期则与生产周期不一致。

3. 生产费用在完工产品与在产品之间的分配

企业生产的特点,还影响到月末在进行成本计算时,是否需要在完工产品与在产品之间分配生产费用,即是否需要计算在产品成本。例如,在单步骤、大量生产单一产品情况下,生产过程不能中断,生产周期也很短,一般没有在产品或在产品数量很少,故无须计算在产品成本。在多步骤地大量、大批生产情况下,由于生产连续不断地进行,产品的生产周期都较长,经常有在产品存在,因此,必须采用适当的方法将生产费用在完工产品与在产品之间进行分配。在单件、小批生产情况下,由于成本计算期与产品生产周期相一致,在产品尚未完工时,该批(件)产品成本计算所归集的生产费用就是在产品的成本;而当产品全部完工时,该批(件)产品成本计算所归集的生产费用就是完工产品的成本。但是,在同批产品分期完工分别对外销售时,就有必要计算在产品成本,以便反映完工产品成本。

综上所述,制造企业的生产特点和成本管理要求不同,成本计算对象的确定、成本计算期的确定、生产费用在完工产品和在产品之间的分配也就有差别。不同的成本计算对象、不同的成本计算期、不同的完工产品成本和在产品成本的分配相结合,就构成各种不同的产品成本计算方法。而成本计算对象,一般是决定成本计算方法的主要因素。

本 章 小 结

生产费用的分类是正确计算产品成本的重要条件。生产费用可以按经济内容、按经济用途、按与工艺过程的关系等方法进行划分。而制造业的成本核算是对生产经营过程中发生的生产费用,按经济用途进行分类,并按一定的对象和标准进行归集和分配,以计算确定各该对象的总成本和单位成本。其在成本核算中,必须符合一定的要求和成本核算的程序。其需要设置"基本生产成本""辅助生产成本""制造费用"等账户,并可根据企业具体情况做出增加或减少账户的选择。制造企业所采用其基本的成本计算方法包括品种法、分批法和分步法三种,除此之外还有分类法、定额成本法等辅助的成本计算方法。

【关键词】

制造业成本核算　生产费用　成本计算　生产特点　成本管理特点

【思考题】

1. 制造业成本核算有什么特殊要求?与其他行业相比有何不同?
2. 制造业成本核算的程序及计算方法是什么?
3. 制造业成本计算方法的确定受哪些因素影响?

【练习题】

下列成本选自某公司的会计记录,请将相关费用进行制造成本与期间成本的划分。
(1) 所得税;
(2) 生产设施的保费;
(3) 商品购买成本;
(4) 组装部门工人工资;
(5) 送货工人的工资;
(6) 应付票据利息;

（7）生产流程中的材料；

（8）销售点租金；

（9）生产设备的电费；

（10）送货卡车折旧费；

（11）销售人员工资；

（12）工厂监工工资；

（13）工厂经理工资；

（14）广告费。

【案例题】

1. Tom 是 M 公司财务部的一名出纳，在经过五年的出纳工作之后，被提拔去负责成本会计的一系列工作。Tom 拥有丰富的财务会计工作经验，但面对成本会计，Tom 顿时遇到了一系列难题，最让他纠结的便是对于期间成本和制造成本的划分。

Tom 发邮件向专攻成本会计的老同学 Jack 寻求帮助，如果你是 Jack，你会怎么回复 Tom？

2. 在解决了区分期间成本和制造成本这一问题之后，Tom 跌跌撞撞总算是走上了工作的正轨。但是，随着市场竞争日益激烈，M 公司增加了生产新产品的任务。面对新产品，Tom 需要拿出一套合理的成本计算方式，这可又让 Tom 犯难了。不得已只能又求助于老同学 Jack。

如果你是 Jack，你会怎么指导 Tom？

第四章

费用的归集和分配

 学习目的与要求

1. 掌握材料费用的归集和分配；
2. 掌握人工成本的归集和分配；
3. 掌握折旧费用和其他费用的归集和分配；
4. 掌握成本归集账户的设置与应用。

【案例导入】

宏盛公司是多种玩具产品的生产商，它能够在一天内制造出不同品种的玩具，如早上是遥控飞机，下午是玩具赛车和玩具熊。那么，该公司经理如何把工厂的运转成本分配到玩具制造成本中？又该如何决定一个新的玩具组合的销售价格？答案是：通过某种成本分配方式，可使资金得到合理分配。

在生产多种产品的公司中，费用的归集和分配是每个组织无法回避的问题，它贯穿了会计处理的方方面面。本章以制造业企业为例，详细介绍了材料费用、人工费用、折旧费及其他费用等多项基础费用的归集与分配方法，也对辅助生产费用、制造费用和生产损失成本等费用应当如何核算进行了说明，掌握其核算方法和相关账户的设置与应用。

第一节　材料费用的核算

一、材料成本核算的内容

材料是指企业在生产经营过程中耗用的原料及主要材料、外购半成品、辅助材料、包装材料、修理用备件、燃料等。材料费用在产品成本中一般占有较大比重，因此材料成本的正确计算，对产品成本的正确性，起着举足轻重的作用。材料成本的高低直接影响到利润表中销货成本的高低和资产负债表中存货的高低，因此，从编制财务报表的角度讲，材料成本核算的意义可以体现在以下两个方面：一是在资产负债表中确定存货的成本；二是在利润表的销售成本或产品成本表中确定本期耗用材料的成本。本节主要进行直接材料费用的核算。有关间接材料成本的核算，将在本章第三节中具体说明。

直接材料费用是指在生产过程中为制造产品而发生的，构成产品实体或有助于产品形成的各种材料耗费。其中包括产品制造过程中耗用的各种原料、主要材料、辅助材料、外购零部件、自制半成品、修理用备件、燃料、低值易耗品、包装物等直接材料费用。材料成本的核算在财务会计中已进行了详细说明，本章不再赘述。

二、材料费用的分配

材料费用分配就是按照材料用途把费用计入成本计算对象中去。凡属产品生产直接耗用的材料费用应尽可能直接计入有关产品的成本，如构成产品实体的原材料、直接用于产品生产工艺的燃料、动力等，应直接计入"基本生产成本"账户的"直接材料"成本项目；凡是几种产品共同耗用的材料费用，在领用时无法确定每种产品的耗用量，则需要按照一定的标准在各种产品之间进行分配，然后分别计入各有关产品的"直接材料"成本项目。对于生产车间中几种产品共同耗用的辅助材料、机物料等，不能视为直接材料费用，对于这一部分费用，先按照发生地点进行归集，然后列为综合性的制造费用，再分配计入有关产品成本。

（一）材料费用分配方法

对于几种产品共同耗用的材料费用，应该选用合理而简便的分配标准，分配计入各有关产品的成本。所谓合理，是指选择的标准与费用的发生关系密切，尽可能地做到多耗用多负担、少耗用少负担。如各种铸件所用的生铁，其耗用量多少与铸件重量密切相关，可以按照铸件重量进行分配；各种木器所用的木材耗用量与木器的净用材料体积大小密切相关，可以按木器的净用材料体积进行分配。所谓简便指选用的标准应该是易于取得的。材料费用分配存在很多可供选择的标准，如定额耗用量比例、定额费用比例、产品重量比例、产品体积比例、系数比例等。

现在以定额耗用量的比例或材料定额成本比例进行分配时，分配原材料费用的程序是：

第一步：计算各种产品原材料定额消耗量。

某产品原材料定额消耗量 = 该产品实际产量 × 单位产品原材料消耗定额

第二步:以原材料定额消耗量为标准,计算原材料消耗量分配率。

原材料费用分配率 = 全部产品的材料实际耗用量(或实际成本)÷ 各种产品材料定额耗用量之和(或定额成本)

第三步:计算各种产品应分配的原材料实际消耗量。

第四步:计算各种产品应分配的原材料实际费用。

某种产品应分配的材料耗用量(费用)= 某种产品材料定额耗用量或定额成本 × 材料分配率

宏盛公司生产车间生产 A、B 两种产品共同耗用原材料 3 050 千克,每千克 20 元,共计 61 000 元。生产 A 产品 1 500 件,单件产品原材料消耗定额 4 千克,生产 B 产品 2 000 件,单件产品原材料消耗定额 2 千克。原材料费用分配计算如下:

(1) A 产品原材料定额消耗量 = 1 500 × 4 = 6 000 千克

  B 产品原材料定额消耗量 = 2 000 × 2 = 4 000 千克

(2) 原材料费用分配率 = 61 000 ÷ (6 000 + 4 000) = 6.1

(3) A 产品应分配的原材料费用 = 6.1 × 6 000 = 36 600 元

  B 产品应分配的原材料费用 = 6.1 × 4 000 = 24 400 元

出库的材料发生退料或废料回收时,应根据退料凭证和废料交库凭证按材料领用时的用途归类,扣减原领用材料费用。

(二)直接材料费用分配表的编制

材料费用的分配,应编制材料费用分配表,它包括材料费用分配明细表和材料费用分配汇总表。材料费用明细表是按照车间、部门分别编制的。根据材料费用分配明细表,可以登记有关产品成本计算单和有关的费用明细账。

材料费用分配明细表,可以按实际成本计价或计划成本编制。在采用计划成本计价的情况下,表中金额栏要分"计划成本"和"差异"两栏列示,计划成本栏根据领料凭证上的计划成本加总填入,然后根据本月材料差异分配率计算应负担的差异填入差异栏;在采用实际成本编制时,表中金额栏可根据领料凭证上的实际成本加总填入。

应该注意的是,在编表时,对出现的废料价值应该在有关产品成本中扣除,如果产品之间废料不易分清,可以按照原材料的比例分摊。我们可以根据各部门领用的材料凭证汇总编制材料费用耗用明细表,然后再根据材料费用耗用明细表计算材料费用分配汇总表。

宏盛公司六月份材料费用耗用明细表如表 4-1 所示,根据表 4-1 按计划成本编制的材料费用分配汇总表见表 4-2。

表 4-1 材料费用耗用明细表(按计划成本)

车间：一车间 2017 年 6 月 单位：千元

应借账户		基本生产成本						制造费用						合计	
		甲产品直接材料		乙产品直接材料		小计		消耗材料		修理费		小计			
总分类账户	明细分类账户	计划成本	成本差异	计划成本	成本差异	计划成本	成本差异	计划成本	成本差异	计划成本	成本差异	计划成本	成本差异	计划成本	成本差异
原材料	原材料	72	-0.72	90	-0.9	162	-1.62	2.7	-0.027	4.5	-0.045	7.2	-0.072	169.2	-1.692
原材料	辅助材料			2.7	-0.054	2.7	-0.054			3.6	-0.072	3.6	-0.072	6.3	-0.126
原材料	燃料	9	0.18	14.4	0.288	23.4	0.468							23.4	0.468
合计		81	-0.54	107.1	-0.666	188.1	-1.206	2.7	-0.027	8.1	-0.117	10.8	-0.144	198.9	-1.35

表 4-2 材料费用分配汇总表(按计划成本编制)

2017 年 12 月 单位：千元

应借账户	基本生产车间						辅助生产车间					
	一车间		二车间		小计		供电车间		修理车间		小计	
应贷账户	计划成本	成本差异	计划成本	成本差异	计划成本	成本差异	计划成本	成本差异	计划成本	成本差异	计划成本	成本差异
原材料	164.7	-1.674	315	-2.925	479.7	-4.599	32.4	-0.648	16.2	-0.324	48.6	-0.972
燃料	23.4	0.468	43.2	0.864	66.6	1.332	72	1.44			72	1.44
合计	188.1	-1.206	358.2	-2.061	546.3	-3.267	104.4	0.792	16.2	-0.324	120.6	0.468

制造车间						管理费用		合计	
一车间		二车间		小计					
计划成本	成本差异	计划成本	成本差异	计划成本	成本差异	计划成本	成本差异	计划成本	成本差异
10.8	-0.144	14.4	-0.288	25.2	-0.432	9	-0.18	562.5	-6.183
		13.5	0.27	13.5	0.27	4.5	0.09	156.6	3.132
10.8	-0.144	27.9	-0.018	38.7	-0.162	13.5	-0.09	719.1	3.051

第二节 人工费用的核算

人工费用的核算是对计入成本、费用中的工资及工资性津贴和奖金进行归集和分配的过程。工资是指作为劳动报酬按期支付给劳动者的货币或实物。在制造企业，人工成本是产品成本及期间费用的重要组成部分，应按其发生地点进行核算，定期汇总，并分别按其用途分配计入产品成本和费用。为了系统规范我国企业为了获得职工提供的服务而给予的各种形式报酬，财政部在借鉴《国际会计准则第 19 号——雇员福利》的基础上，结合我国现行的有关政策和实际情况，颁布了《企业会计准则——职工薪酬》。准则中职工薪酬主要包括七项内容:构成工资总额组成部分的工资、奖金、津贴和补贴;职工福利费;五险一金(医疗保险费、养老保险费、失业保险费、工伤保险费和生育保险费、住房公积金);工会经费和职工教育经费;未参加社会统筹的退休人员工资和医疗费用;非货币性福利;辞退福利以及其他。

一、人工费用核算的任务

正确计算直接人工费用,调动广大职工和经营者的积极性,进行人工成本的核算有以下几方面的任务:

(1)改进和完善工资核算的基础工作,记录完备的产量凭证和工时记录,为工资计算、费用分配、成本计算、成本分析和决策提供有用信息。

(2)按照发生地点,及时合理地归集工资费用。在归集工资费用时应按照国家统一规定的成本开支范围,确定应计入成本、费用中的工资数额,即划分清楚应计入产品成本与期间费用和不应计入产品成本与期间费用的工资界限。

(3)采用适当方法,分配人工成本,正确计算产品成本。一般来说,凡属生产车间直接从事产品生产的人工成本,列入产品成本"直接人工"项目;企业各生产单位为组织和管理生产所发生的管理人员的薪酬费用列入产品成本的"制造费用"项目;企业行政管理人员的薪酬费用等,作为期间费用列入"管理费用"或"销售费用"项目。

二、工资总额的组成

按照国家统计局规定,工资总额由下列六个部分组成。

(一)计时工资

计时工资是按计时工资标准(包括地区生活费补贴)和工作时间支付给职工的劳动报酬。规定每小时、每日、每周、每双周或半月、每月的工资额,而不考虑工作的数量或质量。如果超过规定工时工作,其超时部分可以得到高于月工资率的补偿。计时工资标准与职工从事工作的技术难度、熟练程度和劳动强度相关。计时工资包括:(1)对已做工作按计时工资标准支付的工资。(2)实行结构工资制的单位支付给职工的基础工资和职务工资。(3)新参加工作职工的见习工资(学徒工的生活费)等。

(二)计件工资

计件工资是直接人工工资最常见形式。它指按职工所完成的工作量和计件单价计算支付的劳动报酬,包括:

(1)实行超额累进计件、直接无限计件、限额计件和超定额计件等计件工资形式下,按有关计算规定和计件单价支付给职工的工资。

(2)按工作任务包干方法支付给职工的工资。

(3)按营业额提成或利润提成办法支付给个人的工资。

(三)奖金

这是指支付给职工的超额劳动报酬和增收节支的劳动报酬,包括:生产奖、节约奖、劳动竞赛奖等。

（四）津贴和补贴

这是指为补偿职工特殊或额外劳动消耗和因为其他特殊原因支付给职工的津贴，以及为了保证职工工资水平不受物价上升影响而支付给职工的物价补贴。

津贴和补贴包括：(1)补偿职工特殊或额外劳动消耗的津贴；(2)保健性津贴；(3)技术性津贴；(4)年功性津贴；(5)其他津贴；(6)各种物价补贴。

（五）加班工资

它指职工在法定工作时间以外加班，企业因此而支付的劳动报酬。

（六）特殊情况下支付的工资

这部分工资包括：(1)根据国家法律和政策规定，由于疾病、工伤、产假、计划生育假、婚丧假、探亲假、定期休假、脱产学习等期间按计时工资标准或按这一标准的一定比例支付的工资；(2)附加工资和保留工资。

在进行工资费用核算时必须注意以下两方面的问题：

第一，划清工资总额组成与非工资总额组成的界限。例如，劳动保护费、出差伙食补助和误餐补助、独生子女补助、离退休人员各项支出等，虽然随同工资发给职工，但不属于工资总额的组成内容，不应计入工资费用。

第二，工资总额的组成内容与计入产品成本及经营管理费用的工资费用是有所区别的，即企业的工资总额并非全部计入产品成本及经营管理费用。如企业医务人员、福利人员的工资由应付福利费负担，企业从事在建工程施工人员的工资是由在建工程成本负担，不计入产品成本及经营管理费用。

▶▶ 三、职工福利费及其他薪酬的核算

在新准则中取消了职工福利费的计提，以前企业是按照国家规定按职工工资总额的14%计算、提取职工福利费，新准则要求按照实际发生额列支。新准则要求企业为职工缴纳的医疗保险费、养老保险费、失业保险费、工伤保险费、生育保险费等社会保险费和住房公积金，应当在职工为其提供服务的会计期间，根据工资总额的一定比例计算。

职工福利费一般用于改善职工的生活条件，非独立法人和非对外营利性的职工医院、职工浴室、食堂餐饮、理发店、幼儿园等支出均可在福利费中列支。五险一金（医疗保险费、养老保险费、失业保险费、工伤保险费和生育保险费、住房公积金）以前被认为是职工福利，现在明确纳入薪酬范围。职工福利费及其他薪酬，在职工提供服务期间确认为负债，按职工服务的受益对象予以计入相关资产成本或者确认为当期费用（辞退福利只计入当期费用）。

▶▶ 四、职工薪酬分配的核算

每月底，企业应该根据"职工薪酬结算汇总表"编制"薪酬费用分配表"，根据这张表进行工资、福利费及其他薪酬分配的总分类核算。新准则设置"应付职工薪酬"一级科目，下设各明细科目，如"应付工资""应付福利费""应付社会保险费""应付住房公积金"等统一核算职工薪酬的各部分。按照领取薪酬的职工所提供服务的受益部门，在职工提供服务的会

计期间将职工薪酬计入资产成本或当期费用。其中基本生产车间生产工人的工资和福利费等薪酬应计入"基本生产成本"账户及其产品成本明细账户;辅助生产车间生产工人的工资和福利费等薪酬,计入"辅助生产成本"账户及其有关明细账户;各车间管理人员和技术人员的薪酬计入"制造费用"账户;其他各部门的员工薪酬分别计入"管理费用""营业费用""应付福利费"等账户。直接进行产品生产的生产工人工资,属于直接费用,应该进行分配后计入某种产品的基本生产成本明细账"应付职工薪酬"成本项目。

以生产工时(实际或定额)为标准分配职工薪酬的公式如下:

职工薪酬费用分配率 = 某车间生产工人薪酬总额 ÷ 该车间各种产品(实际或定额)生产工时总数

某种产品应分配的职工薪酬 = 职工薪酬分配率 × 该种产品(实际或定额)生产工时

由于职工薪酬中各个项目的归集、分配原则和方法相同,以下我们只以职工工资和职工福利费这两项费用的分配为代表来举例。

宏盛公司生产甲、乙两种产品,该种产品须经过两道工序加工。第一道工序采用计时工资形式,甲产品生产工时为 10 320 小时,乙产品生产工时为 5 280 小时,该工序工资总计 156 000 元。第二道工序采用计件工资形式,甲产品 38 400 元,乙产品 20 960 元。分配到甲产品中的实际福利费为 19 824 元,分配到乙产品的为 103 26.4 元。

按生产工时比例分配计算如下:

工资费用分配率 = 156 000 ÷ (10 320 + 5 280) = 10

甲产品分配的工资费用 = 10 × 10 320 = 103 200(元)

乙产品分配的工资费用 = 10 × 5 280 = 52 800(元)

宏盛公司 2017 年 12 月的职工薪酬费用分配表见表 4-3 所示。

表 4-3 宏盛公司职工薪酬费用分配表

××部门　　　　　　　　　　　2017 年 12 月　　　　　　　　　　单位:元

应借科目		成本或费用项目	直接计入金额	分配计入金额		工资费用合计	应借科目		应付福利费(按实际发生额列支)
				生产工时(小时)	分配金额(分配率10)				
基本生产车间	甲产品	应付职工薪酬	38 400	10 320	103 200	141 600	基本生产车间	甲产品	19 824
	乙产品	应付职工薪酬	20 960	5 280	52 800	73 760		乙产品	10 326.4
辅助生产车间	供电	应付职工薪酬	5 000			5 000	辅助生产车间	供电	700
	供水	应付职工薪酬	3 000			3 000		供水	420
制造费用——基本生产车间		应付职工薪酬	10 000			10 000	制造费用——基本生产车间		1 400
管理费用		应付职工薪酬	12 000			12 000	管理费用		1 680
营业费用		应付职工薪酬	8 000			8 000	营业费用		1 120
小计			100 360		156 000	256 360			35 890.4

第三节 折旧费及其他费用的核算

一、折旧费用的归集与分配

折旧费是指固定资产由于发生各种损耗而转移到产品成本和期间费用中的那部分价值。固定资产在全部使用年限内的应计折旧额为固定资产原值减去预计净残值,每年应计提的折旧额=全部使用年限内的应计折旧额×该固定资产的年折旧率。固定资产折旧方法有直线法、工作量法、双倍余额递减法、年数总和法。由于财务会计教材中已经有详细叙述,本节不再赘述。

宏盛公司一台机器的账面原值为200 000元,预计净残值率为5%,预计使用5年,采用直线法计提折旧,则这台机器每年应计提的折旧费=200 000×(1-5%)÷5=380 000元。

对计算出的折旧费用应该通过"折旧费用分配表"进行分配,如表4-4所示。

表4-4 折旧费用分配表

2017年12月　　　　　　　　　　　　　　　　　　　　　　　　　单位:元

应借账户	使用部门	11月份固定资产的折旧额	11月份增加的固定资产的折旧额	11月份减少的固定资产的折旧额	12月份固定资产的折旧额
制造费用	基本生产车间	18 400	1 600	1 000	19 000
辅助生产车间	供电	9 000		500	8 500
	供水	16 500	1 500		18 000
	小计	25 500	1 500	500	26 500
营业费用	销售部门	12 000	4 000	2 000	14 000
管理费用	行政管理部门	2 500	500		3 000
合计		83 900	9 100	4 000	89 000

二、利息、税金等费用的核算

(一)利息费用的核算

利息费用是企业财务费用的一个费用项目,它并不构成产品成本。短期借款的利息费用,一般是按季度并于季末结算利息,按照会计的责权发生制原则,对利息费用可采用按月预提的方法核算。每月预提时,借记"财务费用"账户,贷记"预提费用"账户;实际支付时,借记"预提费用",贷记"银行存款"。当季末实际费用大于预提费用时,用蓝字补加其差额;当实际费用小于预提费用时,用红字冲减其差额。

长期借款的利息费用,一般是按年度并于年末结算利息,并按照借款费用会计准则的要求确定利息费用资本化的部分和费用化的部分。

（二）税金支出

要素费用中的税金，如：印花税、房产税、车船使用税和土地使用税等并不构成产品成本，它是管理费用的组成部分。

（三）其他费用的核算

其他费用指除前面所述的各项费用以外的费用支出。包括邮电费、办公费、报纸杂志订阅费、差旅费、印刷费、租赁费、保险费、排污费等。这些费用在发生时，应该按照发生的车间、部门和用途进行归类，记入"制造费用""管理费用""营业费用""财务费用""预提费用""待摊费用"等科目。

宏盛公司2017年12月以银行存款支付了办公费、差旅费、邮电费等各项费用支出，经过归类汇总，编制了"其他费用支出汇总表"，如表4-5所示。

表4-5 其他费用支出汇总表

2017年12月 单位：元

应借科目	使用部门	其他费用项目						合计
		办公费	邮电费	差旅费	广告费	印刷费	其他	
辅助生产成本	供水	400	200				600	1 200
	供电	600	320				460	1 380
	小计	1 000	520				1 060	2 580
制造费用	基本生产车间	2 000	2 400	3 600			2 880	10 880
管理费用	厂部	4 800	7 300	14 780		1 600	7 360	35 840
营业费用	销售部	1 200	400	1 600	17 000		1 800	22 000
合计		9 000	10 620	19 980	17 000	1 600	13 100	71 300

三、待摊费用的归集与分配

待摊费用指本期支付的，但应由本月和以后各月产品成本和期间费用共同负担的费用。其特点是先支付，后按照受益期分月摊入成本、费用。

待摊费用包括低值易耗品摊销、预付保险费待摊、预付固定资产租金待摊、预付报纸杂志费待摊、购买印花税票以及一次缴纳税额较多且需要分月摊销的税金等。

宏盛公司2017年10月1日支付第四季度的财产保险费2 700元，摊销的比例为：辅助生产车间中供电车间16%，供水车间14%、基本生产车间50%、行政管理部门16%、专设销售机构4%，"待摊费用分配表"如表4-6所示。

表 4-6 待摊费用分配表

2017 年 12 月　　　　　　　　　　　　　单位:元

应借科目	待摊费用内容	金额
辅助生产成本——供电	财产保险费	432
——供水	财产保险费	378
制造费用——基本生产车间	财产保险费	1 350
管理费用	财产保险费	432
营业费用	财产保险费	108
合计		2 700

四、预提费用的归集与分配

预提费用是先按月来分配计入成本、费用,在以后月份才支付的费用,是一项应付未付费用。如:预提借款利息费用、固定资产的修理费用、租金和保险费等。预提期限应该根据该费用的受益期确定。预提费用时,应按预提费用的部门、车间和用途,分别记入"管理费用""营业费用""制造费用"和"辅助生产车间"等账户。

宏盛公司预计第四季度利息支出 10 800 元,则每月应预提费用 3 600 元。12 月份实际支付利息为 10 800 元。"预提费用分配表"如表 4-7 所示。

表 4-7 预提费用分配表

2017 年 12 月　　　　　　　　　　　　　单位:元

应借科目	预提费用内容	金额
辅助生产成本——供电	利息支出	1 728
——供水	利息支出	1 512
制造费用——基本生产车间	利息支出	5 400
管理费用	利息支出	1 728
营业费用	利息支出	432
合计		10 800

第四节　辅助生产费用的归集和分配

一、辅助生产费用概述

许多经济组织有营业部门和辅助部门的划分,营业部门在制造业中称为生产部门,它创造产品或服务中易于被客户观察到的价值。辅助部门为组织的其他部门提供服务,如软件公司的法律、人事部等,就属于辅助部门。应该注意不同的组织间、公司一级与分部一级的部门划分不同,不同的组织对辅助部门与营业部门的定义也不同。

本节以典型制造业企业为例描述辅助生产成本的归集与分配过程。在制造业企业中有基本生产车间和辅助生产车间的划分。基本生产车间的主要任务是生产产品,辅助生产车间是为基本生产车间提供各种劳务或服务的车间,它是以提供水、电、汽以及修理运输等各种劳务和从事工具、模具、修理备用件的制造等辅助生产为主要任务。辅助生产车间为了提供这些劳务所发生的各种生产费用的和就是辅助生产成本,这些成本就整个企业而言是一种费用,称为辅助生产费用。

二、辅助生产费用的归集

辅助生产费用的归集与分配是通过"生产成本——辅助生产成本"账户进行的,该账户的核算方法与"生产成本——基本生产成本"一样,辅助车间发生的各项费用,凡属于直接计入费用,直接登记在该账户的借方,比如说辅助生产车间领用的机物料、辅助生产车间工人的薪资等;如果是间接计入费用,按照一定的标准分配后,登记在该账户的借方。

辅助车间发生的制造费用包括辅助车间的车间管理人员薪酬费用、折旧费、修理费、办公费、水电费、机物料消耗、低值易耗品摊销、季节性停工修理期间的停工损失等间接费用。对辅助生产车间发生的制造费用,有两种核算办法:

第一种,在辅助生产车间规模较大,发生的制造费用较多的情况下,应该通过"制造费用"账户核算,在"制造费用"账户下设置"辅助生产"二级科目,费用发生时在该科目的借方进行归集;月末再从其贷方全额转入"生产成本——辅助生产成本"账户的借方。

第二种,在辅助生产车间规模较小,发生的制造费用比较少,并且不对外提供劳务的情况下,对所发生的制造费用直接计入"生产成本——辅助生产成本"账户的借方。

宏盛公司的辅助生产成本明细账如表4-8和表4-9所示。

表4-8 宏盛公司的辅助生产成本明细账

辅助车间:供电　　　　　　　　2017年12月　　　　　　　　单位:元

摘要	原材料	职工薪酬费用	折旧费	燃料	财产保险费	其他	合计	转出
材料费用分配表	31 752			73 440			105 192	
职工薪酬费用分配表		5 700					5 700	
折旧费用分配表			8 500				8 500	
待摊费用分配表					432		432	
修理和办公费用支出						1 380	1 380	
辅助生产费用分配表							121 204	121 204

表 4-9 宏盛公司的辅助生产成本明细账

辅助车间：供水　　　　　　　　　　2017 年 12 月　　　　　　　　　　　单位：元

摘要	原材料	职工薪酬费用	折旧费	财产保险费	其他	合计	转出
材料费用分配表	15 876					15 876	
职工薪酬费用分配表		3 420				3 420	
折旧费用分配表			18 000			18 000	
待摊费用分配表				378		378	
修理和办公费用支出					1 200	1 200	
辅助生产费用分配表						38 874	38 874

三、辅助生产费用的分配核算

归集在"生产成本——辅助生产成本"账户借方的辅助生产费用，一般有两种处理方法：

第一种，生产工具、模具、修理用备件的辅助生产费用，在工具、备件完工入库后，借记"低值易耗品"和"原材料"账户，贷记"生产成本——辅助生产成本"。费用结转过程与结转完工产品成本过程基本一致。

第二种，提供水、电、汽、修理、运输等劳务的辅助生产费用，在月末应按各个受益对象所耗的劳务数量的比例进行分配。例如，为基本生产车间提供非工艺耗用（车间耗用）和其他劳务借记"制造费用"、为行政管理部门提供的借记"管理费用"、为销售部门提供的借记"营业费用"、为基本生产车间提供的工艺耗用（车间生产机器耗用）借记"基本生产成本"，贷记"辅助生产成本"。

如果企业有两个及以上的辅助生产车间，辅助部门之间相互提供服务（例如，法律部向人事部提供服务，人事部则对法律部聘用职员提供建议；修理车间为供电车间提供修理服务，运输车间为修理车间提供运输服务），相互受益时，对辅助生产费用不仅要对辅助生产车间以外的受益单位进行分配，还要在辅助生产车间之间进行分配而且要优先分配。

辅助生产费用的分配方法主要有五种：直接分配法、交互分配法、顺序分配法、代数分配法和计划成本分配法。这里我们主要介绍常用的前三种，依然以制造业企业为例。

宏盛公司设有供电和供水两个辅助生产车间。2017 年 12 月，供电部门发生的待分配费用为 121 204 元，供水部门发生的待分配费用为 38 874 元。本月各车间提供的劳务量和受益对象见表 4-10。

表 4-10 辅助车间提供的劳务统计表

受益单位	供电量（度）	供水量（吨）
辅助生产车间（供电部门）		5 000
辅助生产车间（供水部门）	70 000	
基本生产车间（甲产品）	80 000	
基本生产车间	40 000	24 000

续表

受益单位	供电量(度)	供水量(吨)
专设销售机构	10 000	1 500
行政管理部门	20 000	4 000
合计	220 000	34 500

(一)直接分配法

直接分配法是分配辅助部门成本时使用最广泛的一种方法。这一方法把每个辅助部门的全部成本直接给基本生产车间,但是这一方法忽略了辅助部门相互间提供的服务。计算公式如下:

费用分配率＝待分配的辅助生产费用总额÷(辅助生产车间供应总量－为其他辅助生产车间提供的劳务量)

某受益对象应分担的辅助生产费用＝费用分配率×该单位耗用的辅助生产车间的劳务量

按照以上两个公式,核算过程如下:

电费分配率＝121 204÷(220 000－70 000)＝0.81元/度

水费分配率＝38 874÷(34 500－5 000)＝1.32元/吨

根据计算的分配率编制的直接分配法下的"辅助生产费用分配表",见表4-11所示。

表4-11 辅助生产费用分配表(直接分配法)

2017年12月 单位:元

项目	待分配费用	劳务供应量	分配率	分配金额							
				基本生产车间——甲产品		行政管理部门		专设销售部门		基本生产车间	
				数量	金额	数量	金额	数量	金额	数量	金额
供电	121 204	150 000	0.81	80 000	64 800	20 000	16 200	10 000	8 100	40 000	32 104
供水	38 874	29 500	1.32			4 000	5 214	1 500	1 980	24 000	31 680
合计	160 078				64 800		21 414		10 080		63 784

下面图4-1阐述了表4-11的分配过程。

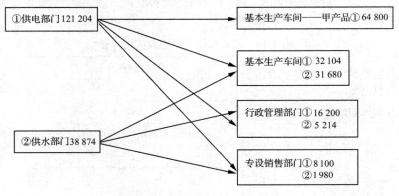

图4-1 直接分配法计算示意图

（二）交互分配法

交互分配法在分配成本时明确包含了所有辅助部门之间的相互服务,它使得部门间联系能够被完全纳入成本分配时的考虑之中,提高了分配的准确性,但却加大了工作量。

交互分配法分两个步骤:首先根据辅助生产车间发生的费用总和除以提供的劳务总量计算费用分配率,在辅助车间之间进行一次分配;然后将各辅助车间交互分配后的实际费用(交互分配前的费用+交互分配转入的费用－交互分配转出的费用),再按提供的劳务数量,在辅助生产车间以外的受益单位进行分配。计算过程如下:

（1）内部交互分配率

电费分配率 = 121 204 ÷ 220 000 = 0.551 元/度

水费分配率 = 38 874 ÷ 34 500 = 1.127 元/吨

（2）对外分配率

电费分配率 =（121 204 + 1.127 × 5 000 － 70 000 × 0.551）÷（220 000 － 70 000）
　　　　　 = 0.588 元/度

水费分配率 =（38 874 + 70 000 × 0.551 － 1.127 × 5 000）÷（34 500 － 5 000）
　　　　　 = 2.434 元/吨

按照交互分配法编制的"辅助生产费用分配表"如表4-12 所示。

表4-12　辅助生产费用分配表(交互分配法)

2017 年 12 月

项目				交互分配		对外分配		合计
				供电	供水	供电	供水	
待分配费用(元)				121 204	38 874	88 269	71 809	160 078
劳务供应量				220 000	34 500	150 000	29 500	
费用分配率(单位成本)				0.551	1.127	0.588	2.434	
辅助车间耗用	应借记"辅助生产成本"账户	供电部门	数量		5 000			
			金额(元)		5 635			
		供水部门	数量	70 000				
			金额(元)	38 570				
基本生产车间——甲产品	应借记"基本生产成本"		数量			80 000		
			金额(元)			47 077		47 077
行政管理部门	应借记"管理费用"		数量			20 000	4 000	
			金额(元)			11 769	9 737	21 506
专设销售机构	应借记"营业费用"		数量			10 000	1 500	
			金额(元)			5 885	3 651	9 536
基本生产车间	应借记"制造费用"		数量			40 000	24 000	
			金额(元)			23 538	58 421	81 959
分配金额合计(元)								160 078

下面图 4-2 阐述了表 4-12 的分配过程。

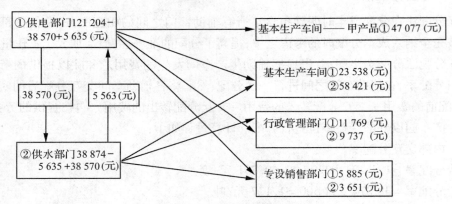

图 4-2 交互分配法的计算示意图

（三）顺序分配法

顺序分配法也叫阶梯分配法，这一方法部分地确认其他辅助部门或本辅助部门服务的使用，它是将各辅助部门按受益金额大小的顺序依次排列。列于第一位的辅助部门的成本分配给其他辅助部门和受益对象，列于第二位的辅助部门的费用分配给那些还没有分配费用的辅助部门和受益对象。这一过程将一直进行，直到最末一位的辅助成本分配给除辅助部门外的受益对象。计算公式如下：

先分配的费用分配率 = 待分配的辅助生产费用总额 ÷ 辅助生产供应总量

后分配的费用分配率 =（待分配的辅助生产费用总额 + 由其他辅助车间分配来的费用）÷（辅助生产供应总量 − 先分配的辅助生产劳务耗用量）

按照上面的公式，水、电费的分配率如下：

水费分配率 = 38 874 ÷ 34 500 = 1.127 元/吨

电费分配率 =（121 204 + 1.127 × 5 000）÷（220 000 − 70 000）= 0.845 6 元/度

按照顺序分配法编制"辅助生产费用分配表"如表 4-13 所示。

表 4-13 辅助生产费用分配表（顺序分配法）
2017 年 12 月

项目	待分配费用（元）	待分配费用（元）	分配率	分配金额（元）								
				供电车间		基本生产车间——甲产品		行政管理部门		专设销售部门		基本生产车间	
				数量	金额	数量	金额	数量	金额	数量	金额	数量	金额
供水	38 874	34 500	1.127	5 000	5 635			4 000	4 507	1 500	1 690	24 000	27 043
供电	126 839	150 000	0.846			80 000	67 647	20 000	16 912	10 000	8 456	40 000	33 824
合计				5 635		67 647		21 419		10 146		60 867	

这种分配方法由于排列在前的辅助部门不负担排列在后的辅助部门的费用，因此分配结果的准确性仍然受到影响，只适用在各辅助车间相互受益程度具有明显顺序的企业中采用。

(四)代数分配法

代数分配法是根据解联立方程的原理,先计算确定辅助生产劳务的单位成本,然后再按照受益单位的受益量计算分配的一种方法。参见例7,按照代数分配法计算如下:

设每度电的单位成本为 X,每吨水的单位成本为 Y,设立的方程组为:

$$\begin{cases} 121\ 204 + 5\ 000Y = 220\ 000X \\ 38\ 874 + 70\ 000X = 34\ 500Y \end{cases}$$

解得 $X = 0.604\ 4$ $Y = 2.353$

根据分配率算得各受益车间应分配的成本如下:

辅助生产车间——供电车间耗用成本 $= 2.353 \times 5\ 000 = 11\ 766$(元)
辅助生产车间——供水车间耗用成本 $= 0.604\ 4 \times 70\ 000 = 42\ 309$(元)
基本生产车间——甲产品 $= 80\ 000 \times 0.604\ 4 = 48\ 352$(元)
管理费用 $= 4\ 000 \times 2.353 + 20\ 000 \times 0.604\ 4 = 21\ 500$(元)
营业费用 $= 1\ 500 \times 2.353 + 10\ 000 \times 0.604\ 4 = 9\ 573$(元)
制造费用 $= 24\ 000 \times 2.353 + 40\ 000 \times 0.604\ 4 = 80\ 648$(元)

该种分配法的分配结果最正确,但计算比较复杂,适合于已经实行会计电算化的企业。

(五)计划成本分配法

计划成本分配法就是先按各种劳务的计划单位成本和各受益单位耗用量来分配辅助部门的成本,然后将辅助部门的实际成本(包括辅助部门交互分配转入的费用)与计划单位成本分配转出的费用的差额追加分配给辅助部门以外的受益单位或者全部计入管理费用。这种方法简化核算工作,通过差异还能反映和考核辅助生产成本计划的执行情况。但是采用该方法必须准确地估计计划单位成本。

第五节 制造费用的归集和分配

一、制造费用的内容

制造费用是为组织管理产品生产和提供劳务而发生的各项间接费用,这类费用虽然也是由于生产产品和提供劳务发生的,但是不能直接归集于成本核算对象和成本项目,而是要先设置制造费用账户进行登记和汇集,而后向分批成本单位分配转账。

制造费用包括除去直接材料、直接人工和三项期间费用以外的全部成本。最常见的制造费用项目有以下几种:

(1)间接原材料:车间用品(含一般用品和办公用品)、生产用润滑剂、清洁用品和工具设备、包装材料、小工具和在制造程序中小量的使用项目。

(2)间接人工:车间管理人员的薪酬、辅助部门员工的薪酬、直接人工闲置时间成本、不能确定属于特定批次的直接人工超时奖励。

（3）其他：雇佣员工的小额优惠待遇、工资税、车间公用事业费、厂房设备折旧费、修理费、经营性租赁费、保险费、财产税、损坏产品等。

二、制造费用的归集

制造费用发生时，借记"制造费用"科目，按照有关车间、部门的制造费用明细账中的相应费用项目，同时依照具体情况分别贷记"原材料""应付职工薪酬""累计折旧""预提费用""银行存款"等科目。期末按照一定标准分配转出时，应借记"生产成本——基本生产成本""生产成本——辅助生产成本"，贷记"制造费用"。除了季节性生产企业，"制造费用"账户期末无余额。

辅助部门发生的制造费，如果是通过"制造费用"账户单独核算，则比照基本生产车间的制造费用核算；如果不是，则在发生时直接登记"辅助生产成本"账户。表4-14列示了宏盛公司基本生产车间的制造费用明细账。

表4-14 基本生产车间的制造费用明细账

单位：元

摘要	借方	贷方	余额
材料费用分配表（表4-2）	24 768		
燃料费用（表4-2）	13 770		
职工薪酬费用分配表（表4-3）	11 400		
折旧费用分配表（表4-4）	19 000		
待摊费用分配表（表4-6）	1 350		
修理和办公费用支出（表4-5）	11 880		
转入的辅助生产费用（表4-10）	63 784		
本月制造费用合计	145 952		
分配本月制造费用		145 952	0

三、制造费用的分配

在实际工作中，由于各个车间的制造费用水平不同，制造费用的分配一般按照车间分别进行。如果车间只生产一种产品，制造费用就直接进入该种产品成本，不需要在在产品与完工产品之间进行分配。如果是生产多种产品，那么应该按照一定的分配方法将制造费用在产品之间进行分配。辅助生产车间单独核算制造费用时，原则与此相同。

分配制造费用的方法很多，这里只介绍四种：生产工时比例分配法、生产工人工资比例分配法、机器工时比例分配法、按年度计划分配率分配法。

生产工时比例分配法是现实中比较常用的方法，适用于机械化程度较低或各种产品工艺过程机械化程度大致相同的企业；生产工人工资比例分配法核算比较简便，因为工资的资料很容易取得，该方法适用于各产品的机械化程度或需要工人的操作技能大致相同的情况；机器工时比例分配法当机器设备是主要的生产因素且机器工时与制造费用依存关系明显时

比较适用。这三种分配法的计算程序和原理基本相同,即

制造费用分配率＝制造费用成本÷制造费用分配基础(如生产工时、人工工资、机器工时)

某种产品应分配的制造费用＝该种产品的生产工时/生产工人工资总额/机器工时×制造费用分配率。

故在此只举例生产工时比例法。

宏盛公司的基本生产车间12月份生产玩具电动汽车实际生产工时为12 000小时,玩具电动火车的实际生产工时为6 244小时,分配制造费用的计算如下:

制造费用分配率＝145 952÷(12 000＋6 244)＝8

电动汽车制造费用＝8×12 000＝96 000(元)

电动火车制造费用＝8×6 244＝49 952(元)

按年度计划分配率分配法是根据正常生产能力预计全年的制造费用发生额和全年的计划产量,并以定额工时为分配标准计算制造费用的年度计划分配率,来分配制造费用的一种方法。计算公式如下:

年度计划分配率＝年度计划制造费用总额÷年度各种产品计划产量的定额工时总数

12月份某种产品应分摊的制造费用＝年度计划分配率×该月该产品实际产量的定额工时

采用该种方法,由于实际发生数与计划数有差额,所以"制造费用"账户可能有月末余额。借方有余额表示实际发生超过计划的预付费用,属于待摊费用,是资产;余额在贷方则相反,属于预提费用,是负债。到年末,按照实际与计划的差额,借记"基本生产成本",贷记"制造费用",实际大于计划,用蓝字补记;计划大于实际则用红字冲减。

宏盛公司装配车间全年制造费用计划为167 200元,全年各种产品的计划产量为:玩具电动汽车5 600件,玩具电动火车4 160件;单件产品的定额工时:玩具电动汽车3小时,玩具电动火车4小时。本月实际产量为:玩具电动汽车400件,玩具电动火车512件。本月实际发生的费用为12 100元。

玩具电动汽车年度计划产量的定额工时＝5 600×3＝16 800(小时)

玩具电动火车年度计划产量的定额工时＝4 160×4＝16 640(小时)

制造费用年度计划分配率＝167 200÷(16 800＋16 640)＝5

本月玩具电动汽车实际产量的定额工时＝400×3＝1 200(小时)

本月玩具电动火车实际产量的定额工时＝512×4＝2 048(小时)

本月玩具电动汽车应分摊的制造费用＝1 200×5＝6 000(元)

本月玩具电动火车应分摊的制造费用＝2 048×5＝10 240(元)

该车间本月按计划分配率转出的制造费用为16 240元,比实际发生额12 100元多了4 140元,假设月初"制造费用"账户贷方余额为423元,则本月该车间"制造费用"账户有贷方余额4 563元。

这种方法适用于季节性生产企业,但是必须具备较高的计划工作水平。

第六节　生产损失的核算

工业企业在产品生产过程中发生的各种损失成为生产损失,它由废品损失和停工损失两个部分组成。

一、废品损失的核算

（一）废品损失的概念和内容

生产过程中的废品是指不符合规定的技术标准,不能按原规定用途使用或需要加工修理后才能使用的在产品、半成品或产成品,包括生产过程中发现的和入库后发现的废品。废品可分为可修复废品和不可修复废品。可修复废品,是指经过修理可以使用,而且所花费的修复费用在经济上合算的废品,例如不合格的计算机、电话机等;不可修复废品,是指在技术上不能修复,或者是可修复但修复费用在经济上不合算的废品,例如有瑕疵的衬衣、裤子和鞋等。

废品损失是指生产过程中发生的各种废品所形成的报废损失和修复费用。

（1）废品的报废损失,是指不可修复废品的生产成本扣除残料价值和应收赔偿款以后的损失。

（2）废品的修复费用,是指可修复废品在返修过程中所发生的修理费用。（注意,无须返修而降价出售的不合格品,其降价损失反映为销售收入的减少,不做废品损失处理。）

以下情况应归为管理费用:产成品入库后,由于保管不善等原因而损坏变质的损失;产品出售以后发现的废品所发生的一切损失。

（二）废品损失归集的核算

在单独核算废品损失的企业,应该在"基本生产成本"科目下设"废品损失"科目,在产品成本明细账中则设"废品损失"成本项目。发生不可修复废品的生产成本和可修复废品的修复费用登记在该科目借方;发生废品残料回收价值和应收的赔款应登记在该科目贷方;不可修复废品的生产成本和可修复废品的修复费用减去残料价值和应收赔款后的差额,即是应由本月生产的同种产品成本负担的废品净损失,应从"基本生产成本——废品损失"科目贷方转入"基本生产成本"科目同种产品的成本明细账中"废品损失"成本项目;该科目月末无余额。

如果企业不单独核算废品损失,在发生不可修复废品时,只从全部产量中扣除废品产品数量,废品的残料价值直接冲减"基本生产成本"科目及其明细账的"原材料"成本项目的费用;发生可修复废品的修理费用,也直接记入"基本生产成本"科目及其明细账的有关成本项目。

1. 不可修复废品损失的计算

不可修复废品的生产成本可按废品所耗实际费用计算,也可按所耗定额费用计算。

(1) 按所耗实际费用计算。按不可修复废品的实际成本计算，就是在废品报废时，根据废品和合格品所发生的全部实际费用，按成本项目分别采用一定的分配方法，在合格品与废品之间进行分配，计算出废品的实际成本，从"基本生产成本"科目的产品明细账转入"废品损失"明细账户。

宏盛公司的基本生产车间12月生产玩具芯片600件，其中有12件是不可修复废品；合格品的生产工时为17 640小时，废品的生产工时为360小时。该产品成本明细账所列合格品和废品的全部生产成本为：原材料36 000元、燃料及动力17 100元、职工薪酬14 400元、制造费用10 800元，共78 300元。废品残料回收价值为360元，原材料是生产开始时一次投入。

根据上述资料，编制废品损失计算表如表4-15所示。

表4-15　废品损失计算表（按实际成本计算）

车间名称：基本生产车间　　　　　　2017年12月　　　　　　产品名称：玩具芯片

项目	数量（件）	原材料	生产工时	燃料及动力	职工薪酬	制造费用	合计
费用总额	600	36 000	18 000	17 100	14 400	10 800	78 300
废品成本	12	720	360	342	288	216	1 566
减：残料价值		360					360
废品损失		360		342	288	216	1 206

在完工以后发现的废品，因其单位废品负担的各项生产费用与单位合格品完全相同，可按合格品和废品的数量比例分配各项生产费用，计算废品的实际生产成本。按废品的实际生产成本计算废品损失，符合实际，但核算工作量较大。

(2) 按所耗定额费用计算。按废品所耗定额费用计算，就是按废品数量和定额工时及废品的各项费用定额，计算废品的定额成本，而不考虑废品实际发生的费用。

宏盛公司基本生产车间，在产品完工验收入库时，发现玩具芯片有24件不可修复废品。回收残料480元。按定额成本计算废品成本和废品损失，编制废品损失计算表，见表4-16。

表4-16　废品损失计算表（按定额成本计算）

车间名称：基本生产车间　　　　　　2017年12月　　　　　　废品数量：24件

项目	原材料	燃料及动力	职工薪酬	制造费用	合计
费用定额	72	36	30	24	162
废品定额成本	1 440	720	600	480	3 240
减：回收残料价值	480				480
废品损失	960	720	600	480	2 760

2. 可修复废品损失归集的核算

可修复废品，因为在返修以前也是与合格品合并在一起进行核算的，发生的生产费用已归集在"基本生产成本"科目，因为它不是废品损失，不必转出。只需要确定在修复过程中发生的修复费用为废品损失，发生的修复费用，借记"废品损失"，贷记"原材料""应付职工薪酬""制造费用"。如有残料价值回收，应借记"原材料"，贷记"废品损失"；对收回的赔款，借记"其他应收款",贷记"废品损失"。

（三）废品损失分配的核算

废品损失的分配,就是将"废品损失"明细账户中归集的各车间各种产品的废品净损失再分配给同车间同种产品成本负担。

不可修复废品的净损失和可修复废品的净损失,应从"废品损失"明细账科目的贷方,计入"基本生产成本"科目同种产品成本明细账中"废品损失"成本项目。

二、停工损失的核算

（一）停工损失的含义

停工损失是指基本生产车间或车间内某个班组因计划减产、停电、缺料或机器设备故障等发生的各项损失费用,包括停工期间支付的生产工人薪酬、所耗用的燃料和动力费,以及应负担的制造费用。

企业停工原因很多,所以企业的停工损失应由企业或企业的主管机构来决定停工损失的确认范围。一般地,停工不满一个工作日的,一般不计算停工损失。季节性生产企业停工期间的费用,应当采用待摊、预提的方法,由开工期内的生产成本负担,不作为停工损失。在停工时,车间应填列停工报告单,并在考勤记录中登记。成本会计人员应对停工报告单所列停工范围、时数、原因及过失单位等事项进行审核。只有经过审核的停工报告单,才能作为停工损失核算的依据。

（二）停工损失的归集与分配

单独核算停工损失的企业,在停工期间发生应计入停工损失的各种费用,根据各种费用分配表及其他相关凭证,借记"基本生产成本——停工损失"科目,贷记"原材料""应付职工薪酬"和"制造费用"等科目。应获得赔偿的损失和应计入营业外支出的损失,均应从该科目贷方转出,分别转入"其他应收款"和"营业外支出"科目。

应计入产品成本的停工损失,从"基本生产成本——停工损失"科目转入"基本生产成本"的各产品成本明细账内。如果停工车间只生产一种产品,可直接记入该种产品成本明细账的"停工损失"成本项目;如停工车间生产多种产品,则采用分配制造费用的方法,分配计入该车间各种产品成本明细账的"停工损失"成本项目。通过上述归集和分配,"基本生产成本——停工损失"科目应无月末余额。

对不单独核算停工损失的企业,发生停工损失费用,可直接计入"制造费用""营业外支出"等账户。

第七节　生产费用在完工产品与在产品之间的归集和分配

产品生产过程中的月末如果产品已经全部完工，本月完工产品的成本就是成本明细账中归集的生产费用（如果有月初在产品，还包括月初在产品生产费用）之和；如果产品全部没有完工，就是月末的在产品成本；如果月末既有在产品又有完工产品，应该将这些费用采用一定的方法在本月完工产品和月末在产品之间进行分配，以计算完工产品成本和月末在产品成本。生产费用在完工产品和月末在产品之间的合理分配，直接关系到完工产品、在产品计价的正确性。

▶▶ 一、在产品收发结存的核算

在产品数量的核算资料，是产品成本核算的基础工作。在产品的数量核算资料应同时具备账面核算资料和实际盘点资料，因此，企业必须做好在产品收发结存的日常核算工作和定期清查工作。

（一）在产品收发结存的核算

企业的在产品是指没有完成全部生产过程，不能作为商品销售的产品。有广义和狭义之分。广义的在产品概念：从产品投料生产开始，到最终制成产成品交付验收入库前的一切未完工产品，包括正在加工或装配中的在产品，已经完成一个或几个加工步骤但还需继续加工的半成品，尚未验收入库的产成品和等待返修的废品，等等。对外销售的自制半成品，属于商品产品，验收入库后不应列入在产品之内。狭义的在产品概念：指就某一生产单位或生产步骤而言正在加工的在制品，该生产单位或步骤已经完工交出的自制半成品不包括在内。本章所指均为狭义在产品。

在产品收发结存的日常核算，通过"在产品收发结存账"进行。该账也称"在产品台账"，应分车间按产品品种和在产品的名称、批号设置。在产品收发结存账还可以结合企业生产工艺特点和内部管理的需要，进一步按照加工工序来组织在产品数量核算。该账由生产单位核算人员根据领料凭证、在产品内部转移凭证、产成品交库凭证等原始凭证逐笔登记，也可由各班组核算员登记，由车间核算人员审核和汇总。通过在产品收发结存账的记录，不仅可以从账面上随时掌握在产品的增减动态，而且也为在产品清查及计算在产品成本提供依据。

（二）在产品的清查

为了核实在产品实际结存数量，确保在产品安全完整，月末结账前一般应组织对在产品进行全面清查，平时也可以结合实际需要进行不定期的清查。清查后，应根据盘点结果和账面资料编制在产品盘存表，填明在产品的账面数、实际数和盘点盈亏数以及盈亏的原因和处理意见等。对于毁损的在产品，如可以回收利用，还应登记残值。成本核算人员应对在产品盘存表所列各项资料进行认真的审核并报经主管部门审批。在产品清查的账务处理《财务会计》中有详细说明,这里就不细说了。

二、生产费用在完工产品与在产品之间的分配的方法

本月生产费用、本月完工产品成本和月初月末在产品成本之间的关系可用下列公式表示:

月初在产品成本 + 本月生产费用 = 本月完工产品成本 + 月末在产品成本

在公式前两项已知情况下,确定完工产品成本的方法通常有两类:一类是先确定月末在产品成本,再计算完工产品成本;另一类是将前两项费用之和按一定的比例在后两项之间进行分配,同时计算出完工产品和月末在产品成本。由于企业在产品结构复杂,种类和加工工序较多,完工程度各异,所以企业应该根据在产品数量的多少,各月在产品数量变化的大小,各项费用比重的大小及企业成本定额管理基础工作的好坏等具体情况,采用适当的分配方法。常用的方法有以下几种。

(一) 在产品不计算成本法

这是一种不计算月末在产品的方法。该方法的特点是月末虽然有在产品,但是数量很少,价值很低,且各月在产品数量比较稳定,所以月初和月末在产品费用很少。计不计算在产品成本,对完工产品成本的影响很小。为了简便成本计算工作,可以不计算月末在产品成本,即完工产品成本 = 本期生产费用。例如,自来水生产企业、发电企业、采掘企业等都可以采用这种方法。

(二) 在产品按固定成本计价法

在企业期初、期末在产品数量少,或在产品数量虽然多但很稳定的情况下,可以对在产品成本按固定成本计算。因为这时产品成本比较稳定,用固定成本计价法误差相对较小,而且计算比较简便。这种方法的计算公式如下:

完工产品成本 = 期初在产品固定成本 + 本期生产费用 − 期末在产品固定成本
　　　　　　 = 本期生产费用

由于期初在产品固定成本 = 期末在产品固定产品

所以完工产品成本 = 本期生产费用

在实际的工作中,1—11月的在产品成本一般按照年初的在产品成本估算,这时,为了避免前十一个月在产品的估算成本与实际成本水平相差过大而影响产品成本的计算,企业会在年末对在产品进行盘点,根据盘点的数量计算在产品成本,并据以计算12月份的产品成本。

总的来说,1—11月的期初、期末在产品成本和12月期初的在产品成本均按照年初在产品成本计算,12月期末在产品成本根据实际盘点的数量以及估算的在产品单位成本计算。12月份完工产品成本计算如下:

12月份完工产品成本 = 年初在产品成本 + 12月生产费用 − 年末在产品成本

(三) 在产品成本按定额成本计算法

这种方法适用于各种消耗定额或者费用定额比较稳定、准确,并且各月末的在产品数量

变化不大的产品。因为在这种情况下,在产品的实际成本和定额成本的差异比较小,对完工产品成本不会发生多大影响。为了简化产品成本的计算工作,可以这样计算。采用在产品成本按照定额成本计算法时,期末在产品按照定额成本计算,实际与定额之间的差额由完工产品成本负担。具体的计算公式如下:

完工产品成本 = 期初在产品定额成本 + 本期生产费用 − 期末在产品定额成本

期末在产品定额成本 = 在产品直接材料定额成本 + 在产品直接人工定额成本 + 在产品制造费用定额成本

在产品直接材料定额成本 = $\sum$(在产品数量 × 在产品原材料消耗量定额 × 单位原材料计划成本)

在产品定额工时总数 = $\sum$[(以前工序累计工时定额 + 本工序工时定额 × 50%) × 各工序在产品实际数量]

在产品直接人工(制造费用)定额成本 = 在产品定额工时总数 × 单位工时直接人工(制造)费用定额

(四)约当产量法

所谓约当产量,是将期末在产品的数量按其完工程度或投料程度折算为完工产品的数量。约当产量法是按照完工产品和期末在产品的约当产量比例来分配生产费用,以确定完工产品成本和月末在产品实际成本的方法。在实际生产中,大多数制造业企业月末在产品数量比较大,数量变化也比较大,产品成本中的原材料费用、工资及福利费等加工费用比重相差不多,这种企业可以选用约当产量法。

完工产品成本和期末在产品成本计算的基本公式如下:

完工产品成本 = 完工产品实际数量 × 费用分配率

期末在产品成本 = 期末在产品约当产量 × 费用分配率

费用分配率 = (期初在产品成本 + 本期生产费用) ÷ (本期完工产品实际数量 + 期末在产品约当产量)

在产品约当产量 = 在产品实际数量 × 完工率

1. 完工率的计算

(1)平均计算法:如果企业在生产过程中,各工序在产品数量以及单位产品在各工序的加工量比较均衡,后面各工序在产品多加工的可以弥补前面的工序少加工的程度,那么全部在产品的完工程度均按照 50% 计算。计算公式为:

在产品约当产量 = 在产品实际数量 × 50%

(2)按各工序分别测定,一般按照各工序累计工时定额占完工产品工时定额的比率计算。计算公式为:

某道工序在产品加工率 = (前道工序为止累计工时定额 + 本道工序工时定额 × 50%) ÷ 完工产品工时定额 × 100%

宏盛公司玩具熊要经过 4 道工序连续加工完成。各工序在产品实际数量、工时定额、单位产品工时定额以及在产品约当产量的计算见表 4-17 所示。

表 4-17　在产品完工率和约当产量计算表

工序	在产品数量（个）	工时定额（小时）	在产品完工率	约当产量（个）
1	480	12	12×50%÷60×100%=10%	48
2	720	12	(12+12×50%)÷60×100%=30%	216
3	600	12	(12+12+12×50%)÷60×100%=50%	300
4	480	24	(12+12+12+24×50%)÷60×100%=80%	384
合计	2 280	60		948

2. 分配材料费用的在产品约当产量的计算

原材料费用的分配需要根据材料的投入方式来选择分配标准。

（1）当材料是生产开始时一次性投入,在产品的投料程度为100%,也就是说不同工序上的在产品所耗用的原材料数量和完工产品是一样的,因此在产品和完工产品一样按照实际数作为分配标准来分配材料费用。计算公式如下：

直接材料分配率=（期初在产品材料费用+本期材料费用）÷（完工产品数量+在产品实际数量）

完工产品负担的直接材料费用=完工产品数量×直接材料分配率

期末在产品负担的直接材料费用=在产品实际数量×直接材料分配率

（2）材料随着生产过程陆续投入,由于完工产品和不同工序上的在产品所耗用的原材料数量不同,因此应该按照一定的标准计算在产品的约当产量,然后与完工产品数量一起作为分配标准来分配直接材料费用。计算公式如下：

直接材料分配率=（期初在产品材料费用+本期材料费用）÷（完工产品数量+在产品约当产量）

完工产品负担的直接材料费用=完工产品数量×直接材料分配率

期末在产品负担的直接材料费用=在产品约当产量×直接材料分配率

在产品约当产量=在产品实际数量×在产品投料率

这时在产品投料率的计算根据材料的投入方式有如下三种：

① 原材料随着生产过程陆续投入,投料程度与生产工时的投入进度基本一致,在产品的投料率按照上面的加工程度折算。

② 若原材料是分阶段且在每道工序开始时一次性投入的,期末在产品投料率计算公式如下：

某工序在产品的投料率=（前面各工序材料消耗量定额之和+本工序的材料消耗量定额）÷单位产品材料消耗量定额

③ 若原材料是分阶段投入并且在每道工序随着生产进度陆续投入,期末在产品投料率计算公式如下：

某工序在产品的投料率=（前面各工序材料消耗量定额之和+本工序的材料消耗量定额×50%）÷单位产品材料消耗量定额

宏盛公司乙产品的生产工序有3道,原材料是在每道工序生产开始时一次性投入的。

期初在产品材料费用为 7 440 元,本期发生的材料费用为 22 560 元,该产品本月完工 1 986 台,各道工序的有关数量见表 4-18 所示。

表 4-18 在产品及产品数量统计表

工序	原材料消耗定额（千克）	在产品数量（个）①	在产品投料程度②	在产品约当产量 = ① × ②
1	480	120	480 ÷ 1 200 × 100% = 40%	48
2	360	180	(480 + 360) ÷ 1 200 × 100% = 70%	126
3	360	240	(480 + 360 + 360) ÷ 1 200 × 100% = 100%	240
合计	1 200	540		414

直接材料成本分配计算过程如下：

直接材料成本分配率 = (7 440 + 22 560) ÷ (1 986 + 414) = 12.5

完工产品所耗直接材料成本 = 12.5 × 1 986 = 24 825(元)

月末在产品所耗直接材料成本 = 12.5 × 414 = 5 175(元)

若原材料是在每道工序随生产进度陆续投入,其他信息不变,则直接材料成本分配计算过程如下：

工序 1：工序投料程度 = 480 × 50% ÷ 1 200 = 0.2

在产品约当产量 = 120 × 0.2 = 24(个)

工序 2：工序投料程度 = (480 + 360 × 50%) ÷ 1 200 = 0.55

在产品约当产量 = 120 × 0.55 = 66(个)

工序 3：工序投料程度 = (480 + 360 + 360 × 50%) ÷ 1 200 = 0.85

在产品约当产量 = 120 × 0.85 = 102(个)

在产品约当总产量 = 24 + 66 + 102 = 192(个)

直接材料成本分配率 = (7 440 + 22 560) ÷ (1 986 + 192) = 13.77

完工产品所耗直接材料成本 = 13.77 × 1 986 = 27 355(元)

月末在产品所耗直接材料成本 = 13.77 × 414 = 2 645(元)

3. 分配直接人工和制造费用的在产品约当产量的计算

对于直接人工和制造费用,通常按照加工程度计算约当产量。因为产品生产过程中的人工费用和制造费用一般是在生产过程中发生的,也就是说,不同工序上的在产品中所含的这些费用是不同的。所以在计算人工费用和制造费用分配率时,与原材料陆续投入处理一样。计算公式如下：

职工薪酬/制造费用分配率 = (期初在产品负担的职工薪酬/制造费用 + 本期发生的职工薪酬费/制造费用) ÷ (完工产品数量 + 在产品约当产量)

完工产品负担的职工薪酬费(制造费用) = 完工产品实际数量 × 职工薪酬费(制造费用)分配率

期末在产品负担的职工薪酬费(制造费用) = 在产品约当产量 × 职工薪酬费(制造费用)分配率

婴儿握铃在 3 道工序的工时消耗定额等资料见表 4-19 所示。如果月初在产品和本月费用累计数为：直接人工 13 226 元，制造费用 15 170 元。

表 4-19 按产品加工程度折算的在产品约当产量计算表

工序	工时消耗定额	在产品数量(个)①	在产品投料程度②	在产品约当产量 = ① × ②
1	16	120	16 × 50% ÷ 40 × 100% = 20%	24
2	16	180	(16 + 16 × 50%) ÷ 40 × 100% = 60%	108
3	8	240	(16 + 16 + 8 × 50%) ÷ 40 × 100% = 90%	216
合计	40	540		348

直接人工、制造费用的分配计算过程如下：

直接人工成本分配率 = 13 226 ÷ (1 986 + 348) = 5.67

制造费用分配率 = 15 170 ÷ (1 986 + 348) = 6.5

完工产品所耗直接人工成本 = 5.67 × 1 986 = 11 254(元)

月末在产品所耗直接人工成本 = 5.67 × 348 = 1 972(元)

完工产品所耗制造费用 = 6.5 × 1 986 = 12 909(元)

月末在产品所耗制造费用 = 6.5 × 348 = 2 261(元)

（五）定额比例法

在某些企业，一些产品的定额管理基础比较好，各项消耗量定额或费用定额比较准确、稳定，各月末在产品数量变动较大。这时就可以采用定额比例法，将实际发生的生产费用合计以定额为标准，分别按照成本项目计算分配率，然后再乘以完工产品和在产品的定额，计算完工产品和期末在产品成本。基本计算公式为：

费用分配率 = (期初在产品成本 + 本期生产费用) ÷ (完工产品定额消耗或成本 + 在产品定额消耗或成本)

完工产品成本 = 完工产品定额消耗或成本 × 费用分配率

期末在产品成本 = 期末在产品定额消耗或成本 × 费用分配率

（六）在产品按照完工产品成本计算法

企业在月末在产品已经接近完工、已经完工还没有包装或验收入库的产品的时候，可以将期末在产品视同完工产品，把各项生产费用按完工产品与在产品实际数量进行分配。

（七）在产品按照所耗用的原材料成本计价法

纺织、造纸和酿酒类企业的产品，原材料费用一般都占产品成本的 70% 以上，其他加工费用不大，且月初、月末在产品的数量变化和加工费用的差额不大。为了简化核算，月末在产品只计算其所耗用的原材料费用，不分配工资和制造费用，即在产品的加工费用全部由完工产品成本负担。

完工产品成本 = 期初在产品材料费用 + 本期生产费用 − 期末在产品材料费用

其中期末在产品材料费用的分配情况可以参见分配材料费用的在产品约当产量的计算。

三、完工产品的成本结转

产品成本计算是费用的归集和分配的过程。生产费用在各种产品之间,以及在完工产品与月末在产品之间进行分配、归集以后,产品的成本就计算出来了。

完工产品验收入库以后,其成本应从"基本生产成本"科目和各种产品成本明细账的贷方转入"库存商品"科目的借方。

宏盛公司当期完工玩具熊和婴儿握铃两种产品,其产成品成本汇总表见表4-20所示,根据表4-20结转完工产品成本。

表4-20　产成品成本汇总表

2017年12月　　　　　　　　　　　　　　　　　　　　　　　　　　单位:元

产品名称	产量	产成品成本				
		直接材料	直接人工	制造费用	总成本	单位成本
玩具熊	600	108 000	161 424	96 000	365 424	609.04
婴儿握铃	200	49 500	84 086.4	49 952	183 538.4	917.7
合计		157 500	245 510.4	145 952	548 962.4	

本 章 小 结

本章首先介绍了成本核算程序的第一步骤和第二步骤,即归集和分配各种要素费用、分摊或计提跨期摊配费用。材料费用应按照用途进行分配,属于生产产品耗用的材料费用直接计入相关的产品成本;属于辅助生产车间耗用的材料,或计入辅助生产成本,或者通过制造费用账户进行核算。工资及职工福利费、折旧费等的处理原则与材料基本相同。

为了如实计算产品成本,根据权责发生制,对于本期发生但不应计入本期产品成本,以及本期虽未发生但应计入产品成本的各项生产费用,应通过"待摊费用"和"预提费用"账户核算,以保证各月费用分担的合理性。

接着,本章介绍了辅助生产费用、废品和停工损失、制造费用的归集和分配等内容。辅助生产费用的分配方法主要有直接分配法、交互分配法、顺序分配法、代数分配法和计划成本分配法。这些方法各有特点,应根据辅助生产特点选择适当的方法;制造费用的分配方法主要有生产工时比例分配法、生产工人工资比例分配法、机器工时比例分配法、按年度计划分配率分配法,前三种方法的计算很相似,后一种方法按年度计划分配率分配制造费用,核算工作较为简便,特别适用于季节性生产企业;废品损失是指因产生废品而造成的损失,主要包括可修复废品损失和不可修复废品损失,停工损失是因停止生产而造成的损失。

如果期末有在产品,费用还需在产成品和在产品之间进行,可选择的分配方法有:在产品不计算成本法、在产品按固定成本计价法、在产品成本按定额成本计算法、约当产量法、定额比例法、完工产品成本计算法、按照所耗用的原材料成本计价法。

【关键词】

材料费用　人工费用　折旧费　辅助生产费用　制造费用　生产损失

【思考题】

1. 材料费用如何归集和分配？
2. 人工成本如何归集和分配？
3. 折旧费用如何归集和分配？
4. 其他费用如何归集和分配？

【练习题】

1. 某企业一车间生产甲产品1 000件，原材料单位消耗定额为8千克，生产丙产品200件，原材料单位消耗定额为80千克，两种产品共耗用原材料12 000千克，每千克4元。试计算甲、乙产品应分配的原材料费用。

2. 某企业生产A、B、C三种产品，本月三种产品共耗用同一种原材料10 000千克，材料单价8元/千克。本月生产A产品120件，B产品10件，C产品30件，A、B、C三种产品单位重量分别为200千克、400千克、600千克。

要求：采用标准产品系数分配法分配原材料费用，并编制有关会计分录。

3. 志奇电子公司12月份耗电84 000度，每度电的单价为0.60元，共计动力费36 000元，电费尚欠。根据电表记录，企业基本生产车间耗电70 000度，其中车间照明用掉10 000度，企业行政管理部门耗电14 000度。企业只生产甲、乙两种芯片，甲芯片生产工时为36 000小时，乙芯片生产工时为20 000小时。

要求：采用适当方法分配外购动力费用，编制有关会计分录。

4. 某企业基本生产车间生产甲、乙两种产品，可以直接计入的计件工资：甲产品5 000元，乙产品6 000元；需要间接分配的工资费用共计10 000元，甲产品生产工时6 000小时，乙产品生产工时4 000小时，基本生产车间管理人员工资3 600元，行政管理人员工资4 400元。

要求：计算并编制工资分配会计分录。

5. 某企业为生产需要，在2015年1月份租入固定资产一台，按租约规定，租赁期限为2年，每月租金1 000元，每季度初支付，企业于同年2月份支付新增的固定资产一年的保险费8 640元，其中生产用7 200元，企业管理部门用1 440元，分12个月摊销计入成本费用；另外2月份应负担报刊费400元。

要求：

（1）根据上述资料，编制2月底待摊费用分配表摊销本月应摊费用。

（2）根据分配表编制会计分录。

6. ABP企业生产甲、乙、丙三种产品。本月共耗用生产工时10 100小时，其中甲产品耗用2 800小时，乙耗用2 300小时，丙产品耗用5 000小时。本月应付工资总额361 800元，其中基本生产车间工人工资 278 123.7 元,车间管理人员工资 23 376.3 元,厂部管理人员工资 53 667 元,销售人员工资 6 633 元。

要求:根据以上资料,将生产工人工资在各种产品之间进行分配。

7. 某企业基本生产车间生产甲、乙、丙三种产品。本月归集的制造费用合计为 21 670 元。甲产品生产工时为 3 260 小时,乙产品生产工时为 2 750 小时,丙产品生产工时为 2 658 小时。

要求:按照生产工人工时比例分配甲、乙、丙三种产品应负担的制造费用。

8. 某生产车间本月在甲产品生产过程中发现不可修复废品 10 件,按所耗定额费用计算不可修复废品的生产成本。单件原材料费用定额为 50 元,已完成的定额工时共计 150 小时,每小时的费用定额为:燃料和动力 1.5 元,职工工资 1.8 元,制造费用 1.2 元。不可修复废品的残料作价 80 元以原材料入库,应由过失人赔款 20 元。

要求:计算甲产品不可修复废品成本及净损失。

9. 志高电子规定,在生产过程中不可修复的废品按定额成本计价。本月生产甲芯片时,出现不可修复废品 30 件,单件原材料费用定额为 45 元,30 件废品的定额工时共计 260 小时,每小时的定额费用为:直接人工 10 元,制造费用 14 元。甲芯片发生的可修复费用为:材料费 1 000 元,工资 600 元,分配制造费用 1 400 元。废品的残料作为辅助材料入库,计价 200 元。应该由责任人赔偿的废品损失为 300 元,废品净损失由当月同种产品成本负担。

要求:计算不可修复废品的生产成本,全部废品的净损失,并编制会计分录。

10. 季节性生产企业圆圆月饼厂,全年计划发生制造费用总额 199 800 元。全年各种产品计划产量:甲产品 24 000 件,乙产品 7 500 件,丙产品 9 000 件。单件产品的工时定额:甲产品为 2 小时,乙产品为 5 小时,丙产品为 6 小时。本月份实际产量:甲产品 3 000 件,乙产品 1 000 件,丙产品 400 件。本月实际发生的制造费用 21 120 元。

要求:按年度计划分配率分配制造费用,并编制会计分录。

11. 某厂有供水和供电两个辅助生产车间,本月供水车间直接发生的费用为 2 400 元,供电车间直接发生的费用为 2 880 元,两辅助车间本月提供的劳务情况见表 4-21 所示。

表 4-21 辅助生产费用表

受益单位		用水量(立方米)	用电量(度)
供水车间		44 000	
供电车间		8 000	
第一生产车间	产品生产用		6 000
	车间一般耗用	18 000	2 000
第二生产车间	产品生产用		8 000
	车间一般耗用	16 000	2 000
行政管理部门		6 000	2 000
合计		48 000	24 000

要求:分别按照五种分配法进行辅助生产费用分配(每立方米水计划价 1.1 元,每度电计划成本价 0.55 元)。

12. 根据表4-22,按交互分配法分配辅助生产费用,同时将分配结果填入表内,并编制会计分录。分配率小数保留4位,对内分配不通过"制造费用"科目。

表4-22 辅助生产费用分配表

单位:元

项目		交互分配			对外分配		
		供水	供电	合计	供水	供电	合计
辅助生产车间名称							
待分配费用		8 400	13 000	21 400			
供应劳务总量		28 000	26 000	×			×
费用分配率				×			×
供水车间耗用	数量		5 000	×			
	金额						
供电车间耗用	数量	3 500					
	金额						
基本生产车间耗用	数量	×	×	×	15 000	17 000	×
	金额						
行政管理车间耗用	数量	×	×	×	9 500	4 000	×
	金额			×			
分配金额合计							

13. 某企业二车间生产甲半成品,原材料在生产开始时一次投入,月末在产品的完工程度为50%,本月完工数量为240件,月末在产品数量为160件。

相关资料见表4-23 成本计算表所示。

表4-23 成本计算表

单位:元

项目	直接材料	直接人工	制造费用	合计
月初在产品成本	4 000	1 200	1 500	6 700
本月发生费用	16 000	5 200	6 180	27 380
合计	20 000	6 400	7 680	34 080
分配率(单位成本)				
完工半成品成本				
月末在产品成本				

要求:

(1) 采用约当产量法计算分配成本费用,并将相关数据填入表内;

(2) 编制完工半成品入库会计分录。

14. 某企业生产甲产品,分三道工序制成,甲产品工时定额为 100 小时,其中:第一道工序 40 小时,第二道工序 30 小时,第三道工序 30 小时,每道工序按本道工序工时定额的 50% 计算,在产品数量:第一道工序 1 000 件,第二道工序 1 200 件,第三道工序 1 500 件。

要求:计算在产品各工序的完工率和约当产量。

15. 某企业生产甲、乙两种产品,原材料在生产开始时一次投料。单件产品原材料定额、工时定额:甲产品 40 元,30 小时;乙产品 35 元,20 小时。月末在产品数量:甲产品 80 件,乙产品 100 件,在产品完工率 50%。每小时费用定额:工资 1.2 元,制造费用 1.1 元。

要求:计算甲、乙产品月末在产品的定额成本。

第五章

成本计算的方法:品种法

 学习目的与要求

1. 应熟悉相关的名词概念;
2. 应掌握品种法的特点、适用范围和计算程序;
3. 熟练掌握品种法的应用。

【案例导入】

宏盛公司大量生产玩具熊和玩具汽车两种产品,设有基本生产车间和机修辅助生产车间各一个。公司拟采用品种法计算产品成本,设置了玩具熊和玩具汽车两种产品的生产成本明细账和机修车间的辅助生产成本明细账,还设置了基本生产车间和机修车间的制造费用明细账。

产品成本信息对于存货计价、定价策略和产品利润分析非常重要。各公司同时还运用产品成本信息来衡量其管理和节约资源的能力。这一章我们主要讲述品种法的特点、适用范围、核算原理与过程。

第一节 品种法概述

一、品种法的特点

产品成本计算的品种法,是以产品品种为成本计算的对象,归集生产费用,计算产品成本的一种方法。品种法是产品成本计算方法中最基本的方法。因为不论什么类型的产品生产,也不论管理要求如何,最终都必须按照产品品种算出产品的成本。品种法的特点主要表现在以下三个方面。

（一）以产品品种为成本计算对象

采用品种法进行成本计算时，需按每一种产品成本明细账并按成本项目设置专栏。发生直接费用，直接计入产品成本明细账中有关成本项目；几种产品共同发生的费用，则采用适当分配方法进行分配，分别计入各产品成本明细账中的有关成本项目。

（二）成本计算期与会计报告期一致

由于大量大批单步骤生产企业，其生产是连续不断重复进行的，不可能在产品完工时就计算它的成本，因而只能定期在每月月末计算出当月产出的完工产品成本。

（三）月末一般有完工产品和在产品之间的成本分配

在大量大批生产的企业，由于产品是不断地产出，而成本计算期又是固定的，因此，在月末计算成本时，既会有完工产品，又会有在产品，就应将本期累计的生产费用在完工产品和在产品之间分配（但如果产品生产工艺过程是单步骤且品种单一，生产周期短，月末没有在产品或在产品很少，则可以不计算在产品成本。这种情况下的品种法也称单一法、简单法或简化的品种法）。

二、品种法的适用范围

品种法主要适用于大批单步骤生产的企业，如发电、采掘等企业。在这种类型的生产中，产品的生产工艺过程不能或不需要划分生产步骤，并且只能在同一地点加工完成，因而不需要按生产步骤计算产品成本。

在大批多步骤生产的企业中，如果企业生产规模较小，或者车间是封闭式的，而且成本管理上又不要求提供各步骤的成本资料时，即使是多步骤的复杂生产也可以采用品种法计算产品成本，如小型水泥、制砖企业等。在大中型企业的辅助生产（如供电、供气、供水等）车间，也可以采用品种法计算成本。

三、品种法的程序

品种法的成本计算程序按照前面所述的成本核算的一般程序。

如果只生产一种产品，该产品就是成本计算对象，只需要为这种产品开设一个产品成本明细账，账内按成本项目设置专栏，汇集所发生的生产费用。为生产该种产品所发生的费用都是该种产品的直接费用，可直接计入该产品成本，而不存在将生产费用在各种产品之间进行分配的问题。月末直接把生产费用在该产品的在产品与完工产品之间进行分配（单步骤简单生产，月末在产品数量较小的情况下无须分配在产品成本）。

两种以上的多种产品成本核算程序如下：

（1）按照产品品种设置成本明细账，按照成本项目设置专栏。

（2）根据各项费用的原始凭证和其他有关资料，编制各种费用的分配表，分配各种要素费用，并登记各种产品成本明细账和有关成本费用的明细账。

（3）根据待摊费用和预提费用明细账编制待摊费用和预提费用分配表，并登记有关明细账。

（4）分配辅助生产费用。不单独核算辅助生产车间制造费用的企业，将辅助生产成本明细账上归集的辅助生产费用，按照适当的分配方法编制辅助生产费用分配表进行分配；单独核算辅助生产车间制造费用的企业，则应将各辅助生产车间的制造费用与各辅助生产成本明细账上归集的费用合并分配。

（5）分配基本生产车间的制造费用。编制制造费用分配表，将基本生产车间制造费用明细账上归集的生产费用，采用适当的方法在各种产品之间进行分配，并将结果登记在基本生产明细账或成本计算单上。

（6）月末将各产品成本明细单上的生产费用汇集，在完工产品与在产品之间进行分配，计算出完工产品的总成本和单位成本，并进行成本的结转。

第二节　品种法实例

宏盛公司实行一级成本核算，采用约当产量法计算在产品成本，原材料是生产开始时一次性投入，在产品的完工程度为50%。玩具熊有期末在产品，玩具汽车期末全部完工。

该企业九月份有关产量及工时资料如表5-1、表5-2所示。

表5-1　产量资料

单位：件

项目	A产品	B产品
期初在产品	180	48
本月投产	540	192
本月完工	480	240
月末在产品	240	0

表5-2　工时资料

单位：小时

项目	生产工时	修理工时
玩具熊	3 600	
玩具汽车	2 400	
基本生产车间一般耗用		780
企业行政管理部门		420
合计	6 000	1 200

按品种法计算产品成本程序举例说明如下：

（1）根据领料单和限额领料单，按用途编制材料费用分配表，如表5-3所示。

表5-3 材料费用分配表

单位:元

应贷科目＼应借科目	生产成本——基本生产成本		生产成本——辅助生产成本	制造费用	合计
	玩具熊	玩具汽车	机修车间	基本生产车间	
原材料	90 480	46 200	720	2 880	140 280

（2）根据有关记录编制外购动力费用分配表,如表5-4所示。

表5-4 外购动力费用分配表

单位:元

应贷科目＼应借科目	生产成本——基本生产成本		制造费用		合计
	玩具熊	玩具汽车	机修车间	基本生产车间	
应付账款	24 000	15 000	600	5 400	45 000

（3）根据工资结算汇总表和生产工时资料编制职工薪酬费用分配表,其中职工福利费按照实际发生额列支,如表5-5所示。

表5-5 职工薪酬费用分配表

单位:元

应贷科目＼应借科目		生产成本——基本生产成本			生产成本——辅助生产成本	制造费用	合计
		玩具熊	玩具汽车	小计	机修车间	基本生产车间	
应付职工薪酬——应付工资	分配标准	3 600	2 400	6 000			
	分配率			4			
	分配金额	14 400	9 600	24 000	6 480	11 400	41 880
应付职工薪酬——应付工资		2 016	1 344	3 360	907.2	1 596	5 863.2

（4）分配固定资产折旧费,如表5-6所示。

表5-6 固定资产折旧费分配表

单位:元

应贷科目＼应借科目	制造费用	制造费用	管理费用	合计
	基本生产车间	机修车间	企业行政管理部门	
累计折旧	43 800	840	10 200	54 840

（5）待摊费用分配,编制待摊费用分配表,如表5-7所示。

表5-7 待摊费用分配表

单位:元

应贷科目＼应借科目	制造费用	制造费用	管理费用	合计
	基本生产车间	机修车间	企业行政管理部门	
待摊费用	420	180	1 200	1 800

（6）其他费用分配,如表5-8所示。

表 5-8　其他费用分配表

单位:元

应贷科目\应借科目	制造费用 基本生产车间	制造费用 机修车间	合计
银行存款	4 680	832.8	551 2.8

(7) 根据上述有关费用分配登记表登记机修车间制造费用明细表(略),本期发生的机修车间制造费用为 2 452.8 元,分配并结转其制造费用。

(8) 根据以上资料登记机修车间辅助生产成本明细账(略),分配机修车间生产费用如表 5-9 所示。

表 5-9　辅助生产费用分配表

单位:元

项目\应借科目	制造费用 基本生产车间	制造费用 企业行政管理部门	合计
修理工时	780	420	1 200
分配率			8.8
金额	6 864	3 696	10 560

(9) 根据归集的基本生产车间制造费用明细账,本期基本生产车间共发生费用 77 040 元。编制制造费用分配表,如表 5-10 所示。

表 5-10　制造费用分配表

单位:元

项目	生产工时	分配率	分配金额
玩具熊	3 600		46 224
玩具汽车	2 400		30 816
合计	6 000	12.84	77 040

(10) 根据各项生产费用分配表的资料登记有关产品成本明细账,如表 5-11、表 5-12 所示。

表 5-11　产品成本明细账

产品名称:A　　　　　　　　　　2017 年 9 月

本月完工 480 件,月末在产品 240 件

单位:元

日期		凭证号数	摘要	直接材料	燃料及动力	直接人工	制造费用	合计
月	日							
8	1		期初在产品	960	480	300	420	2 160
			分配材料费用	90 480				90 480
			分配动力费		24 000			24 000
			分配职工薪酬费用			16 416		16 416
			分配制造费用				46 224	46 224
			合计	91 440	24 480	16 716	46 644	179 280
			结转完工产品成本	60 960	19 584	133 72.8	373 15.2	131 232
			期末在产品成本	30 480	4 896	334 3.2	932 8.8	48 048

表 5-12 产品成本明细账

产品名称：B　　　　　　　　　　2017 年 9 月　　　　　　　　　　单位：元

日期		凭证号数	摘要	直接材料	燃料及动力	直接人工	制造费用	合计
月	日							
8	1		期初在产品	1 200	144	180	240	1 764
			分配材料费用	46 200				46 200
			分配动力费		15 000			15 000
			分配职工薪酬费用			10 944		10 944
			分配制造费用				30 816	30 816
			合计	47 400	15 144	11 124	31 056	104 724
			结转完工产品成本	47 400	15 144	11 124	31 056	104 724

（11）根据产品成本明细账编制产品成本汇总表，如表 5-13 所示，并结转产成品成本。

表 5-13 产品成本汇总表

单位：元

成本项目	玩具熊		玩具汽车		总成本合计
	总成本	单位成本	总成本	单位成本	
直接材料	60 960	127	47 400	197.5	108 360
燃料及动力	19 584	40.8	15 144	63.1	34 728
直接人工	133 72.8	27.86	11 124	46.35	244 96.8
制造费用	373 15.2	77.74	31 056	129.4	683 71.2
合计	131 232	273.4	104 724	436.35	235 956

本 章 小 结

　　品种法是成本计算的基本方法之一。品种法是以产品品种作为成本计算对象进行归集生产费用，计算产品成本的一种方法。企业采用品种法计算产品成本时，首先，按产品品种设置产品成本明细账，对于各种产品发生的直接费用，直接计入产品成本明细账，对于间接费用，分配计入产品成本明细账。其次，将各种产品成本明细账中所汇集的生产费用在完工产品与在产品之间进行分配。

【关键词】

　　品种法　成本分配　成本核算程序

【思考题】

　　1. 按照产品的成本计算，可将品种法分为几类？

2. 在品种法下,两种以上的多种产品成本核算程序?
3. 费用的归集与分配过程的具体内容是什么?
4. 品种法在生活生产中有什么具体的应用?

【练习题】

(一)资料

1. 某企业设有一个基本生产车间和供电、锅炉两个辅助生产车间,基本生产车间大量生产甲、乙两种产品,辅助生产车间提供电力、蒸汽服务。根据生产特点和管理要求,该企业采用品种法计算产品成本。

2. 该企业2018年7月份各种产品实际产量及定额工时资料,如表5-14所示。

表5-14 实际产量及定额工时资料

产品名称	月初在产品	本月投产(件)	本月完工	月末在产品	完工程度	生产工时(小时)
甲产品	400	1 500	1 600	300	80%	40 500
乙产品		1 000	1 000			27 000

3. 供电车间本月供电64 000度,其中锅炉车间用电4 000度,产品生产用电40 000度(其中甲产品用电24 000度、乙产品用电16 000度),基本生产车间一般用电8 000度,厂部管理部门用电12 000度。锅炉车间本月供气12 000立方米,基本生产车间用9 000立方米,厂部管理部门用1 000立方米。

4. 该企业生产两种产品所需原料均为生产时一次性投入,七月份甲产品月初在产品成本为87 000元,其中直接材料59 000元,直接人工21 500元,制造费用6 500元;乙产品月初无在产品。

5. 该企业工资费用、制造费用按产品耗用的生产工时比例分配,辅助生产费用按直接分配法分配。

6. 本月有关生产费用的部分经济业务和有关成本计算资料如表5-15所示。

表5-15 发出材料汇总表

材料类别:原材料　　　　　　　　2018年7月　　　　　　　　　　　单位:元

领料用途	直接领用	共同耗用	耗料合计
产品生产直接消耗	300 000	60 000	360 000
甲产品	200 000		
乙产品	100 000		
基本生产车间一般消耗	4 000		4 000
供电车间消耗	12 000		12 000
锅炉车间消耗	5 000		5 000
厂部管理部门消耗	6 000		6 000
合计	327 000	60 000	387 000

7. 根据本月职工工资结算凭证,各车间、部门的工资与福利费汇总如表5-16所示。

表 5-16　职工薪酬费用汇总表

2018 年 7 月　　　　　　　　　　　　　　　　　　　　　　　　　　　　　　单位:元

人员类别	应付工资总额	福利费用的实际发生额
产品生产工人	243 000	34 020
供电车间人员	6 000	840
锅炉车间人员	10 000	1 400
基本生产车间管理人员	8 000	1 120
厂部管理人员	20 000	2 800
合计	287 000	40 180

8. 本月应计提折旧费 43 000 元,其中基本生产车间 30 000 元,供电车间 3 000 元,锅炉车间 2 000 元,厂部管理部门 8 000 元。

9. 本月应摊待摊费用 3 500 元,其中基本生产车间 2 000 元,供电车间 200 元,锅炉车间 300 元,厂部管理部门 1 000 元。

10. 本月以现金支付的费用 4 850 元,其中基本生产车间办公费 1 090 元,供电车间办公费 560 元,锅炉车间办公费 200 元,厂部管理部门办公费 600 元、差旅费 2 400 元。

11. 本月以银行存款支付的费用 14 000 元,其中基本生产车间水费 500 元、办公费 1 000 元,供电车间外购电力和水费 5 000 元,锅炉车间水费 3 500 元,厂部管理部门办公费 1 800 元、差旅费 2 000 元、招待费 200 元。

(二) 要求

1. 根据以上资料开设辅助生产成本明细账和甲、乙产品生产成本明细账。
2. 根据以上资料,编制分配表,分配各项要素费用。
3. 根据以上资料,编制分配表,分配跨期费用、辅助生产费用和制造费用。
4. 将生产费用采用约当产量比例法在完工产品与月末在产品之间进行分配,结转完工产品成本。

【案例题】

甲企业下设有一个基本生产车间和一个辅助生产车间。基本生产车间生产甲、乙两种产品,采用品种法计算产品成本。基本生产成本明细账设置"直接材料""直接人工"和"制造费用"三个成本项目。辅助生产车间的制造费用不通过"制造费用"科目进行核算。

1. 2017 年 10 月份生产车间发生的经济业务如下:

(1) 基本生产车间领料 50 000 元,其中:直接用于甲产品的 A 材料 10 000 元,直接用于乙产品的 B 材料 15 000 元,甲、乙产品共同耗用的 C 材料 20 000 元(按甲、乙产品的定额消耗量比例进行分配,甲产品的定额消耗量为 4 000 公斤,乙产品的定额消耗量为 1 000 公斤),车间耗用的消耗性材料 5 000 元,辅助生产车间领料 6 000 元,共计 56 000 元。

(2) 基本生产车间本月报废低值易耗品一批,实际成本为 2 000 元,残料入库,计价 100 元,采用五五摊销法进行核算。

(3) 基本生产车间工人工资 20 000 元(按甲、乙产品耗用生产工时比例进行分配,甲产品的生产工时为 6 000 小时,乙产品的生产工时为 2 000 小时),管理人员工资 4 000 元;辅助生产车间工人工资 6 000 元,管理人员工资 1 500 元;共计 31 500 元。

(4) 按照工资费用的 14% 计提职工福利费。

(5) 基本生产车间月初在用固定资产原值 100 000 元,月末在用固定资产原值 120 000 元;辅助生产车间月初、月末在用固定资产原值均为 40 000 元;按月折旧率 1% 计提折旧。

(6) 基本生产车间发生其他支出 4 540 元;辅助生产车间发生其他支出 3 050 元;共计 7 590 元,均通过银行办理转账结算。

2. 辅助生产车间(机修车间)提供劳务 9 000 小时,其中:为基本生产车间提供 8 000 小时,为企业管理部门提供 1 000 小时,辅助生产费用按工时比例进行分配。

3. 基本生产车间的制造费用按生产工时比例在甲、乙产品之间进行分配。

4. 甲产品的原材料在生产开始时一次投入,直接材料费用按产成品和月末在产品数量的比例进行分配,直接人工费用和制造费用采用约当产量比例法进行分配。甲产品本月完工产成品 1 000 件,月末在产品 400 件,完工率为 40%。乙产品各月在产品数量变化不大,生产费用在产品与在产品之间的分配,采用在产品按固定成本计价法。甲、乙产品月初在产品成本资料见表 5-17、表 5-18 产品成本明细账。

表 5-17 产品成本明细账

产品名称:甲　　　　　　　　　2017 年 10 月　　　　　　产成品产量:件　　在产品约当产量:件

项目	直接材料	直接人工	制造费用	合计
月初在产品成本	16 000	11 900	16 600	44 500
本月生产费用				
生产费用合计				
分配率				
完工产成品成本				
月末在产品成本				

表 5-18 产品成本明细账

产品名称:乙　　　　　　　　　2017 年 10 月　　　　　　　　　　完工数量:560 件

项目	直接材料	直接人工	制造费用	合计
月初在产品成本	9 500	3 500	5 000	18 000
本月生产费用				
生产费用合计				
完工产成品成本				
月末在产品成本				

要求:编制会计分录、计算成本。

第六章

成本计算的方法：分步法

 学习目的与要求

1. 分步法的定义、特点及其适用范围；
2. 顺序结转法和平行结转法的定义及其区别；
3. 顺序结转分步法和平行结转分步法的具体计算程序；
4. 各步骤产品在两种成本计算方法下的异同；
5. 成本结转的综合结转法与分项结转法；
6. 月末成本分配的先进先出法以及加权平均法。

【案例导入】

玩具赛车、玩具飞机、玩具机器人、玩具熊，宏盛公司每天在它的玩具制造厂生产玩具产品。在每天接近16个小时的生产中，玩具的各零部件装配后沿着运送装置系统组装。我们不考虑玩具种类，那么按照一系列精确的标准生产步骤进行的生产过程是相同的。在宏盛公司最大的生产线上，每天可以生产4 000只玩具熊。因为每只玩具熊几乎相同，制造厂用分步成本法来计算单位成本。这些信息有助于制造厂管理者控制每天的成本并策划将新的零部件引入生产计划表。整个生产过程的无数个控制检查点不仅能帮助管理者保证完工产品的最高质量，而且可以在生产过程中发现许多问题。

在现实经济活动中，大量的生产类型企业往往需要若干生产、加工步骤才能完成生产制造过程生产出产成品。为了对具有多种生产流程的企业的产品成本进行计算和加强管理，本章将介绍成本计算方法之一：分步法，它是按照产品的生产步骤归集生产费用，计算产品成本的一种方法。通过本章学习，了解分步法的定义、特点以及适用范围，结合具体案例了解其具体核算程序。

第一节　分步法概述

▶▶ 一、分步法的定义

成本计算的分步法就是按照生产过程中各个加工步骤归集生产费用，然后以各个步骤的半成品或最后产成品名为基础计算成本的一种方法，简称为分步法。这种成本计算方法适用于进行大量大批的连续加工式生产的企业或车间，比如冶金、纺织、造纸、化工等工业企业。在这些企业里，生产的工艺过程是由一系列连续加工步骤所构成的。从原材料投入生产，每经过一个加工步骤就要形成一种半成品，这种半成品是下一步骤的加工对象，直到最后的步骤生产出完工产成品。在实际工作当中，为了更准确核算产品的生产成本，以便对其加强管理，根据实际情况，往往联合使用各种成本核算方法。比如，生产多品种的连续加工式生产企业或车间，往往不仅要求按照产品品种计算成本，而且还要求按照生产步骤计算成本，以便为考核和分析各种产品及其各生产步骤的成本计划的执行情况提供资料。

▶▶ 二、分步法的特点

（一）成本计算对象是产品的生产或加工步骤

在分步法下，成本计算对象是各个加工步骤的各种或各类产品，产品成本计算单或者明细账是按每个生产步骤的各种产品来设置的。对于生产过程中所产生的原材料成本、工资及其他费用，如果属于直接费用的，应直接计入各成本计算单；对于属于间接费用的，应先按步骤进行归集，然后按照一定标准，在该步骤的各种产品之间进行分配。

（二）成本计算期与报告期一致

分步成本计算工作是定期进行的。因为在大量大批多步骤生产的产品往往是跨月陆续完成的，在这个生产过程中，原材料连续投入，产品连续不断地往下一步骤移动，生产过程中始终有一定数量的在产品，因此，成本计算就只能够在每月的月底进行。并且，由于成本计算定期进行而生产周期却往往难以与其相符，所以，成本计算期与生产周期不一致，而与报告期一致。

（三）月末一般有完工产品和在产品成本的分配

大量大批多步骤的生产，由于成本计算期与生产周期的不一致，月终计算成本时，各步骤内一般都会有在产品。因此，采用分步法计算产品成本时，计入各种产品、各生产步骤成本计算单中的生产费用，大多需要采用适当的分配方法在本步骤完工产品和月末在产品之间进行分配，计算各产品在该步骤的完工产品成本与月末在产品成本。

▶▶ 三、分步法的分类

分步法按成本计算程序的不同,可分为顺序结转和平行结转两种方式。具体采用哪种方式对成本进行计算,主要是基于企业实际情况,以加强对各生产步骤的成本管理和简化成本计算工作的不同要求为目的来进行选择。比如说,有的企业的半成品对外出售,或者虽不对外出售但成本管理需要成本核算提供各个生产步骤的半成品成本资料,所以应采用顺序结转分步法计算各生产步骤半成品或产成品的成本;如果半成品不对外出售或很少对外出售,则可以选择采用平行结转分步法,不计算各步骤半成品成本,只要计算最后完工产品的成本。

第二节 顺序结转分步法

顺序结转分步法是需要计算各个生产步骤半成品成本的计算方法。在这种方法下,各步骤所耗用的上一步骤半成品的成本,要随着半成品实物的转移,从上一步骤的产品成本计算单转入下一步骤的产品成本计算单中。因此,按照半成品成本在下一步骤成本计算单中的反映方法,一般又可分为综合结转和分项结转两种方法。

▶▶ 一、顺序结转分步法的基本核算流程

顺序结转分步法亦称逐步结转分步法,它是按照产品连续加工的先后顺序,根据生产步骤所汇集的成本、费用和产量记录,计算自制半成品成本。自制半成品成本随着半成品在各加工步骤之间移动而顺序结转的一种方法。自制半成品从一个加工步骤转移到下一加工步骤时,其成本从原加工步骤产品成本计算单结转到下一加工步骤的产品成本计算单中。直到最后一个步骤,计算出产成品成本。其成本计算程序见图6-1所示。

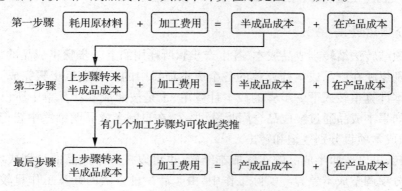

图6-1 顺序结转成本流程图

在顺序结转方式下,产品成本计算的程序为:
(1)以各步骤中半成品或产成品品种作为成本计算对象,分别开设成本计算单,并按照

成本计算单上所设的成本登记项目记录所发生的生产费用。对于直接费用可根据直接材料和直接人工的发生额直接计入各成本计算单；对于每个步骤发生的间接费用应先归集，然后按照一定的标准分配计入本步骤的各产品成本计算单。

（2）各步骤完工转出的半成品，应把其对应成本从成本计算单中转出。如果完工转出的半成品是直接转到下一工序的，则其对应成本就在各步骤成本计算单之间直接结转；如果完工转出的半成品是通过半成品仓库收发的，则应在转出完工半成品验收入库时，借记"自制半成品"账户，贷记"基本生产成本"账户。下一步骤领用时则借记"基本生产成本"账户，贷记"自制半成品"账户。

（3）各步骤成本计算单所归集的生产费用都要在各该步骤的完工半成品（最后步骤是产成品）和在产品之间进行分配。在产品的计价一般可采用约当产量计价法、定额成本计价法和定额比例计价法进行计价。如果在产品计价采用的是约当产量法，在按约当产量比例分配完工产品成本与在产品成本时，对于在产品的计价，一般可采用加权平均法和先进先出法两种方法。除了前文述及的方法外，有的企业的原材料成本占总成本的绝大部分，为了简化核算，在产品成本在第一步骤只负担原材料成本，以后步骤则按上一步骤的半成品成本计价。也有一些企业，因产品已接近完工，在产品成本就与完工半成品或产成品一样计价。

（4）各步骤归集的费用总数，扣除在产品成本后，就是半成品成本。随着半成品实物交付下一加工步骤（或自制半成品仓库），半成品成本也相应结转到下一步骤的成本计算单（或半成品仓库的半成品明细账），并在本步骤的成本计算单上相应转销。随着半成品逐步向下一加工步骤移转，半成品成本也逐步结转和累积，当累积到最后一个步骤，便可计算出产成品成本。

（5）最后步骤所归集的费用总额，扣除期末该步骤的在产品成本，就是产成品成本，除以产量就是产成品的单位成本。

综上所述，顺序结转分步法就是为了计算半成品成本而采用的一种分步法。因此又被称为计算半成品成本分步法。顺序结转分步法实际上是品种法的多次连接使用。

二、顺序结转分步法的分类

（一）分项结转法

采用分项结转法结转半成品成本，各生产步骤所耗用的上一步骤半成品的成本，是按照成本项目分别反映在产品成本计算单的各个成本项目中的。各加工步骤完成，半成品从上一步骤的成本计算单转入下一步骤的成本计算单，也是按照成本计算单中所设成本项目分项结转的。如果半成品通过半成品仓库收发，那么，在自制半成品明细账中登记半成品成本时，也要按照成本项目分别登记和转出。

分项结转，可以按照半成品的实际成本结转，也可以按照半成品的计划成本结转，然后按成本项目分项调整成本差异。实际工作中，由于后一种方法的计算工作量较大，所以，一般采用按实际成本分项法结转成本的方法。

（二）综合结转分步法及其成本还原

综合结转分步法的特点是将各步骤所耗用的上一步骤半成品成本，综合计入各该步骤产品成本计算单的"直接材料"或"半成品"成本项目中。半成品成本的综合结转可以按实际成本结转，也可以按计划成本结转，因此，综合结转法有按实际成本结转与按计划成本结转两种综合成本结转法。本书主要阐述按实际成本综合结转法。

采用按实际成本综合结转半成品成本时，各步骤所耗用的上一步骤的半成品成本，应根据所耗半成品的实际数量乘以半成品的实际单位成本计算。各步骤完工转出的半成品，根据成本计算单，先行综合转入"半成品"科目，待下一步骤领用时，贷记"半成品"科目，并按照"半成品"科目的单位实际成本和领用数量记录结转金额。由于各月所产半成品的实际单位成本不同，因而所耗半成品的单位成本，可以采用先进先出法、后进先出法、加权平均法、移动加权平均法和个别计价法等方法计算。

采用综合结转法结转半成品成本，各生产步骤所耗用的上一步骤半成品的成本是以"半成品"或"直接材料"项目在成本计算单中综合反映的。因此，产成品成本计算单中的"半成品"或"直接材料"项目就包含了之前所有步骤的工资及其他加工费用。这样计算出来的产成品成本，不能提供按原始成本项目反映的成本资料，对产品成本的分析、考核与进一步的成本控制很不利。因此，在综合结转法下，就必须对产成品所耗的半成品成本进行还原。还原的一般方法是采用倒序法，就是从最后一个步骤起，把各步骤所耗的上一步骤半成品的综合成本，按照本月生产这种半成品的成本结构进行还原，然后再将各步骤相同的成本项目数额相加，就可以得到按原始成本项目进行反映的产成品成本。在实际工作中，如果半成品的定额成本或计划成本比较准确，为了简化成本还原工作，产成品所耗用的半成品费用也可以按半成品的定额成本或计划成本的具体成本结构进行还原。

▶▶ 三、顺序结转分步法的应用

各生产步骤所归集的生产费用，将按照一定的标准在本步骤完工产品和在产品之间进行分配，其中使用较多的是约当产量法。使用约当产量法在本步骤在产品和完工产品之间进行分配时，按照约当产量计算方法的不同，又可以分为加权平均法和先进先出法。所谓加权平均法是把本期完成的工作量预期除在产品所完成的工作量加在一起，来计算约当产量，用以分配月初在产品成本和本期投入的成本，计算每一约当产量的单位成本。而先进先出法就是在进行成本计算时，把期初在产品和本月开始投产的成本分开来计算。期初在产品随着生产线生产应该先完工，它的成本也应先记入完工半成品成本，这样就有利于分别控制上、下两个月份的成本。下面分别举例说明。

宏盛公司生产的电动玩具熊经过 A、B 两个生产工序后完成。A 工序生产玩具熊的模型，完工后，直接交由 B 工序加装电动机，B 工序对玩具熊模型加装电动机后，生产出电动玩具熊。根据公司的实际需要，对玩具熊的成本核算采用顺序结转分步法，并按约当产量法划分完工产品和在产品成本。为简化举例，在本例中，对生产玩具熊所需的各种材料仅以原材料进行表示，并且假设各生产工序一开始，该工序所需材料便一次性全部投入。2017 年 10 月各工序有关产量和成本资料如表 6-1 所示。

表 6-1　电动玩具熊及其半成品成本与产量资料

	A 工序	B 工序
成本资料(单位:元)		
期初在产品成本	45 000	144 500
直接材料	10 000	32 000
直接工资	20 000	90 000
制造费用	5 000	22 500
本月生产费用	386 000	375 000
直接材料(不含半成品)	66 000	70 000
直接工资	260 000	245 000
制造费用	60 000	60 000
产量资料(单位:件)		
期初在产品	1 000(完工30%)	1 500(完工80%)
本月完工转出	6 500	6 000
期末在产品	800(完工60%)	2 000(完工40%)

假设该公司采用先进先出法对电动玩具熊及其半成品进行成本计算,则 10 月末完工转出的电动玩具熊及其半成品的单位成本和总成本是多少?

假设该企业采用加权平均法对电动玩具熊及其半成品进行成本计算,则 10 月末完工转出的电动玩具熊及其半成品的单位成本和总成本又是多少?

根据本例,其成本计算思路简述如下:

(1) 根据本月各种费用分配表、月初在产品成本资料和产量记录,编制 A 工序的产品成本计算单,并按约当产量比例划分完工电动玩具熊成本与月末在产品成本;

(2) 根据本月各种费用分配表、月初在产品成本资料和产量记录,以及从 A 工序完工结转过来的电动玩具熊半成品成本资料,编制 B 工序的产品成本计算单,并按约当产量比例划分完工电动玩具熊与月末在产品成本。

下面是以上述思路为基础的具体成本计算程序例解。

(一) 先进先出法下的电动玩具熊及其半成品的成本计算

先进先出法是根据产品加工制造的时间,假定期初在产品被首先加工完成,则期初在产品成本也应最先被分配到完工半成品或产成品中去。因此,先进先出法下在进行成本计算时,应将期初在产品成本和本月投入生产的成本分开计算,本期投入的生产成本先用于期初在产品,然后用于本期完工并转出的半成品或产成品,最后才形成期末在产品成本。

先进先出法下电动玩具熊 A 工序的成本计算见表 6-2 所示。

表 6-2 产品成本计算单

A 工序产品名称：电动玩具熊半成品　　　　2017 年 10 月　　　　　　　　　　　　　　单位：元

成本项目 项目	直接材料	直接工资	制造费用	合计
期初在产品成本	10 000	20 000	5 000	35 000
本月生产费用	66 000	260 000	60 000	386 000
合计	76 000	280 000	65 000	421 000
约当总产量（件）	6 300①	6 680②	6 680	
约当产量单位成本	10.476 2③	38.922 2④	8.982 0	58.380 4
月末在产品成本	8 380.96⑤	18 682.66⑥	4 311.36	31 374.98
完工半成品成本	67 619.04	261 317.34	60 688.64	389 625.02

① 直接材料约当总产量 = 6 500 + 800 − 1 000 = 6 300（件）
② 直接工资约当总产量 = 6 500 − 1 000 + 1 000 × (1 − 30%) + 800 × 60% = 6 680（件）
③ 直接材料约当产量单位成本 = 66 000 ÷ 6 300 = 10.476 2（元）
④ 直接工资约当产量单位成本 = 260 000 ÷ 6 680 = 38.922 2（元）
⑤ 直接材料月末在产品成本 = 800 × 10.476 2 = 8 380.96（元）
⑥ 直接工资月末在产品成本 = 800 × 60% × 38.922 2 = 18 682.66（元）

先进先出法下电动玩具熊 B 工序的成本计算如表 6-3 所示。

表 6-3 产品成本计算单（综合结转法）

B 工序产品名称：电动玩具熊　　　　2017 年 10 月　　　　　　　　　　　　　　单位：元

成本项目 项目	直接材料	直接工资	制造费用	合计
期初在产品成本	32 000	90 000	22 500	144 500
本月生产费用	459 625.02	245 000	60 000	764 625.02
合计	491 625.02	335 000	82 500	909 125.02
约当总产量（件）	6 500①	5 600②	5 600	
约当产量单位成本	70.711 5③	43.75④	10.714 3	119.118 1
月末在产品成本	141 423⑤	35 000⑥	8 571.44	180 148.28
完工产成品成本	350 202.02	304 846.16	73 928.56	728 976.74

① 直接材料约当总产量 = 6 000 − 1 500 + 2 000 = 6 500（件）
② 直接工资约当总产量 = 6 000 − 1 500 + 1 500 × (1 − 80%) + 2 000 × 40% = 5 600（件）
③ 本月直接材料约当产量单位成本 = 459 625.02 ÷ 6 500 = 70.711 5（元）
④ 本月直接工资约当产量单位成本 = 245 000 ÷ 5 600 = 43.75（元）
⑤ 直接材料月末在产品成本 = 2 000 × 70.711 5 = 141 423（元）
⑥ 直接工资月末在产品成本 = 2 000 × 40% × 43.75 = 35 000（元）

如果该企业采用的是分项结转法,则该企业的 B 生产工序在领用电动玩具熊半成品时,应根据从上一工序转入时该半成品的单位明细成本项目以及领用数量分别计入该产品在 B 工序的成本计算单的相应成本项目。并在 B 工序完工时,根据电动玩具熊的成本计算单所记录的各明细成本项目累积额,参照上述成本计算方法,把完工产品所对应的成本结转至"产成品"科目。有关成本计算具体过程略。

（二）加权平均法下的电动玩具熊及其半成品的成本计算

加权平均法是不考虑产品在何时加工制造,假定完工产品对在产品的耗用不分先后,将截至本期末止所有产品的平均约当产量单位成本分配到本期完工产品和月末在产品中去。加权平均法下电动玩具熊 A 工序的成本计算如表 6-4 所示。

表 6-4 产品成本计算单

A 工序产品名称:电动玩具熊半成品　　　　2017 年 10 月　　　　　　　　　　　　　　单位:元

成本项目 项目	直接材料	直接工资	制造费用	合计
期初在产品成本	10 000	20 000	5 000	35 000
本月生产费用	66 000	260 000	60 000	386 000
合计	76 000	280 000	65 000	421 000
约当总产量（件）	7 300①	6 980②	6 980	
约当产量单位成本	10.411 0③	40.114 6④	9.312 3	59.837 9
完工半成品成本	67 671.5⑤	260 744.9⑥	60 688.64	389 105.04
月末在产品成本	8 328.5	19 255.1	4 311.36	31 894.96

① 直接材料约当总产量 = 6500 + 800 = 7300（件）
② 直接工资约当总产量 = 6 500 + 800 × 60% = 6 980（件）
③ 本月直接材料约当产量单位成本 = 76 000 ÷ 7 300 = 10.411（元）
④ 本月直接工资约当产量单位成本 = 280 000 ÷ 6 980 = 40.114 6（元）
⑤ 直接材料完工半成品成本 = 6 500 × 10.411 0 = 67 671.5（元）
⑥ 直接工资完工半成品成本 = 6 500 × 40.114 6 = 260 744.9（元）

加权平均法下电动玩具熊 B 工序的成本计算如表 6-5 所示。

表 6-5 产品成本计算单(综合结转法)

B 工序产品名称:电动玩具熊　　　　　　　2017 年 10 月　　　　　　　　　　　　单位:元

项目 \ 成本项目	直接材料	直接工资	制造费用	合计
期初在产品成本	32 000	90 000	22 500	144 500
本月生产费用	459 105.04	245 000	60 000	764 105.04
合计	491 105.04	335 000	82 500	908 605.04
约当总产量(件)	8 000①	6 800②	6 800	
约当产量单位成本	61.388 1③	49.264 7④	12.132 4	122.785 2
完工产成品成本	368 328.6⑤	295 588.2⑥	72 794.4	736 711.2
月末在产品成本	122 776.44	39 411.8	9 705.6	171 893.84

① 直接材料约当总产量 = 6 000 + 2 000 = 8 000(件)
② 直接工资约当总产量 = 6 000 + 2 000 × 40% = 6 800(件)
③ 本月直接材料约当产量单位成本 = 491 105.04 ÷ 8 000 = 61.388 1(元)
④ 本月直接工资约当产量单位成本 = 335 000 ÷ 6 800 = 49.264 7(元)
⑤ 直接材料完工产成品成本 = 6 000 × 61.388 1 = 368 328.6(元)
⑥ 直接工资完工产成品成本 = 6 000 × 49.264 7 = 295 588.2(元)

企业若采用综合结转法进行成本核算,各步骤(第一步骤除外)所耗半成品的成本是以"半成品"或者"直接材料"等成本项目集中反映的。照此计算出来的产成品成本,不能提供按原始成本项目反映的成本资料。特别是在生产步骤较多的情况下,顺序综合结转半成品成本将使产品成本中的"半成品"成本像滚雪球一样越滚越大。从而在终端产品(即产成品)成本中所占的比重非常大,而最后一个加工步骤的"直接人工"及"制造费用"等其他加工费用在产成品成本中所占的比重却很小。显而易见,这非常不符合企业产品成本结构的实际情况,也对企业的成本分析、成本考核和成本控制非常不利。因此,为了对成本进行分析,寻找降低产品成本的途径,必须在产品完工后,对产成品所耗用的半成品成本进行成本还原,以原始成本结构对产成品成本进行反映。现引用前例中加权平均法下的产成品成本的相关资料,编制电动玩具熊的成本还原计算表,简单举例如表 6-6 所示。

表 6-6 电动玩具熊成本还原计算表(加权平均法)

2017 年 10 月　　　　　　　　　　　　单位:元

成本项目	B 工序		A 工序		合计
	成本结构比	成本	成本结构比	还原后成本	
半成品成本	45.81%①	337 487.4			
直接材料	8.24%	60 705	18.05%	60 916.48	121 621.48
直接工资	36.87%	271 625.42	66.51%	224 462.87	496 088.29
制造费用	9.08%	66 893.38	15.44%	52 108.05	119 001.43
合计	100.00%	736 711.2	100.00%	337 487.4	736 711.20

① 半成品成本结构比应为期初在产品成本中半成品成本与本期实际领用的半成品成

本之和在总成本中所占的比重。本例中假设期初在产品直接材料成本项目半成品成本所占的比重与本期实际投入的半成品成本比重一致。

B工序半成品成本结构比 = (491105.04 ÷ 908605.04) × (389105.04 ÷ 459105.04) × 100% = 45.81%

通过上表的计算,最终产成品所耗用的半成品的明细成本就被还原到了原始状态,把还原后的半成品各明细成本项目与最后工序所发生的相应成本项目的金额相加,就得到了完工产成品所耗用的各项原始成本的详细资料。如果企业的生产加工工序不是两个,而是三个甚至更多,那么就按表6-6所举例的成本还原计算方法逐步分解,直至还原为以原始成本形态表示的直接材料、直接人工和制造费用等成本项目,以便求得按原始成本项目反映的产成品成本资料。

第三节 平行结转分步法

一、平行结转分步法的特点

平行结转分步法也称不计算半成品分步法。在这种方法下,半成品成本不随半成品实物的转移而转移,也不需要计算各个生产步骤半成品的生产成本。这是平行结转分步法与顺序结转分步法的主要区别。

平行结转分步法适用于那些半成品不对外出售,管理上也不需要提供半成品成本资料的企业。在这类企业中,各步骤生产出来的半成品供本企业下一步骤加工,很少出售或根本不出售,对半成品的成本资料也没有管理上的要求。在这种情况下,可以不计算各步骤完工半成品的成本,只要从各步骤所发生的生产费用中,计算出其应计入产成品的份额,平行地结转、汇总,就能计算出该种产成品的成本。

二、平行结转分步法的计算程序

一般来说,平行结转分步法的具体计算程序为:

(1) 以各步骤半成品或产成品品种作为成本计算对象,分别设置成本计算单,并按照成本计算单上所设的成本登记项目记录所发生的生产费用。这一步与顺序结转分步法相同。

(2) 月终将各步骤各产品的成本计算单所归集的生产费用,在本步骤完工半成品(包括留在本步骤、以后步骤、半成品仓库的半成品以及已制成产成品所耗用的半成品)与正在本步骤加工、尚未完工的在产品之间按照一定的标准进行分配,计算单位完工半成品的加工费用。在产品和完工半成品之间的成本分配标准,与顺序结转法下的成本分配相同,均可采用约当产量法或者其他分配标准进行。某步骤单位完工半成品费用的计算公式为:

$$某步骤单位完工半成品的费用 = \frac{该步骤月初在产品成本 + 该步骤本月生产费用}{本步骤的约当产量}$$

（本书随后将以约当产量法为例进行说明）

（3）将各步骤应计入产成品的份额相加汇总后，就是产成品的制造成本。各步骤应计入产成品的加工费用，根据所编制的产成品成本结转会计凭证，从"基本生产成本"账户将相对应的金额结转至"产成品"账户中。

（4）将各步骤所归集的生产费用扣除应分配给产成品成本的部分，就是在产品的成本。平行结转成本流程图如图6-2所示。

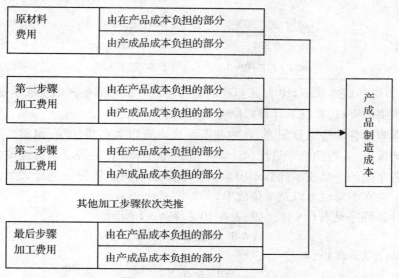

图 6-2　平行结转成本流程图

三、平行结转分步的举例

宏盛公司生产的玩具遥控小汽车经过 A、B 和 C 三个生产车间加工后完成。A 车间生产车身，完工后，交由 B 车间加装电动机等配件，最后由 C 车间安装汽车遥控设备后，生产出玩具遥控小汽车。由于半成品不打算对外出售，该企业于是采用平行结转分步法计算遥控小汽车的成本，并按约当产量法划分完工产品和在产品成本。为简化举例，生产遥控小汽车过程中所需的各种直接材料及配件在本例中简用原材料进行表示，并且假设各车间在生产的开始阶段，该生产阶段所需的材料便一次性全部投入。2017 年 10 月各车间有关产量和成本资料如表 6-7 所示。

表 6-7　玩具遥控小汽车及其半成品成本与产量资料

	A 车间	B 车间	C 车间
成本资料（单位：元）			
期初在产品成本	55 000	97 500	85 000
直接材料	30 000	30 000	24 000
直接工资	20 000	45 000	36 000
制造费用	5 000	22 500	25 000
本月生产费用	520 000	505 000	580 000

续表

	A 车间	B 车间	C 车间
直接材料	280 000	180 000	200 000
直接工资	180 000	265 000	300 000
制造费用	60 000	60 000	80 000
产量资料(单位:件)			
期初在产品	680(完工30%)	1 200(完工80%)	1 000(完工60%)
本月完工转出	6 500	6 000	6 800
期末在产品	800(完工60%)	1 580(完工40%)	200(完工50%)

问题:平行结转成本法下,10月末生产的遥控小汽车的总成本和单位成本是多少?

根据上例中的资料,其成本计算思路可简述如下:

(1)根据本月各种费用分配表、月初在产品成本资料和产量记录,编制A、B、C各车间的产品成本计算单,并按约当产量比例计算产成品与月末在产品各应该负担多少成本;

(2)把各车间的产品成本计算单中应由产成品成本负担的份额进行累加,就可得到本月玩具遥控小汽车的总成本以及单位成本。

具体的计算程序见表6-8、表6-9、表6-10和表6-11所示。

表6-8 产品成本计算单

A车间产品名称:玩具遥控小汽车
完工产品:6 800个　　　　　　2017年10月　　　　　　　　　　单位:元

成本项目 项目	直接材料	直接工资	制造费用	合计
期初在产品成本	30 000	20 000	5 000	55 000
本月生产费用	280 000	180 000	60 000	520 000
合计	310 000	200 000	65 000	575 000
约当总产量(件)	9 380①	9 060②	9 060	
约当产量单位成本	33.049 0③	22.075 1④	7.174 4	62.298 5
计入产成品成本份额	224 733.2	150 110.68	48 785.92	423 629.8
月末在产品成本	85 266.8	49 889.32	16 214.08	151 370.2

① 直接材料约当总产量 = 6 800 + 200 + 1 580 + 800 = 9 380(件)

② 直接工资约当总产量 = 6 800 + 200 + 1 580 + 800 × 60% = 9 060(件)

③ 本月直接材料约当产量单位成本 = 310 000 ÷ 9 380 = 33.049 0(元)

④ 本月直接工资约当产量单位成本 = 200 000 ÷ 906 0 = 22.075 1(元)

表6-9 产品成本计算单

B车间产品名称:玩具遥控小汽车
完工产品:6 800个　　　　　　　　2017年10月　　　　　　　　　　　　　单位:元

成本项目 项目	直接材料	直接工资	制造费用	合计
期初在产品成本	30 000	45 000	22 500	97 500
本月生产费用	180 000	265 000	60 000	505 000
合计	210 000	310 000	82 500	602 500
约当总产量(件)	8 580①	7 632②	7 632	
约当产量单位成本	24.475 5③	40.618 4④	10.809 7	75.903 6
计入产成品成本份额	166 433.4	276 205.12	73 505.96	516 144.48
月末在产品成本	43 566.6	33 794.88	8 994.04	86 355.52

① 直接材料约当总产量 = 6 800 + 200 + 1 580 = 8 580(件)
② 直接工资约当总产量 = 6 800 + 200 + 1 580 × 40% = 7 632(件)
③ 本月直接材料约当产量单位成本 = 210 000 ÷ 8 580 = 24.475 5(元)
④ 本月直接工资约当产量单位成本 = 310 000 ÷ 7 632 = 40.618 4(元)

表6-10 产品成本计算单

C车间产品名称:玩具遥控小汽车
完工产品:6 800个　　　　　　　　2017年10月　　　　　　　　　　　　　单位:元

成本项目 项目	直接材料	直接工资	制造费用	合计
期初在产品成本	24 000	36 000	25 000	85 000
本月生产费用	200 000	300 000	80 000	580 000
合计	224 000	336 000	105 000	665 000
约当总产量(件)	7 000①	6 900②	6 900	
约当产量单位成本	32③	48.695 7④	15.217 4	95.913 1
计入产成品成本份额	217 600	331 130.76	103 478.32	652 209.08
月末在产品成本	6 400	4 869.24	1 521.68	12 790.92

① 直接材料约当总产量 = 6 800 + 200 = 7 000(件)
② 直接工资约当总产量 = 6 800 + 20× ×50% = 6 900(件)
③ 本月直接材料约当产量单位成本 = 224 000 ÷ 7 000 = 32(元)
④ 本月直接工资约当产量单位成本 = 336 000 ÷ 6 900 = 48.695 7(元)

表 6-11　产品生产成本汇总计算单

产品名称：玩具遥控小汽车
完工产品：6 800 个　　　　　2017 年 10 月　　　　　　　　　　　　单位：元

项目＼成本项目	直接材料	直接工资	制造费用	合计
A 车间产成品份额	224 733.2	150 110.68	48 785.92	423 629.8
B 车间产成品份额	166 433.4	276 205.12	73 505.96	516 144.48
C 车间产成品份额	217 600	331 130.76	103 478.32	652 209.08
产成品总成本	608 766.6	757 446.56	225 770.2	1 591 983.36
产成品单位成本	89.524 5	111.389 2	33.201 5	234.115 2

平行结转分步法下，月末结转产成品成本时，借记"产成品"科目，贷记"基本生产成本""辅助生产成本"和制造费用等科目。

本章小结

本章主要介绍了顺序结转分步法和平行结转分步法的定义以及具体核算方法。对顺序结转分步法下的成本结转的综合结转法与分项结转法、月末成本分配的先进先出法和加权平均法等也做了说明和举例。

【关键词】

分步法　顺序结转分步法　平行结转分步法　综合结转法　分项结转法

【思考题】

1. 简述分步法的特点和适用范围。
2. 在顺序结转分步法和平行结转分步法下，各步骤在产品含义有什么不同？
3. 按计划成本进行综合结转所用账表有何特点？
4. 简述分项结转分步法的优缺点。
5. 顺序结转分步法与平行结转分步法有何不同？

【练习题】

宏盛公司新近成立了一个甲工厂准备生产玩具遥控飞机。按计划，该工厂所生产的遥控飞机主要分为 A 型、B 型和 C 型三大系列，在这三个大的系列下面又各有不同型号规格的产品若干。新工厂准备设立四个生产车间。其中，第一生产车间生产遥控设备，遥控设备的主要生产工艺是相同的，但是按照三个主要产品类别，遥控器也被分为 A、B 和 C 三个大类，并分别用于相对应的三个遥控飞机系列；第二生产车间生产各种型号规格的飞机模型，三个不同系列的飞机模型差别较大,但是同一型号系列内的飞机模型仅有较小差异;第三个生产车间负责把不同型号电动机安装到飞机模型中去,同一系列的遥控飞机所用的电动机型号是相同的,电动机是从苏达公司下设的另一个工厂购进的,电动机型号分为 A、B 和 C 三个型号,分别对应用于甲工厂三个系列的产品中;第四个生产车间则把本工厂生产的遥控设备安装到飞机模型中,并进行相应的测试工作。

假设你受总公司财务总监的委派,负责新设工厂的会计工作:

(1)你知道有哪些成本计算方法可以对新设企业的各产品成本进行核算?你将选用何种成本计算方法来进行核算,在选择成本计算方法的时候,你认为有哪些因素会对你的选择产生影响?为什么?

(2)在你已选择的成本计算的基础上,你怎样用文字、流程图或者其他合适的方式来描述新设工厂的具体成本核算流程?

【案例题】

2017 年 1 月,宏盛公司的新工厂开始生产经营了。当年 5 月,甲工厂各生产车间的成本及产品资料如下(假设各车间的生产费用按照费用性质已经初步进行了整理并被分为"直接材料""直接工资"和"制造费用"三个主要费用项目,"直接材料"在各生产车间开始生产时便一次性投入,而"直接工资"和"制造费用"成本项目则在生产过程当中逐步平均投入),有关的成本资料如表 6-12、表 6-13、表 6-14 和表 6-15 所示。

表 6-12　生产成本及产品明细表

部门:第一生产车间　　　　　　　　　2017 年 5 月

成本资料(元)			
产品型号	直接材料	直接工资	制造费用
期初在产品成本			
A 型	31 000	20 000	38 000
B 型	70 000	50 000	95 000
C 型	135 000	64 000	121 600
本期发生成本			
A 型	662 000	460 000	92 000
B 型	480 000	450 000	90 000
C 型	1 450 000	750 000	150 000
产量资料(个)			
期初在产品	期初在产品	完工转出	期末在产品
A 型	300(完工 80%)	6 500	350(完工 60%)
B 型	350(完工 40%)	2 800	400(完工 60%)
C 型	1 700(完工 60%)	18 000	1 850(完工 70%)

表6-13　生产成本及产品明细表

部门：第二生产车间　　　　　2017年5月

成本资料（元）

产品型号	直接材料	直接工资	制造费用
期初在产品成本			
A系列	112 500	99 000	18 810
A—01	20 000	17 500	3 325
A—02	30 000	27 000	5 130
A—03	62 500	54 500	10 355
B系列	116 300	69 500	13 205
B—01	102 500	61 500	11 685
B—02	13 800	8 000	1 520
C系列	1 350 000	365 000	73 000
C—01	45 000	15 500	2 945
C—02	20 100	4 500	85 500
C—03	50 200	11 000	2 090
本期发生成本			
A系列	1 060 000	940 000	188 000
A—01	280 000	250 000	50 000
A—02	380 000	340 000	68 000
A—03	400 000	350 000	70 000
B系列	800 000	470 000	94 000
B—01	500 000	300 000	60 000
B—02	300 000	170 000	34 000
C系列	1 350 000	365 000	73 000
C—01	600 000	200 000	40 000
C—02	400 000	90 000	18 000
C—03	350 000	75 000	15 000

产量资料（件）

期初在产品	期初在产品	完工转出	期末在产品
A系列			
A—01	100（完工40%）	1 350	120（完工60%）
A—02	150（完工50%）	1 700	140（完工80%）
A—03	320（完工10%）	1 800	300（完工50%）

续表

B 系列			
B—01	250（完工 80%）	1 050	220（完工 30%）
B—02	35（完工 90%）	740	30（完工 90%）
C 系列			
C—01	450（完工 80%）	5 450	500（完工 30%）
C—02	200（完工 70%）	3 750	180（完工 50%）
C—03	500（完工 50%）	3 040	490（完工 70%）

表 6-14　生产成本及产品明细表

部门：第三生产车间　　　　　　2017 年 5 月

成本资料（元）

产品型号	直接材料	直接工资	制造费用
期初在产品成本			
A 系列	26 800	16 250	30 875
A—01	5 100	3 100	5 890
A—02	6 200	3 650	6 935
A—03	15 500	9 500	18 050
B 系列	10 200	5 400	10 260
B—01	6 500	3 400	6 460
B—02	3 700	2 000	3 800
C 系列	41 400	41 400	78 660
C—01	15 000	14 800	28 120
C—02	20 900	21 000	39 900
C—03	5 500	5 600	10 640
本期发生成本			
A 系列	244 500	145 500	291 000
A—01	65 500	40 000	80 000
A—02	90 000	53 000	106 000
A—03	89 000	52 500	105 000
B 系列	138 500	72 000	144 000
B—01	80 500	42 000	84 000
B—02	58 000	30 000	60 000
C 系列	316 000	316 000	632 000
C—01	140 000	139 000	278 000
C—02	98 000	99 000	198 000

续表

C—03	78 000	78 000	156 000
产量资料(单位:件)			
期初在产品	期初在产品	完工转出	期末在产品
A系列			
A—01	100(完工60%)	1 100	200(完工40%)
A—02	120(完工50%)	1 600	150(完工90%)
A—03	300(完工20%)	1 500	250(完工60%)
B系列			
B—01	80(完工60%)	900	100(完工70%)
B—02	45(完工80%)	680	40(完工10%)
C系列			
C—01	580(完工20%)	4 900	600(完工70%)
C—02	780(完工30%)	3 000	800(完工20%)
C—03	210(完工70%)	2 800	200(完工60%)

表6-15 生产成本及产品明细表

部门:第四生产车间　　　　　　　　2017年5月

成本资料(元)			
产品型号	直接材料	直接工资	制造费用
期初在产品成本(元)			
A系列(190)	112 500	120 000	240 000
A—01	34 500	36 500	73 000
A—02	31 500	34 500	69 000
A—03	46 500	49 000	98 000
B系列(385)	46 200	29 800	59 600
B—01	31 200	20 000	40 000
B—02	15 000	9 800	19 600
C系列(135)	425 500	335000	680 000
C—01	77 000	114 500	229 000
C—02	121 500	179 000	358 000
C—03	28 500	41 500	93 000
本期发生成本			
A系列(190)	976 000	1 055 000	2 004 500
A—01	265 000	290 000	551 000
A—02	360 000	390 000	741 000

续表

A—03	351 000	375 000	712 500
B系列(385)	718 000	477 000	906 300
B—01	425 000	277 000	526 300
B—02	293 000	200 000	380 000
C系列(135)	1 755 000	2 611 000	4 960 900
C—01	770 000	114 6000	2 177 400
C—02	550 000	815 000	1 548 500
C—03	435 000	650 000	1 235 000

产量资料(件)

产品名称	期初在产品	完工转出	期末在产品
A系列			
A—01	180(完工60%)	1 200	200(完工40%)
A—02	165(完工50%)	1 750	150(完工90%)
A—03	245(完工70%)	1 600	250(完工60%)
B系列			
B—01	80(完工50%)	1 000	100(完工70%)
B—02	38(完工90%)	720	40(完工10%)
C系列			
C—01	570(完工10%)	5 100	600(完工70%)
C—02	900(完工40%)	3 200	800(完工20%)
C—03	210(完工60%)	3 000	200(完工60%)

问题：

（1）请以题中所选定的成本计算方法及计算流程计算甲工厂当月各产品的成本。

（2）为甲工厂编制相关的成本结转会计分录。

（3）根据上述练习题，讨论影响企业产品成本的因素都有哪些？它们都是如何对企业产品的成本产生影响的？（例如原材料价格的波动、工人工资的上涨以及企业所采用的成本会计核算方法等）

第七章

成本计算的方法：分批法

学习目的与要求

1. 成本计算分批法的定义、特点及其适用范围；
2. 分批法的具体计算程序。

【案例导入】

宏盛公司为了满足不断细化的玩具市场需要，决定新设乙工厂。乙工厂预计要设立四个生产车间，但是由于各方面的原因，现在暂时只设了一个生产车间——第一生产车间。乙工厂为宏盛公司的下设独立核算成本工厂，主要为宏盛公司所接到的那些对产品的种类、质量或技术有特殊要求的客户订单进行生产。这些订单一般要求的量都比较小，但产品的品种、型号却多种多样。每当宏盛公司接到这类订单，生产计划部便根据订单的实际情况开设生产通知单，并把生产通知单提交给乙工厂生产部，乙工厂的生产部在接到生产通知单后便开始组织生产。生产完工后，生产部开具完工通知单，一联自己留存，一联交付乙工厂会计部门，一联交付宏盛公司运营部。乙工厂会计部门根据完工通知单以及相关成本费用资料对完工订单产品成本进行计算。

在一些生产行业中，其产品生产往往不是大规模、大量而是小批甚至单件进行生产的，比如造船、飞机制造以及为了满足市场细化要求的个性化生产，对于具有这种生产特点的企业，为了满足对其产品生产成本的核算乃至成本管理和控制的需要，就需要一个与其生产工艺特点相匹配的成本计算方法，于是就有了成本计算的分批法。由于经济发展水平以及职业习惯的不同等原因，分批法在西方成本会计计算体系中是最基础的方法，而在我国的成本会计体系中则为三种基础成本计算方法之一，但是习惯上排列在品种法和分步法之后。本书沿用我国的传统排列方法。

在一些生产行业中，其产品生产往往不是大规模、大量而是小批甚至单件进行生产的。分批法是按照产品批别或客户订单汇集生产费用，计算产品成本的一种方法。它主要适用于单件、小批多步骤生产的企业。本章主要介绍了分批法的定义、特点以及具体核算程序，并且通过具体的案例详细阐述其核算方法。

第一节　分批法概述

一、分批法定义

分批法一般也叫订单法，它是按照产品的批别和订单来归集生产费用，计算产品成本的一种方法。这种方法在西方成本会计体系中，是最基础的一种成本计算方法。分批法主要适用于以小批、单件组织生产，以及管理上不要求分步计算成本的多步骤生产企业，比如造船、重型机械制造、飞机制造、印刷以及服装加工等。在这类企业中，生产一般是根据购买单位的订单来组织的，所以分批法通常也被称为订单法。

在单件、小批生产的企业里，生产活动一般是根据客户的订单来组织的。由于企业收到的各张订单上所订购产品的种类往往不同或是规格型号不尽一致，所用的材料和加工程序也就有所差异，这就要求企业以订单为成本归集对象来归集和计算各订单产品的成本。也有一些情况是在一张订单中有若干种不同的产品或型号，或者是虽然只有一种产品或型号，当时客户所订购的产品数量较大且客户要求分批交货时，再简单按照订单来归集和计算成本就不合时宜了。此时，生产计划部门会在考虑既要满足客户需要，又要适合生产管理的基础上将订单中的产品分批生产，或者将上述客户订货数量较多且要求分批交货的一张订单按照交货批次分成若干批次组织生产加工。与企业的生产计划相对应，此时，企业也就应该以相应的分拆后的产品生产批次为成本的归集计算对象来进行成本核算。还有另外一种情况就是，企业所收到的多个不同订单所订购的产品是相同的，此时，生产计划部门就可能按照经济合理原则将多个订单所需要的同一产品安排在一个批次中进行生产。在这种情况下，成本计算对象就是产品的批别或者是生产计划部门下达的生产号令，而不再是某一个单独的订单。

以上这些企业的共同特点是，一批产品通常不重复生产，即使重复，也是不定期的。企业的生产计划的编制和核算工作，都是以订货单位的订货或企业事先规定的批量为依据。在这种情况下，企业的成本计算期与产品的生产周期是一致的，与会计报告期不一致。相应地，月末时某批产品或者已经全部完工，或者全部尚未完工，因此月末计算产品成本时一般来说不需要将成本在完工产品与月末在产品之间进行分配。

二、分批法的特点

（一）按产品批次进行成本归集

分批法的主要特点是所有的生产费用都要按照产品的订单或批次进行归集，成本计算对象是企业客户或企业内部的订单，或者是企业预先计划的产品批次，并且按照每一张订单或每一批次产品开设产品成本计算单。对于能按订单或批次划分的直接费用,应在费用发生当期便将其计入所归属的订单或产品批次;对于不能明确订单或批次的间接费用,可先按发生地点归集,再按一定标准在各受益对象之间进行分配。

(二)成本计算期与生产周期一致

分批法下,同一批内产品一般都会同时完工,产品成本要在订单完工后才计算。因此,产品成本计算期与品种法或者是分步法不同,是不定期的。一般来说,从订单开工到订单完工都是产品的成本计算期,这与产品的生产周期是一致的,但是与会计核算的报告期却不一致。

(三)一般不在完工产品和在产品之间进行成本分配

分批法下,由于成本计算期与产品的生产周期是一致的,因此,在产品完工前,成本计算单上所归集的成本费用,就是在产品成本;产品完工时,成本计算单上所归集的成本费用,就是产成品成本。因此,从理论上来讲,这种方法一般不存在成本费用在完工产品与在产品之间的划分问题。但是假如同一批次内产品存在跨月陆续分批出货的情况,这时就需要将成本费用在完工产品与在产品之间进行划分,以便计算完工产品与月末在产品成本。

第二节 分批法的成本计算程序

一、分批法成本计算程序

采用分批法计算产品成本时,一般可以按照以下几个步骤进行:

第一步:开始生产时,会计部门应当根据每份客户订单或者是生产计划部门的生产通知单,为每批产品开设一张成本计算单。为了加强对车间成本的管理,明确各车间的成本责任,除了会计部门设置的成本计算单以外,各车间也可以按照每一份订单或者是每一批产品的生产通知单开设一张成本计算单,用以记录并计算每一订单或每批产品在本车间发生的费用。

第二步:各张订单或各批产品所直接耗用的各种材料、费用,都要在有关的原始凭证上注明订单号或生产通知单号,以便将费用进行归类、整理并计入各成本计算单中,间接费用则注明其用途和费用发生的地点。

第三步:月终根据费用的原始凭证编制材料、工资等分配表。

直接费用根据原始凭证写明订单号、生产批别号,计入有关的产品成本计算单中;间接费用则按一定的标准进行分配,并相应计入有关的各批产品成本计算单中。

对于间接费用的分配,常见的分配方法有当月分配法和累计分配法。

当月分配法是将企业本月发生的间接费用,无论其相关产品是否完工,都全部由各张订单或各批次产品负担,并计入相应的产品成本计算单中。当月分配法一般适用于生产周期比较短的单件、小批生产的企业。其一般计算公式如下:

某间接费用分配率=当月该间接费用发生额÷该间接费用分配标准的当月发生数

某订单或批次产品应负担的该间接费用=该订单或批次产品当月该间接费用分配标准发生数×该间接费用分配率

累计分配法是将发生的各项间接费用先分别累计起来,待到产品完工之时,再按累计分配率和完工产品的累积分配标准分配给完工订单的一种方法。对于那些尚未完工的各订单应该负担的间接费用,则仍然留在原成本费用账中,等产品完工后,与新发生的费用一起累计进行分配。这种方法适用于投产订单数量繁多、完工订单较少、各月间接计入费用水平及其分配标准大致均衡的企业或车间。其一般计算公式如下:

某间接费用累计分配率=各订单(生产批次)累计该间接费用总额÷各订单(生产批次)累计该间接费用分配标准总和

某完工订单(生产批次)应负担的该间接费用=该订单(生产批次)的累计该间接费用分配标准数×该间接费用累计分配率

采用这种方法,仍应按照产品批次设立产品成本计算单,在产品未完工前,成本计算单内只登记各月发生的直接费用和间接费用的分配标准,不用按月登记应负担的间接费用。等到该订单的产品全部完工时,按照上述所列的计算公式,分配间接费用,并计入相应的各批完工产品的成本计算单。

采用间接费用的累计分配法,可以减轻平时间接费用的分配和记录的工作量,月末尚未完工产品的订单越多,核算工作就越简化。但是这种方法由于各批尚未完工的产品成本计算单内不反映间接费用,也就不能够很好地反映各订单的在产品成本。同时,由于累计分配率在实质上是一种加权平均分配率,如果各月间间接费用水平的波动幅度过大,则用这种方法分配间接费用将不能够反映企业各月的实际成本情况,也会对企业各月间产品成本的正确性造成影响。

第四步:单件、小批的生产一般不单独计算废品损失。如果要计算的话,可以根据废品报废的相关原始记录,计算不可修复的废品成本,从各有关成本计算单的成本项目中扣除,转入废品损失。在将废品的残料价值以及有关责任者的赔偿款等从废品损失中扣除,就可计算出不可修复废品的净损失。对于可修复废品所发生的修复费用,可以根据费用分配表计入废品损失明细账中。在分批法下,废品损失一般都能直接归属于各订单,这样就可以从废品损失明细账中的废品净损失转入各有关的产品成本计算单中。

第五步:当某订单、生产通知单或某批产品完工、检验合格后,应由车间填制相应的完工通知单,以便通知会计部门结算产品成本。已经发出完工通知单的订单,以后一般不能再发生费用。完工订单所领用材料、半成品的剩余未用部分,应进行盘点清理、计价并办理相应的退库手续,据此从有关的完工产品成本计算单中扣除相关成本。

第六步:会计部门收到车间送来的完工通知单,即可进行成本计算,将成本计算单上所归集的成本费用加总,求得完工产品实际总成本,除以完工数量,就是产成品单位成本。月末未完工订单的成本计算单所归集的成本费用,就是月末企业的在产品成本。

▶▶ 二、分批法的应用

2017年1月,宏盛公司为了满足不断细化的玩具市场需要,决定新设乙工厂。乙工厂预计要设立四个生产车间,但是由于各方面的原因,现在暂时只设了一个生产车间——第一生产车间。乙工厂为宏盛公司的下设独立核算成本工厂,主要为宏盛公司所接到的那些对产品的种类、质量或技术有特殊要求的客户订单进行生产。这些订单一般要求的量都比较小,但产品的品种、型号却多种多样。每当宏盛公司接到这类订单,生产计划部便根据订单的实际情况开设生产通知单,并把生产通知单提交给乙工厂生产部,乙工厂的生产部在接到生产通知单后便开始组织生产。生产完工后,生产部开具完工通知单,一联自己留存,一联交付乙工厂会计部门,一联交付宏盛公司运营部。乙工厂会计部门根据完工通知单以及相关成本费用资料对完工订单产品成本进行计算。

2017年10月,乙工厂的有关生产情况如下:

(1) 10月份1001号生产通知单的10 000个玩具熊开始生产,并且当月全部完工;

(2) 9月份903号生产通知单的5 000个玩具汽车9月份开始生产,到10月底为止,尚未完工;

(3) 9月份904号生产通知单的12 000个玩具拼图在9月份投产,到10月底为止,已完工6 000个。

根据实际情况,乙工厂选择了采用分批法对其产品的成本进行核算。该厂设有直接材料、直接工资和制造费用等成本项目,费用是按月汇总的,但产品成本则在一批产品全部完工后才进行结算,如有分批出货情况,则按计划成本转出,待产品全部完工后,再按实际成本进行调整。制造费用等间接费用按照生产工时比例在各生产通知单的产品之间进行分配。

乙工厂2017年10月的有关产品及成本的资料见表7-1、表7-2和表7-3所示。

表7-1 材料费用分配表

部门:第一车间　　　　　　　　　　2017年10月　　　　　　　　　　　单位:元

应借账户	原料及主要材料	辅助材料	合计
基本生产成本			
1001	184 000	16 000	200 000
903	128 000	12 000	140 000
904	112 000	8 000	120 000
小计	424 000	36 000	460 000
制造费用			
物料消耗		14 200	14 200
小计		14 200	14 200
合计	424 000	50 400	474 200

表 7-2　人工费用分配表

部门：第一车间　　　　　　　　　　2017 年 10 月　　　　　　　　　　　　单位：元

应借账户	生产工时	单位人工	金额
基本生产成本			
1001	10 000	3	30 000
903	6 000	3	18 000
904	8 000	3	24 000
小计	24 000	3	72 000
制造费用			
小计			18 000
合计			90 000

表 7-3　制造费用明细账

部门：第一车间　　　　　　　　　　2017 年 10 月　　　　　　　　　　　　单位：元

日期	摘要	物料消耗	工资	折旧费	修理费	其他费用	合计
10/31	材料费用分配表	14 400					14 400
10/31	人工费用分配表		18 000				18 000
10/31	其他费用分配表			50 000	15 000	25 000	90 000
	合计	14 400	18 000	50 000	15 000	25 000	122 400

结算制造费用明细账，根据生产工人所耗工时比例，编制制造费用分配表，如表 7-4 所示。

表 7-4　制造费用分配表

部门：第一车间　　　　　　　　　　2017 年 10 月　　　　　　　　　　　　单位：元

应借账户	生产工时	制造费用分配率	金额
基本生产成本			
1001	10 000	5.1	51 000
903	6 000	5.1	30 600
904	8 000	5.1	40 800
合计			122 400

根据材料费用分配表、工资费用分配表、制造费用分配表等资料，登记各批产品成本计算单，并计算完工产品总成本和单位成本。各生产通知单产品成本计算单见表 7-5、表 7-6 和表 7-7 所示。

表 7-5　产品成本计算单

2017 年 10 月

生产通知单号：1001　　　　　　　　产品名称：玩具熊　　　　　　　　　　　　　　单位：元

日期	摘要	直接材料	直接工资	制造费用	合计
10/31	本月生产费用	200 000	30 000	51 000	281 000
	合计	200 000	30 000	51 000	281 000
	产成品总成本	200 000	30 000	51 000	281 000
	产成品单位成本	20	3	5.1	28.1

表 7-6　产品成本计算单

2017 年 10 月

生产通知单号：903　　　　　　　　　产品名称：玩具汽车　　　　　　　　　　　　　单位：元

日期	摘要	直接材料	直接工资	制造费用	合计
9/30	累计生产成本	60 000	10 000	17 000	87 000
10/31	本月生产费用	140 000	18 000	30 600	188 600
	合计	200 000	28 000	47 600	275 600

表 7-7　产品成本计算单

2017 年 10 月

生产通知单号：1001　　　　　　　　产品名称：玩具拼图　　　　　　　　　　　　　单位：元

日期	摘要	直接材料	直接工资	制造费用	合计
9/30	累计生产成本	100 000	15 000	25 500	140 500
10/31	本月生产费用	120 000	24 000	40 400	184 400
	合计	220 000	39 000	65 900	324 900
	单位计划成本	24	4.8	8.16	36.96
	完工产品转出成本	144 000	28 800	48 960	22 1760

本 章 小 结

本章介绍了分批法的定义及特点，并详细介绍了计算步骤，即如何将材料费用、人工费用和制造费用按照一定的方法进行分配，以及按照产品批别计算产品成本。

【关键词】

分批法　成本计算程序　当月分配法　累计分配法

【思考题】

1. 什么是分批法？它适用于哪些企业？

2. 分批法有什么特点？
3. 试述分批法的成本计算程序。
4. 什么是累计间接费用分配法？如何应用累计间接费用分配法进行成本计算？

【练习题】

1. 新风公司生产甲、乙、丙三种产品，生产组织属于小批生产，采用分批法计算产品成本。2017年5月，新风公司的产品批号有：9029批号：甲产品10台，本月投产，本月完工6台；9230批号：乙产品20台，上月投产，本月全部完工；9410批号，丙产品15台，本月投产，本月全部完工。

2017年5月底新风公司各批号的生产费用资料见表7-8所示。

表7-8　新风公司生产费用明细表

2017年11月　　　　　　　　　　　　　　　　　　　　　　单位：元

批号	直接材料	直接工资	制造费用
9029	33 600	23 500	28 000
9230	92 000	61 000	40 000
9410	85 000	58 700	62 000

9029批号本月月末尚有4台还在生产过程当中，在产品的完工程度为50%。

要求：采用分批法编制成本计算单计算各批产品的完工产品成本和月末在产品成本。

2. 华龙公司采用同一生产工艺，通过相同生产过程对原材料甲进行加工从而得到联合产品乙和丙。假设华龙公司2017年8月的相关产品与成本资料如表7-9所示。

表7-9　联合产品成本资料明细表

2017年8月　　　　　　　　　　　　　　　　　　　　　　单位：元

项目	甲产品	乙产品	丙产品
产量（千克）	35 000	29 000	30 000
系数	0.8	1.1	1
每千克售价	50	70	60
联合产品总成本	4 500 000		

要求：分别采用产量分配法、系数分配法与售价分配法分配甲产品、乙产品和丙产品的联合成本。

3. 三木公司采用分类法对其产品成本进行核算。根据原材料消耗以及生产工艺技术特点，三木公司把其公司的数十种产品划分为A、B和C三个产品类别。其中B类产品包括玩具娃娃、玩具小狗、玩具老虎、玩具小熊和玩具熊猫五个产品。现假定三木公司同类产品生产费用的归集采用品种法，在产品成本按照年初固定数计算；同类内各种产品之间的原材料费用按原材料费用系数分配，原材料费用系数按原材料的费用定额确定，其他生产费用按定额工时的比例进行分配。

假定2017年6月B类产品的各产品产量及定额资料如表7-10所示。

表 7-10 产量及定额明细表

类别:B 类　　　　　　　　　　　2017 年 6 月

产品名称	完工产成品(个)	单位产品原材料定额(元)	原材料费用系数	单位产品定额工时(小时)
玩具娃娃	8 500	30	1	5
玩具小狗	6 000	36	1.2	6
玩具老虎	8 000	24	0.8	6
玩具小熊	7 800	42	1.4	5.5
玩具熊猫	5 000	18	0.6	6.5

6 月末,B 类产品的产品成本计算单如表 7-11 所示。

表 7-11 产品成本明细表

类别:B 类　　　　　　　　　2017 年 6 月　　　　　　　　　　单位:元

日期	摘要	直接材料	直接工费	制造费用	合计
6/1	月初在产品成本	124 000	85 600	102 100	311 700
6/30	本月发生费用	986 600	712 800	865 000	2 564 400
6/30	合计	1 110 600	798 400	967 100	2 876 100

要求:根据例题中所设条件,计算 2017 年 6 月 B 类各种产品的完工产品总成本和单位成本。

第八章

成本计算的方法：作业成本法

学习目的与要求

1. 理解作业成本法的基本概念；
2. 掌握作业成本法的步骤；
3. 区分传统成本法和作业成本法的异同。

【案例导入】

天祥公司为飞机制造商生产涡轮机匣，并且和一家主要的飞机制造商恒瑞飞机制造公司签订了合同，生产两种类型的涡轮机匣：复杂涡轮机匣 B 和简单涡轮机匣 A。复杂涡轮机匣是具有特殊性质的大涡轮机匣，因此生产涡轮机匣 B 要复杂些，因为在模子中不同的部分必须精确组装。涡轮机匣 A 的生产要简单些，并且没有特别的要求。

天祥公司与同样生产简单涡轮机匣的其他几家公司竞争。在最近的一次会议中，恒瑞飞机制造公司的采购经理告诉天祥公司的销售经理，一家只生产简单涡轮机匣的供应商 Bandix，正提出以 53 美元的单价向恒瑞飞机制造公司提供涡轮机匣 A，这个价格比天祥公司 2014 年计划和预算的 63 美元的价格低很多。除非天祥公司降低售价，否则在下一年度它将可能失去为恒瑞飞机制造公司生产简单涡轮机匣的业务。幸运的是，对于复杂涡轮机匣，天祥公司这样的竞争压力并不存在，现在正以 137 美元的单价销售给恒瑞飞机制造公司。

天祥公司的管理者有两个主要的方案：放弃给恒瑞飞机制造公司生产简单涡轮机匣的业务，如果它不盈利。降低简单涡轮机匣的价格，或者接受更低的毛利或尽力寻找方法降低成本。为了制定这些长期战略决策，管理者首先要知道设计、生产和分销涡轮机匣 A 和 B 的成本。

Bandix 公司只生产简单涡轮机匣，它能够用发生的总成本除以产量相当准确地计算涡轮机匣的成本。因为制造费用支持简单涡轮机匣和复杂涡轮机匣的生产，所以天祥公司的成本计算环境更具有挑战性。天祥公司的管理者和管理会计师需要找到一种方法，将间接费用分配给每种类型的涡轮机匣。那么，天祥公司究竟应该采取什么方法来计算成本才更加合理呢？

作业成本法拓宽了成本的计算范围，使计算出来的产品（服务）成本更准确更真实，可以获得更准确的产品和产品线成本，有助于改善成本控制，为战略管理提供信息支持，更好地优化了企业传统的成本计算方式，为企业增加了一种成本计算的选择。本章将对作业成本法的起源、概念、流程进行阐述，并将其与传统成本法相比较、分析其优缺点。

第一节 作业成本法的概念

一、作业成本法的产生

最早从理论上和实践上探讨作业会计的是美国会计学家埃里克·科勒教授。科勒发现在水力发电生产过程中，直接成本比重很低、间接成本比重较高，这就从根本上冲击了传统的按照工时比例分配间接费用的成本核算方法。此外，随着科技的迅速发展，以计算机为主导的生产自动化、智能化程度日益提高，直接人工费用普遍减少，间接成本相对增加，这就明显突破了制造成本法中"直接成本比例较大"的假定，推动了作业成本法研究的全面兴起。近年来，管理会计问题被认为是技术改变，以及与技术改变相关的竞争、资本密集、组织规模和生产管理模式等多因素共同作用的结果。作业成本计算的产生是与上述因素密切相关的。

20世纪70年代以来，世界科学技术发生了日新月异的发展。在高新技术蓬勃发展的新形势下，以美国和日本等为代表的发达国家的企业面对日趋激烈的全球竞争压力，纷纷将高新技术运用于生产领域。高新技术在生产领域的广泛运用改变了企业产品成本结构，使得直接材料成本和直接人工成本比重下降，而制造费用比重却大幅度上升。如何合理地分配制造费用便成为一个重要问题。此外，高新技术在生产领域广泛运用促进了社会经济的发展，经济发达国家逐步进入富裕社会。在富裕社会中，人们对消费提出越来越高的要求，从而使消费者的行为变得更具有选择性，从过去的崇尚时尚转向标新立异、突出个性。传统的、以追求"规模经济"为目标的大批量生产就成为历史的必然。客观地说，传统成本计算法适于产品品种单一化、常规化和大批量生产的企业。然而，经济的发展，富裕社会的形成，破坏了传统成本计算法赖以存在的社会环境。众所周知，生产成本包括直接材料、直接人工和制造费用三部分。在高新技术环境下，制造费用的数额和重要性大大提高。其中，制造费用是一种间接费用，必须按标准将它分配计入有关产品中，以便合理地计算出产品成本。传统成本计算方法的特征是以"产品"为中心，进行产品成本计算，就成本论成本。在高新技术环境下，日益显示出这种成本计算方法的不适应性。

正是在上述因素的综合作用下，一种以"作业"为基础的成本计算方法——作业成本法应运而生，它的出现可以被看作是一种历史的必然而引起人们的极大关注。

二、作业成本法的基本概念

作业成本法又称"ABC 成本法",是"基于活动的成本管理",是根据事物的经济、技术等方面的主要特征,运用数据统计方法,进行统计、排列和分析,抓住主要矛盾,分清重点与一般,从而有区别地采取管理方式的一种定量管理方法。

作业成本法的核心指导思想是"成本对象消耗作业,作业消耗资源",作业成本法把直接成本和间接成本(包括期间费用)作为产品(服务)消耗作业的成本同等地对待,拓宽了成本的计算范围,使计算出来的产品(服务)成本更准确更真实。

三、作业成本法的基本要素

作业成本法主要包括以下五个基本要素。

(一)资源

资源是成本的源泉,一般是指企业在特定的一个营业周期内所消耗的所有成本费用,也指各项费用总体,包括直接人工、直接材料、生产维持成本、间接制造费用(如采购人员的差旅费)以及生产过程以外的成本(如广告费用)。资源按照一定的相关性进入作业,作业是工作的各个单位。

(二)作业

广义的作业(activities)是指产品制造过程中的一切经济活动。这些经济活动事项,有的会发生成本,有的不会发生成本;有的能创造附加价值,即增值作业,有的不能创造附加价值,即非增值作业。因为我们的目的是计算产品成本,因此只考虑会发生成本的作业,而从管理角度出发,无附加价值的作业要尽量剔除。所以作业成本法的作业是指能产生附加价值,并会发生成本的经济活动,即狭义的作业。

具体来讲,作业即企业生产经营过程中相互联系、各自独立的活动,作业可以作为企业划分控制和管理的单元。企业经营过程中的每项环节,或是生产过程中的每道工序都可以视为一项作业。

作业具有以下几个基本经济特征:作业是"投入—产出"因果联动的实体,其本质是一种交易;作业贯穿于动态经营的全过程,构成联系企业内部与外部的作业链;作业是可以量化的基准。

(三)成本

在作业成本法下,成本被定义为资源的耗用,而不是为获取资源而发生的支出。作业成本法计量资源耗费水平的变动,而不是支出水平的变化。前者取决于对资源的需求,后者则取决于现有的资源状况,作业成本法将两者加以区分。其原因在于:一是有利于管理人员采取行动消除资源过剩或短缺;二是便于管理决策,因为资源的实际消耗量更能反映真实成本。

(四)作业价值链

作业价值链,简称价值链,是指企业为了满足顾客需要而建立的一系列有序的作业及其价值的集合体。这样,作业成本法就在计算产品成本的同时,确定了产品与成本之间具有因果联系的结构体系,它是由诸多作业构成的链条,即作业链和各种作业所创造的价值相应形成价值链的一个集合。表示为:产品的研究与开发→产品设计→产品生产→营销配送→售后服务。通过作业价值链的分析,能够明确各项作业,并计算最终产品增值的程度。按照作业成本法的原理,"产品消耗作业,作业消耗资源",一项作业转移为另一项作业的过程,同时也伴随着价值量的转移,由此形成作业价值链。

（五）成本动因

作业是组织内消耗资源的某种活动或事项。作业是由产品引起的,而作业又引起资源的消耗;成本是由隐藏其后的某种推动力引起的。这种隐藏在成本之后的推动力就是成本动因。或者说,成本动因就是引起成本发生的因素。作业成本法将成本动因分为两类,即资源动因和作业动因。

（1）资源动因是指决定一项作业所耗费资源的因素,反映作业量与资源耗费间的因果关系。

（2）作业动因是将作业中心的成本分配到产品或劳务、顾客等成本目标中的标准,它也是将资源消耗与最终产出相沟通的中介。

第二节　作业成本法的步骤

为了帮助制定战略决策,作业成本系统确认价值链上所有功能里的作业,计量单个作业的成本,并且根据生产每一件产品或服务所需的作业组合将成本分配到诸如产品或服务等成本对象上。天祥公司的管理者决定实施作业成本系统。直接材料成本和直接制造人工成本能够轻易追溯到产品,因此作业成本系统关注于把间接成本分派到部门、流程、产品或其他成本对象。天祥公司小组通过绘出设计、生产、分销涡轮机匣 A 和 B 的所有步骤和流程的流程图,识别出下列七个作业:设计产品和流程;安装制模机器,确保模具被放在正确的位置,并在生产开始之前确认各组件的正确排列;运转制模机器生产涡轮机匣;在生产完涡轮机匣后,清洗和保养模具;准备完工涡轮机匣的运送批次;分销涡轮机匣到客户;经营和管理天祥公司的所有流程。

为了实施作业成本系统,天祥公司的管理者采用以下七个步骤。

（一）识别被选做成本对象的产品

成本对象是天祥公司在 2017 年生产的 60 000 个涡轮机匣 A 和 15 000 个涡轮机匣 B。天祥公司的管理者想确定总成本,然后计算设计、生产和分销这些涡轮机匣的单位成本如表 8-1 所示。

（二）识别产品的直接成本

$$直接成本 = 直接材料 + 直接人工 + 其他直接费用 \qquad 公式\ 8\text{-}1$$

根据公式,管理者识别涡轮机匣的直接成本:直接材料成本、直接制造人工成本、模具清洗和保养成本,因为这些成本可以轻易地追溯至特定模型和涡轮机匣。

表8-1 天祥公司的直接成本

单位:元

类别	成本层级	60 000 个 A		15 000 个 B		合计
		总成本	单位成本	总成本	单位成本	
直接材料	单位产出	1 125 000	18.75	675 000	45.00	1 800 000
直接制造人工	单位产出	600 000	10.00	195 000	13.00	795 000
清洗和保养	批数	120 000	2.00	150 000	10.00	270 000
直接成本合计		1 845 000	30.75	1 020 000	68.00	2 865 000

（三）选择用于向产品分配间接成本的作业和成本分配基础

天祥公司的管理者确定了六个作业:设计、安装制模机、机器运转、装运、分销和管理。表8-2第2行显示成本层级分类,第3行显示了第1行中所描述的每一种作业的成本分配基础及其预算数量。

表8-2 间接成本库的作业成本分配

作业	设计	安装制模机	机器运转	装运	分销	管理
成本层级	产品维持	批数	单位产出	批数	单位产出	设备维持
成本分配基础的数量	100 零件平方英尺数	2 000 安装小时	12 750 制模机器小时	200 装运次数	67 500 立方英尺	39 750 直接制造人工小时
分配基础与作业成本之间的因果关系	复杂模具需要更多的设计部门资源	安装作业的间接成本随安装小时的增加而增加	制模机运转的间接成本随制模机机器小时增加	装运成本随装运次数增加	分销成本随递送产品的体积增加	对管理资源的需求随直接人工小时增加

确定好成本分配基础,就限定了在作业系统中成本必须归入的作业库数量。例如,天祥公司的管理者不把产品设计、流程设计和生产模型的设计作业相分离,而是把这三种作业一起作为一个合并的"设计"作业,并形成一个同质的设计成本库。为什么？因为同样的成本动因——模具的复杂性——驱动了每一个设计作业的成本。

在选择成本分配基础时的另一个考虑是数据的可靠性和计量的可获得性。例如,在天祥公司的作业成本系统中,管理者依据模具中零件的数量和模具的表面积(零件平方英尺)来测量复杂性。如果这些数据很难得到或测量,管理者可能被迫使用一些其他测量复杂性的方法,如流经模具的材料数与设计作业的成本也许只是弱相关。

（四）识别与每个成本分配基础相联系的间接成本

在这一步骤里,天祥公司的管理者试图根据每一个作业的成本分配基础和成本之间的因果关系把2014年的预算间接成本分配到作业（见表8-2第3行）。例如,所有与装运包裹立方英尺数有因果关系的成本被分派到分销成本库里。当然,不同成本库中,成本分配基础和成本之间的因果联系的强度不同。例如,直接制造人工小时和管理作业成本之间的因果联系,并不像安装小时和安装作业成本之间的联系那样强（安装小时是安装成本的成本动因）。

一些和某一作业有关的成本可以被直接识别。例如,付给设计工程师的工资和设计部门使用的设备的折旧能直接和设计作业一起识别。其他的一些成本则需要在作业间分配。例如,基于访谈和工作时间记录,生产工程师和监督员估计他们花在设计、安装制模机和机器运转上的时间。如果一位生产工程师将15%的时间用于设计,45%的时间用于管理安装制模机,40%的时间用于机器运转,那么公司将把生产工程师的工资按所花的时间比例分配给这些作业。还有其他成本用来衡量这些成本如何支持不同作业的指标作为分配基础将成本分配给作业成本库。例如,租赁成本就是基于不同作业所使用的平方英尺面积被分配到作业成本库。

这里的要点是并非所有的成本都恰好适合某一作业分类。通常在作业成本被分配到产品之前,成本首先需要被分配到作业。

表8-3显示了将成本分派给前面识别的七个作业。回想一下,天祥公司的管理会计师把模具清理成本重新分类为直接成本,因为这些成本可以轻易追溯到特定模具和涡轮机匣。

表8-3 成本分派到作业

单位:元

	设计	安装制模机	机器运转	模具清理	运输	分销	管理	合计
工资	320 000	105 000	137 500		21 000	61 500	165 000	810 000
支持人员工资	65 000	115 000	70 000	234 000	34 000	125 000	40 000	683 000
折旧	24 000	30 000	290 000	18 000	11 000	140 000	15 000	528 000
维修	13 000	16 000	45 000	12 000	6 000	25 000	5 000	122 000
电力和燃料	18 000	20 000	35 000	6 000	5 000	30 000	10 000	124 000
租金	10 000	14 000	60 000		4 000	10 000	20 000	118 000
合计	450 000	300 000	637 500	270 000	81 000	391 500	255 000	2385 000

(五)计算每个成本分配基础单位分配率

计算成本分配率,即根据上述第三步的成本分配基础以及第四步的预算间接成本。

$$间接成本率 = 总成本 \div 成本分配基础的数量 \qquad 公式8\text{-}2$$

根据公式,表8-4的第2行总结了如何用步骤三的成本分配基础预算数和步骤四的每一作业的总预算间接成本来计算预算间接成本率。

表8-4 间接成本率的作业成本分配

作业		设计	安装制模机	机器运转	装运	分销	管理
步骤四	总成本(元)	450 000	300 000	637 500	81 000	391 500	255 000
步骤三	成本分配基础的数量	100 零件平方英尺数	2 000 安装小时	12 750 制模机器小时	200 装运次数	67 500 立方英尺	39 750 直接制造人工小时
步骤五	间接分配比率	4 500 每零件平方英尺	150 每安装小时	50 每机器小时	405 每次装运	5.8 每装运立方英尺	6.415 1 每直接人工小时

(六)计算分配给产品的间接成本

产品的间接成本就是根据第五步算出来的间接成本分配率再乘以产品实际耗用的作业量。

间接成本 = ∑（产品实际耗用作业量 × 间接成本率） 公式 8-3

表 8-5 显示分配到简单涡轮机匣上的 1 153 953 元和复杂涡轮机匣上的 961 047 元的总预算间接成本。理解表 8-5 中每种涡轮机匣的预算间接成本的计算。对于每一个作业，天祥公司的运营人员指出用于每种涡轮机匣成本分配基础的总数量。例如，表 8-5 的第 11 和 12 行显示，总安装小时数为 2 000，涡轮机匣 A 预计使用 500 安装小时，涡轮机匣 B 预计使用 1 500 安装小时。预算间接成本率是每安装小时 150 元（见表 8-4 第 3 行第 3 列）。因此分配到涡轮机匣 A 上的安装作业的总预算成本是 75 000 元，分配到涡轮机匣 B 的是 225 000 元。涡轮机匣 A 的单位预算安装成本是 1.25 元，涡轮机匣 B 的单位预算安装成本是 15 元。

表 8-5 采用作业成本系统的天祥的产品成本

单位：元

每种涡轮机匣的成本类别和作业数量	60 000 个 A		15 000 个 B		合计
	总成本	单位成本	总成本	单位成本	
直接成本					
直接材料	1 125 000	18.75	675 000	45.00	1 800 000
直接制造人工	600 000	10.00	195 000	13.00	795 000
直接模具清洗保养成本	120 000	2.00	150 000	10.00	270 000
直接成本合计	1 845 000	30.75	1 020 000	68.00	2 865 000
间接成本					
设计作业成本					450 000
A 设计作业成本	135 000	2.25			
B 设计作业成本			315 000	21.00	
安装制模机					300 000
A 安装制模机成本	75 000	1.25			
B 安装制模机成本			225 000	15.00	
机器运转					637 500
A 机器运转成本	450 000	7.5			
B 机器运转			187 500	12.50	
装运					81 000
A 装运成本	40 500	0.68			
B 装运成本			40 500	2.70	
分销					391 500
A 分销成本	261000	4.35			
B 分销成本			130 500	8.7	
管理					255 000
A 管理成本	192 453	3.21			
B 管理成本			62 547	4.17	
间接成本合计	1 153 953	19.23	961 047	64.07	2 115 000
总成本	2 998 953	49.98	1 982 047	132.07	4 980 000

（七）通过加总分配给产品的直接成本和间接成本来计算产品的总成本

计算总成本的时候，不仅包括直接计算出来的直接成本，还包括前面计算出来的各项作业成本。

总成本 = 当期投入该产品的直接成本 + 该产品当期耗用的各项作业成本　公式8-4

图8-1列出了简单涡轮机匣和复杂涡轮机匣的产品成本。直接成本在步骤二里计算，间接成本在步骤四里计算。在图8-1中，每种类型涡轮机匣的预算成本有9个项目，其中直接成本3个、间接成本6个。在图8-1中，用作业成本法计算的涡轮机匣A和B产品成本之间的差别表明每种产品在各作业中如何使用不同数量的直接和间接成本。

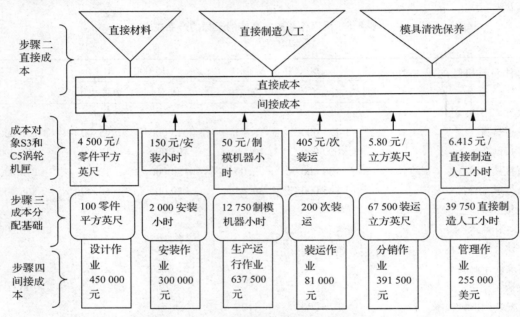

图8-1　天祥作业成本系统概览图

我们强调了作业成本系统的两个主要特征。首先，系统确认产品使用的所有成本，不论这些成本在短期是变动的还是固定的。在使用作业成本法信息制定长期战略决策时，管理者希望收入超过总成本。否则，公司就会亏损，无法继续经营。其次，在给产品分配成本时，确定成本层级是非常重要的。管理会计师首先使用成本层级来计算每一种产品的总成本，然后用总成本除以产量就可以得到单位成本。

第三节 传统成本法与作业成本法的比较

一、作业成本法与传统成本法的区别

作业成本法的基本原理可以概括为依据不同成本动因分别设置成本库,再分别以各种产品所耗费的作业量分摊其在该成本库中的作业成本,然后,分别汇总各种产品的作业总成本,计算各种产品的总成本和单位成本。由此可见,作业成本计算将着眼点放在作业上,以作业为核心,依据作业对资源的消耗情况将所消耗的资源的成本分配到作业,再由作业依据成本动因追踪到产品成本的形成和积累过程,由此而得出最终产品成本。

与作业成本法比较,传统成本法采用单一分配标准进行制造费用的分配,忽视了各种产品生产的复杂性和技术含量不同以及相联系的作业量不同。相比之下,传统成本计算法关联性较弱,而作业成本计算法考虑了引起制造费用发生的具有代表性的各种成本动因,并以此为基础分配制造费用,因而,它能较客观、合理地反映高新技术环境下各种产品的成本。

作业成本法与传统成本法的区别主要体现在以下几个方面:

(一) 适用条件不同

传统成本法适用于产品结构单一、制造费用的数额相对较小、且其发生与直接人工成本有事实上相关的劳动密集型企业。作业成本法一般适用于间接费用所占比重较大、产品品种繁多、产品生产工艺复杂多变、生产经营活动十分复杂、较好地实施了适时生产系统和全面质量管理体系、管理当局对传统成本计算系统提供信息的准确度不满意的技术、资金密集型企业。

(二) 成本计算对象不同

传统成本法的成本对象主要局限于"产品"层次,而且往往是最终产品,而作业成本法更关注产品形成过程和成本形成的前因和后果,成本计算对象具有多层次性,资源、作业、最终产品等都是成本计算的对象。资源、作业、最终产品之间是通过成本动因有机联系在一起的。作业成本法可以对资源、作业、产品、原材料、客户、销售市场、销售渠道等不同层次的成本对象提供相应的成本信息,提供的信息量更加丰富。作业成本法相对于传统成本法,成本概念得到了延伸。传统成本法的成本概念只局限于产品的生产制造过程。作业成本法立足于全程的成本进行管理,将成本视野向前延伸到产品的市场需求阶段。

(三) 间接费用界限的差异

在传统成本法下,间接费用指制造成本,就经济内容来看,只包括与生产产品直接、间接有关的费用,而用于管理和组织全厂生产、销售产品和筹集生产资金的支出作为期间费用。在作业成本法下,产品成本则是全部成本,所有费用只要合理有效,都是对最终企业价值有益的支出,都应计入生产成本。它强调的是费用支出的合理有效,而不论其是否与生产直

接、间接有关。在这种情况下,期间费用归集的是所有不合理的、无效的支出。

（四）核算程序不同

企业传统的成本核算采用两步程序分配间接费用。首先将归集起来的辅助生产部门成本费用分配到各生产部门,然后将归集的生产部门总费用分配到各产品上去。作业成本法计算虽然也应用两个层次分配制造费用,但是它首先依据资源动因,将费用分配到作业,以作业作为归集成本的成本库,然后再依据多种作业动因,将作业成本分配到最终产品上去。

（五）分配基础不同

与传统成本计算方法相比,作业成本法分配基础（成本动因）发生了质变。它不再采用单一的数量分配基准,而是采用多元分配基准;集财务变量与非财务变量于一体,并且特别强调非财务变量（如调整准备次数、运输距离、质量检测次数等）,因此作业成本法所提供的成本信息要比传统成本计算法准确得多。

二、作业成本法的优缺点

（一）作业成本法的优点

（1）获得更准确的产品和产品线成本。作业成本法的主要优点减少了传统成本信息对于决策的误导。一方面作业成本法扩大了追溯到个别产品的成本比例,减少了成本分配对于产品成本的扭曲;另一方面采用多种成本动因作为间接成本的分配基础,使得分配基础与被分配成本的相关性得到改善。

（2）有助于改进成本控制。作业成本法提供了了解产品作业过程的途径,使管理人员知道成本是如何发生的。从成本动因上改进成本控制,包括改进产品设计和生产流程等,可以消除非增值作业、提高增值作业的效率,有助于持续降低成本和不断消除浪费。

为战略管理提供信息支持。战略管理需要相应的信息支持。例如价值链分析需要识别供应作业、生产作业和分销作业,并且识别每项作业的成本驱动因素,以及各项作业之间的关系。作业成本法与价值链分析概念一致,可以为其提供信息支持。再例如,成本领先战略是公司竞争战略的选择之一,实现成本领先战略,除了规模经济之外,需要有低成本完成作业的资源和技能。

（二）作业成本法的局限性

（1）开发和维护费用较高。作业成本法的成本动因多于完全成本法,成本动因的数量较大,开发和维护费用较高;不符合对外财务报告的需要。采用作业成本法的企业,为了使对外财务报表符合会计准则的要求,需要重新调整成本数据。这种调整不仅工作量大,而且技术难度大,有可能出现混乱;确定成本动因比较困难。

（2）并不是所有的间接成本都和特定的成本动因相关联;不利于管理控制。完全成本法按部门建立成本中心,为实施责任会计和业绩评价提供了方便。作业成本系统的成本库与企业的组织结构不一致,不利于提供管理控制的信息。

本章小结

作业成本法是一种通过对成本对象所涉及的所有作业活动进行动态追踪和反映,以计量作业和成本对象的成本,评价作业业绩和资源利用效率的成本计算和管理方法。作业成本法不仅大大提高了成本计算结果的精度,还引导企业经营者对成本动因的高度关注,从而克服传统成本法中间接费用责任不清的不足,使传统成本法下的很多不可控的间接费用,都能在新的核算系统中找到相关责任人,并施加必要的成本控制。本章介绍了作业成本法产生的背景,阐述了作业成本法的基本概念、基本程序,以实例说明了这种方法的计算程序,并与传统计算方法做比较。

【关键词】

作业 成本动因 作业成本法 基本程序

【思考题】

1. 如何认识作业成本法兴起的时代背景和社会经济条件?
2. 什么是作业成本法?它有哪些特点?
3. 简述成本动因的分类及其特点。选择成本动因应该考虑哪些因素?
4. 简述实施作业成本法的基本程序。
5. 作业成本法具有哪些优点和局限性?

【练习题】

1. 某企业生产 A、B 两种产品,其中 A 产品 900 件,B 产品 300 件,其作业情况数据如表 8-6 所示。

表 8-6 作业情况表

作业中心	资源耗用(元)	动因	动因量(A 产品)	动因量(B 产品)	合计
材料处理	18 000	移动次数	400	200	600
材料采购	25 000	订单件数	350	150	500
使用机器	35 000	机器小时	1 200	800	2 000
设备维修	22 000	维修小时	700	400	1 100
质量控制	20 000	质检次数	250	150	400
产品运输	16 000	运输次数	50	30	80
合计	136 000				

要求:按作业成本法计算 A、B 两种产品的成本,并填制下表。

表 8-7　作业成本分配表

作业中心	成本库(元)	动因量	动因率	A产品	B产品
材料处理	18 000	600			
材料采购	25 000	500			
使用机器	35 000	2 000			
设备维修	22 000	1 100			
质量控制	20 000	400			
产品运输	16 000	80			
合计总成本	136 000				
单位成本					

2. 假设某企业生产 A、B 两种产品,有关资料如下:①A、B 两种产品的年产量分别为 5 000件和 20 000 件;②A、B 两种产品的单位直接人工成本都是 10 元。③A、B 两种产品的直接材料成本分别为 25 元和 15 元。④年制造费用总额为 875 000 元。⑤A、B 两种产品所耗费的直接人工小时总额为 50 000 小时/年,A、B 产品分别为 10 000 小时/年和 40 000 小时/年。传统成本计算法,制造费用按直接人工小时进行分配。企业对制造费用进行详细分析,依据成本动因,设置五个成本库,其详细内容见表 8-8 所示。

表 8-8　成本库及其分配比率表

成本库	可追溯成本(元)	A产品作业量(次)	B产品作业量(次)	合计(次)
机器调整准备	230 000	3 000	2 000	5 000
质量检验	160 000	5 000	3 000	8 000
生产订单	81 000	200	400	600
维修	314 000	300	700	1 000
原材料收货	90 000	150	600	750
合计	875 000			

根据上述资料,要求:

(1) 分别采用传统成本计算方法和作业成本计算方法,计算 A、B 两种产品的成本与单位成本。

(2) 以上述计算的结果为基础,评述传统成本计算方法与作业成本计算方法。

3. 盛大灯具公司生产品种齐全的各类优质灯具。其一车间生产两种灯具:古典型和现代型。公司管理层最近决定从以产量为基础的传统成本系统转变为作业成本系统。在做出全公司范围的变革之前,公司老总要求会计师核算一下该变革对一车间产品成本的影响。公司之所以选择这个车间,是因为它只生产两种灯具,而其他车间大部分产品品种都在 18 种以上。表 8-9 是有关部门收集的数据。

表 8-9 成本资料表

灯具	产量(个)	主要成本(元)	机器小时	材料搬运次数	调整次数
古典型	400 000	8 000 000	100 000	200 000	100
现代型	100 000	1 500 000	25 000	100 000	50
金额(元)		9 500 000	500 000	850 000	650 000

注：主要成本为直接材料和直接人工成本之和。

在当前的系统中，生产设备运行、材料处理和调整等成本都按机器小时分配到灯具中去。灯具按批生产和搬运。要求：

（1）使用当前的产量基础法，计算每种灯具的单位成本。

（2）使用作业成本法，计算每种灯具的单位成本。

（3）分析对比上述的计算结果。

4．某钟表制造公司采用作业基础成本法计算分配间接费用，2017 年 5 月份，该企业有关资料如下：

表 8-10 成本资料表

作业	成本动因	成本(元)	作业水平	
			时钟	手表
生产设备	准备次数	70 000	30	20
材料管理	零件数	20 000	15	25
包装与运输	运输数量	45 000	5 000	7 000
间接费用合计		135 000		

要求：

（1）用作业基础成本法计算分配每种产品的间接费用总额。

（2）以人工工时作为分配基础计算分配各产品的间接费用总额。假定装配每只时钟的小时数是 0.5 小时，装配每只手表的小时数是 1 小时。时钟的生产量为 5 000 只，手表为 7 000 只。

5．北方高科技有限公司成功地生产和销售两种打印机，假设该公司两种产品的财务和成本数据如下：

表 8-11 财务和成本数据表

品种	豪华型	普通型
产量(台)	5 000	15 000
售价(元)	4 000	2 000
单位直接材料和人工成本(元)	2 000	800
直接人工(小时)	25 000	75 000

公司管理会计师划分了下列作业、间接成本集合及成本动因：

表 8-12　成本资料表

作业	间接成本集合(万元)	作业动因
调整	300	调整次数
机器运行	1 625	机器小时
包装	75	包装单数量
合计	2 000	

两种产品的实际作业量如下：

表 8-13　实际作业量表

作业动因	豪华型作业消耗	普通型作业消耗	合计
调整次数(次)	200	100	300
机器小时(小时)	55 000	107 500	162 500
包装单数量(个)	5 000	10 000	15 000

要求：

（1）采用传统（产量基础）成本计算制度，以直接人工工时为分配标准，确定两种产品的单位盈利能力。

（2）采用作业基础成本计算制度，确定两种产品的单位盈利能力。

（3）解释为什么这两种产品成本计算方法计算出的产品成本会有如此大的区别。你建议使用哪一种方法？为什么？

【案例分析】

皮尔森制造公司生产工业用化学产品。它的一个工厂专门为制铜行业供应化学产品，主要生产两种化合物：X_{12} 和 S_{15}。X_{12} 是公司自行开发的产品，主要用于从低级矿石中提炼铜。生产 X_{12} 的专利权已到期，市场竞争十分激烈。该厂多年以来生产 X_{12}，且 X_{12} 为唯一产品。直到 5 年前，才开始生产 S_{15}，S_{15} 工艺复杂且需特殊的搬运和生产准备。生产 S_{15} 的前三年，利润一直增加。但近两年，工厂面临的竞争日趋激烈，X_{12} 的销售量大幅下降。事实上，最近的一个报告期内工厂还出现了小额亏损。该厂经理认为竞争对手正以低于成本的价格出售 X_{12}——其原因可能是为了扩大市场份额。以下是工厂经理迪安·沃尔里奇和分部营销经理里科·迪克森之间的谈话，其中反映了二者在工厂前景及产品上的意见分歧。

里科："迪安，分部经理对工厂的发展趋势很关心。他说在这样的竞争条件下，我们没有能力去继续经营亏损的工厂。上个月，我们的一家工厂就因无法竞争而倒闭了。"

迪安："里科，我们的 X_{12} 质优价廉，而且是正宗产品，多年以来一直是主打产品。我真不明白这是怎么回事？"

里科："我刚刚接到了一位重要客户的电话，他说另一个公司 X_{12} 的报价为每千克 \$10——比我们的要价约低 \$6。我们很难与这样的价格竞争，也许这个工厂真的过时了。"

迪安："我不这样认为。我们技术过关，效率较高，而 X_{12} 的成本是 \$10 多一点，我真不明白那些公司为什么出价那样低？我们出不起这个价，也许我们应把产销重点放在 S_{15} 上。S_{15}

的毛利较高,而且没有竞争对手。我们最近提高了 S_{15} 的售价,而客户们一点都不在乎。"

里科:"你说得对。我想,把价格提得更高一些也不会丢掉生意。我给几个客户打了电话,说要提价25%,他们都说仍要购买同样数量的 S_{15}。"

迪安:"听起来很好,不过,在我们做决定之前,最好找出其他的理由。S_{15} 的市场潜力比 X_{12} 小得多。我想知道我们的生产成本和竞争对手相比究竟是怎样?也许我们可以提高效率,找到一个赢得 X_{12} 正常回报的办法。此外,工人们也不喜欢生产 S_{15},它的生产工艺太复杂。"

会谈之后,迪安要求对生产成本和效率展开调查,并聘请了独立的顾问人员。经过3个月的评估,顾问组提供的生产作业和产品成本的有关资料见表8-14所示。

表8-14 成本资料表

	X_{12}	S_{15}
产量(千克)	1 000 000	200 000
售价(美元)	$15.95	$12.00
单位制造费用(美元)	$6.41	$2.89
每千克主要成本(美元)	$4.27	$2.13
生产循环次数	100	200
验收通知单	400	1 000
机器小时	125 000	60 000
直接人工小时	250 000	22 500
工程小时	5 000	5 000
材料搬运(小时)	500	400

注:单位制造费用由以直接人工小时为基础的全厂分配率计算而来,这是目前分配制造费用的方法。

顾问组建议采用作业法分配制造费用,他们认为作业成本分配法更为准确,能够为决策提供更为有用的信息。为此,他们根据相同的工序、作业水准和消耗比率,把全厂作业分成几个同质作业库。作业库的有关成本见表8-15所示。

表8-15 成本资料 单位:美元

制造费用	
生产准备成本	240 000
机械成本	1 750 000
验收成本	2 100 000
工程成本	2 000 000
材料搬运成本	900 000
合计	6 990 000

问题:

(1)以直接人工小时为基础分配制造费用,并验证顾问组报告的单位制造费用,计算每种产品的单位毛利。

（2）用作业成本计算法重新计算每种产品的单位成本和毛利。

（3）公司是否应该针对战略重点由高产量产品转向低产量产品？评论工厂经理所说"竞争对手以低于成本价出售 X_{12}"的正确性。

（4）请解释为什么 S_{15} 没有遇到竞争对手？对客户们愿接受25%的提价去购买 S_{15} 加以评述。

（5）根据作业成本计算法提供的单位成本信息，你会采取什么策略？

第九章 本量利分析

  学习目的与要求

1. 理解本量利分析的性质与基本假设；
2. 掌握本量利分析基本公式；
3. 贡献边际、盈亏临界点；
4. 了解安全边际与保利点；
5. 了解多品种盈亏临界点。

【案例导入】

　　天地制衣公司是一家生产服装的公司。如果天地制衣公司生产的衬衫,每件售价为 100 元,每件变动成本为 65 元,固定成本总额为 60 000 元,全年业务量(产销一致)为 2 000 件,那么天地制衣公司是否有利可图? 如果利润很薄甚至为负,是因为哪些原因呢? 如果获利情况不佳,那么应该如何优化变动费用和固定费用才能改善公司的获利情况呢?

　　本量利分析是在成本性态分析和变动成本法的基础上进一步展开的一种分析方法,着重研究销售量、价格、成本和利润之间的数量关系。它所提供的原理、方法在成本管理会计中有着广泛的用途,同时它又是企业进行决策、计划和控制的重要工具。本章内容主要包括本量利分析概述,有关因素变动对保本点及实现利润的影响以及本量利分析的具体应用。

第一节 本量利相关概念

▶▶ 一、本量利分析的含义

本量利分析是成本—销售量—利润依存关系分析的简称。它是在成本性态分析的基础上,通过对成本、销售量和利润三者关系的分析,建立数学化的会计模型和因式,进而揭示变动成本、固定成本、销售量、销售单价和利润等诸多变量之间的内在规律性联系,为利润预测和规划,为会计决策和控制提供有价值的会计信息的一种定量分析方法。

在企业的经营管理活动中,管理人员在决定生产和销售的数量时,往往以数量为起点,以利润为目标,期望能在销售量和利润之间建立起一种直接的函数关系,从而利用这个数学模型,在销售量变动时估计对利润的影响,或者在利润变动时计算出完成目标利润所需要达到的销售量水平。而本量利分析就可以为企业管理人员提供所需要的这种数学模型。因此,它在规划企业经济活动、正确进行经营决策和有效控制经济过程等方面具有重要的作用。

▶▶ 二、本量利分析的基本公式

本量利分析的目标是利润,计算利润的基本公式即是本量利分析的基本数学模型。为了获得期间利润,首先确定期间收入及与其相匹配的成本。所谓相匹配的成本,即是期间销售产品所对应的变动成本及与其所配比的固定成本。计算公式为:

$$R = S - TC$$
$$= S - (VC + F)$$

公式 9-1

式中:R 为利润

S 为销售收入

TC 为总成本

VC 为变动成本总额

F 为固定成本总额

其中,销售收入和总成本分别可用函数 $y = px$ 和 $y = bx + a$ 表示。坐标图 9-1 表示了这两个函数的关系,P 点为收入线和总成本线的交点。在 P 点以下,总成本函数高于收入函数,此区域为亏损区。在 P 点以上,收入函数高于总成本函数,此区域为盈利区。

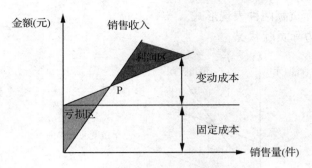

图 9-1　基本的本量利

为了获得利润与销量之间的联系,销售收入和变动可分别表示为销量与单价及单位变动成本的乘积。这时,销售利润则可以表示为以销售量为自变量的函数。公式 9-1 可扩展为:

$$R = Q \times P - Q \times VC - F$$
$$= Q \times (P - VC) - F$$

公式 9-2

式中:R 为销售利润

　　　Q 为销售量

　　　P 为单价

　　　VC 为单位变动成本

　　　F 为固定成本总额

天地制衣公司生产的衬衫,每件售价为 100 元,每件变动成本为 65 元,固定成本总额为 60 000 元,全年销售量为 2 000 件。从表 9-1 的结果可以看出衬衫的单位总成本与销售利润分别为 95 元和 10 000 元。如果企业规模不变,全年销售量增加 50%,即增至 3 000 件,则该衬衫的单位总成本降至 85 元,销售利润则增至 45 000 元。

表 9-1 不同销量下产品成本及利润

销售量	2 000 件	3 000 件
单位总成本	95(元)	85(元)
销售利润	10 000(元)	45 000(元)

很显然,当销售量增加 50% 时,销售利润增加 350%,大大高于销售量增加的百分比。这是因为随销售量增加而成比例增加的只有变动成本,而固定成本总额在相关的范围内是不变的。因此,单位总成本随销售量的增加而降低,单位利润随销售量的增加而提高。

同理,当销售量降低 50%,即降至 1 000 件时,单位总成本上升为 125 元,利润总额下降为 -25 000 元,下降幅度达到 350%。

三、边际贡献

从上述分析可以看出,当企业规模不变时,销售利润受销售量变动的影响。那么,是什么构成了这些变化关系? 从公式可知,销售利润与销售量的关系是与销售价格、变动成本分不开的,即一个既定规模的企业,其销售利润的高低取决于产品的售价、变动成本和销售量。

边际贡献(contribution margin)是指产品的销售收入超过其变动成本的金额。边际贡献首先应该用于补偿固定成本,补偿固定成本之后的余额,即为企业的利润。边际贡献有边际贡献总额和单位边际贡献两种表现形式。

图9-2描述了边际贡献状况。

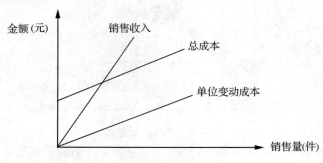

图9-2 边际贡献

边际贡献总额是指产品销售收入总额减去变动成本总额后的余额,其计算公式如下:

$$TMC = S - VC \qquad 公式9\text{-}3$$

式中:TMC 为边际贡献总额

S 为销售收入总额

VC 为变动成本总额

单位边际贡献是指产品的销售单价减去单位变动成本后的余额,其计算公式如下:

$$MC = P - VC \qquad 公式9\text{-}4$$

式中:MC 为单位边际贡献

P 为销售单价

VC 为单位变动成本

当天地制衣公司衬衫产销1 000件时,单位边际贡献与边际贡献总额可计算如下:

$$\begin{aligned} MC &= P - VC \\ &= 100 - 65 \\ &= 35(元) \\ TMC &= S - VC \\ &= 1\,000 \times 100 - 1\,000 \times 65 \\ &= 35\,000(元) \end{aligned}$$

当天地制衣公司衬衫产销2 000件时,单位边际贡献与边际贡献总额可计算如下:

$$\begin{aligned} MC &= P - VC \\ &= 100 - 65 \\ &= 35(元) \\ TMC &= S - VC \\ &= 2\,000 \times 100 - 2\,000 \times 65 \\ &= 70\,000(元) \end{aligned}$$

当天地制衣公司衬衫产销3 000件时,单位边际贡献与边际贡献总额可计算如下:

$$\begin{aligned} MC &= P - VC \\ &= 100 - 65 \end{aligned}$$

$$= 35(元)$$
$$TMC = S - VC$$
$$= 3\,000 \times 100 - 3\,000 \times 65$$
$$= 105\,000(元)$$

表 9-2 衬衫销量的边际贡献

单位:元

销量(件)	1 000	2 000	3 000
单位边际贡献	35	35	35
边际贡献总额	35 000	70 000	105 000

从以上计算可以看出,产销 2 000 件衬衫所提供的边际贡献总额 70 000 元,产销 3 000 件衬衫所提供的边际贡献总额 105 000 元,产销 1 000 件衬衫所提供的边际贡献总额 35 000 元,但边际贡献并非是天地制衣公司的销售利润,因为该公司的边际贡献总额首先要用来弥补其 60 000 元的固定成本总额,补偿固定成本后还有多余,才能为公司提供利润;否则,边际贡献总额不够补偿固定成本总额,则会出现亏损。而天地制衣公司的固定成本总额为 60 000 元,所以产销 1 000 件衬衫时,实际上天地制衣公司处于亏本状态。

边际贡献是反映企业产品盈利能力的一项重要指标,因此,当企业进行短期经营决策分析时,一般都以提供边际贡献总额最大的备选方案为最优。

第二节 盈亏临界点分析

一、盈亏临界点的基本概念

盈亏临界点也叫盈亏平衡点,是指企业经营达到不盈不亏的状态。企业的销售收入减去变动成本后所得到的边际贡献只有在补偿固定成本后出现了剩余,才能为企业提供一定的盈利,否则,企业就会出现亏损。当边际贡献刚好等于固定成本时,企业处于不盈不亏状态,图 9-3 描述了企业盈亏临界点的情况。盈亏临界分析就是研究企业恰好处于保本状态时本量利关系的一种定量分析方法,是确定企业经营安全程度和进行保利分析的基础,又称保本分析、损益平衡分析、盈亏平衡分析。

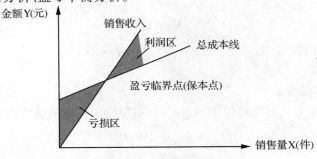

图 9-3 盈亏临界点分析

二、盈亏临界点分析实例

盈亏临界点分析,是指当产品的收入和成本相等时,即边际贡献(销售收入总额减去变动成本总额)等于固定成本时的状态分析。

它可以为企业对于此产品的经营决策提供关于在何种生产销售情况下企业将盈利,什么情况下企业会出现亏损;也可以提供关于在产量确定的情况下,企业降低多少成本,或增加多少收入才不至于亏损。

我们可以运用等式法和边际贡献法来进行盈亏临界点分析。

1. 等式法

等式法是指在本量利基本关系的基础上,根据保本点的定义,先求出保本量,再推算保本额的一种方法。当企业处于不亏不盈状态,也就是假设利润为 0,此时即为保本点。

$$O = (S_0 - VC) - F \qquad 公式9-5$$

式中:S_0 为保本销售额

　　　VC 为可变成本总额

　　　F 为固定成本

在保本点时的保本销售量为:

$$Q_0 = \frac{F}{P - VC} \qquad 公式9-6$$

式中:Q_0 为保本点销售量

　　　F 为固定成本

　　　P 为单价

　　　VC 为单位变动成本

由此可知天地制衣公司生产和销售衬衫的单位售价为 100 元,单位变动成本为 65 元,固定成本为 60 000 元,则保本点的销售量为:

$$Q_0 = \frac{60\ 000}{100 - 65} = 1\ 714(件)$$

2. 边际贡献法

边际贡献法也称变动成本加成定价法,即销售收入减去变动成本后的差额。在计算时仅考虑变动成本,不计算固定成本,而以预期的边际贡献补偿固定成本,从而获得收益的定价方法。

边际贡献法的原则是,产品单价要高于单位总成本。当企业处于保本点时,贡献总额和固定成本总额是相等的,即有

$$Q_0 = \frac{F}{MC} \qquad 公式9-7$$

式中:Q_0 为保本点销售量

　　　F 为固定成本

　　　MC 为单位边际贡献

利用边际贡献率来代替每单位贡献边际,则可以得出保本的销售额:

$$S_0 = \frac{F}{MCR} \qquad 公式9-8$$

式中：S_0 为保本点销售额

F 为固定成本

MCR 边际贡献率

图 9-4 为边际贡献图。

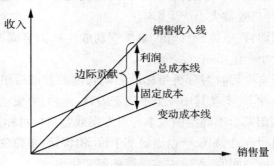

图 9-4　边际贡献图

天地制衣公司生产和销售衬衫的单位售价为 100 元，单位变动成本为 65 元，固定成本为 60 000 元，根据公式 9-7 和 9-8 可以计算出天地制衣公司生产和销售衬衫的保本点销售量和销售额，结果如表 9-5 所示。

表 9-5　衬衫保本点销售额及销售量

边际贡献率	35%
保本点销售额	171 428.57（元）
保本点销售量	1 714（件）

第三节　敏感性分析

▶▶ 一、敏感性分析原理

敏感性分析是指从定量分析的角度研究有关因素发生某种变化对某一个或一组关键指标影响程度的一种不确定分析技术。其实质是通过逐一改变相关变量数值的方法来解释关键指标受这些因素变动影响大小的规律。

敏感性分析的主要步骤为五步，分别为：

（1）确定敏感性分析指标。敏感性分析的对象是具体的技术方案及其反映的经济效益。因此，技术方案的某些经济效益评价指标，例如息税前利润、投资回收期、投资收益率、净现值、内部收益率等，都可以作为敏感性分析指标。

我们仍然以天地制衣公司为例，对于一家制造公司来说，它主要考虑的是利润，很显然他的敏感性分析指标为单价、销售量、单位变动成本和固定成本总额。

（2）计算该技术方案的目标值。一般将在正常状态下的经济效益评价指标数值，作为目标值。

（3）选取不确定因素。在进行敏感性分析时，并不需要对所有的不确定因素都考虑和计算，而应视方案的具体情况选取几个变化可能性较大，并对经济效益目标值影响作用较大的因素。例如：产品售价变动、产量规模变动、投资额变化等；或是建设期缩短，达产期延长等，这些都会对方案的经济效益大小产生影响。

对于天地制衣公司而言，单价、销售量、单位变动成本和固定成本总额这几个的变化都会对方案的经济效益大小产生影响。

（4）计算不确定因素变动时对分析指标的影响程度。若进行单因素敏感性分析时，则要在固定其他因素的条件下，变动其中一个不确定因素；然后，再变动另一个因素（仍然保持其他因素不变），以此求出某个不确定因素本身对方案效益指标目标值的影响程度。

对于天地制衣公司而言，比如说可以固定其单价、销售量、单位变动成本不变，那么如果想要达到一个确定的目标利润值，固定成本应该如何变化。

（5）找出敏感因素，进行分析和采取措施，以提高技术方案的抗风险能力。

二、相关因素临界值确定

影响利润的因素主要有单价、销售量、单位变动成本和固定成本总额。其中单价、销售量的变化会引起利润同方向的变动；单位变动成本、固定成本总额的变化会引起利润反方向的变动。下面分别确定各因素临界值，即由盈利转为亏损时各因素变化的界限。

天地制衣公司产销衬衫 2 000 件，单价为 100 元，单位变动成本为 65 元，固定成本总额为 60 000 元，原预计销售利润为 10 000 元。目前由于公司拓宽了销售渠道，公司销售的衬衫很受市场欢迎，现在管理层希望在现有基础上增加利润 100%，即达到目标利润 20 000 元。为了保证目标利润的实现，各个因素应当如何变动？（短期内公司最大的生产能力 3 000 件不变）

1. 销售单价临界点

因为销售单价是与利润同方向变动的，所以销售单价的临界值实际上是指单价的最小允许值。根据本量利分析的基本模型，可以确定销售单价的最小允许值应当为：

$$\text{单价} = \text{单位变动成本} + (\text{固定成本} + \text{目标利润})/\text{销售量}$$
$$= 65 + (60\ 000 + 20\ 000)/2\ 000$$
$$= 105(\text{元})$$

公式 9-9

上述计算表明，在其他条件不变的情况下，为了实现 20 000 元的目标利润，产品的单价应由原来的 100 元提高到 105 元。

2. 单位变动成本临界点

单位变动成本与利润是反方向变化的，因此单位变动成本的临界值是指单位变动成本的最大允许值。根据本量利分析的基本模型，可以确定单位变动成本的最大允许值应当为：

$$\text{单位变动成本} = \text{单价} - (\text{固定成本} + \text{目标利润})/\text{销售量}$$
$$= 100 - (60\ 000 + 20\ 000)/2\ 000$$
$$= 60(\text{元})$$

公式 9-10

上述计算表明,在其他条件不变的情况下,为了实现 20 000 元的目标利润,产品的单位变动成本应由原来的 65 元降低到 60 元。

3. 销量临界点

同单价一样,销量也是与利润同方向变动的,所以销量的临界值实际上也是指销量的最小允许值,即保本点。根据本量利分析的基本模型,可以确定销量的最小允许值应当为:

销售量 =(固定成本 + 目标利润)/(单价 − 单位变动成本)
　　　 =(60 000 + 20 000)/(100 − 65)　　　　　　　　公式 9-11
　　　 = 2 286(元)

上述计算表明,在其他条件不变的情况下,为了实现 20 000 元的目标利润,目标销售量应由原来的 2 000 件提高到 2 286 件。

4. 固定成本总额临界点

固定成本总额与单位变动成本一样,与利润是反方向变化的,因而固定成本总额的临界值是指固定成本总额的最大允许值。根据本量利分析的基本模型可以确定固定成本总额的最大允许值应当为:

固定成本 =(单价 − 单位变动成本)× 销售量 − 目标利润
　　　　 =(100 − 65)× 2 000 − 20 000　　　　　　　　公式 9-12
　　　　 = 50 000(元)

上述计算表明,在其他条件不变的情况下,为了实现 20 000 元的目标利润,固定成本总额应由原来的 60 000 元下降到 50 000 元。

通过上述敏感分析可以看出,只要有效地控制了各因素的变化范围允许值,就可以保证企业目标利润的实现。

5. 多因素同时变动的影响

以上所述是为了保证实现目标利润,分项逐一计算各有关因素所应采取的相应措施。事实上,这些措施不一定可行,并且各有关因素往往不是孤立存在的,而是相互制约、互为影响的。因此,当多种因素发生变动时,为了如实、客观反映实际情况,就要对各种因素的相互作用与其对利润的影响同时加以考虑,还需要综合计算各有关因素同时变动的影响。

若天地制衣公司计划将衬衫售价提高到 102 元,单位变动成本下降到 62 元,固定成本总额增加 3 000 元。为了实现利润 20 000 元,应销售多少件衬衫? 此时的保本点销售量是多少?

目标销售量 =[(60 000 + 3 000)+ 20 000]/(102 − 62)
　　　　　 = 2 075(件)

保本点销售量 =(60 000 + 3 000)/(102 − 62)= 1 575(件)

以上计算表明,当衬衫的售价提高、固定成本总额同时增加、单位变动成本降低时,保本点的销售量由原来的 1 714 件下降为 1 575 件,目标销售量由原来的 2 286 件下降为 2 075 件。

三、敏感系数

天地制衣公司生产和销售 T 恤,本年度销售量为 5 000 件,单价为 50 元,单位变动成本为 30 元,固定成本为 60 000 元。在对该款 T 恤的设计进行改进后,管理层预计明年新款的销售量、单价分别增长 10%、同时单位变动成本也将增长 10%,那么天地制衣公司的利润将会怎么变化?

销量、单价、单位变动成本和固定成本总额的变动都会引起利润的变动。如果这四个因素变动 1%,将会使利润变动多少? 这就是因素变动的敏感度。有些因素的单位变动会引起利润大幅的变动,这种因素被称为敏感性强的因素;反之,有些因素的单位变动,对利润的影响甚小,这种因素被称为敏感性弱的因素。通过敏感性分析,管理者可根据因素的敏感程度,对他们的重视程度也应有所区别。对敏感性强的因素,应当给予较多的关注,确保目标利润的完成;对于敏感性弱的因素则可不必作为分析的重点。

反映敏感程度高低的指标是敏感系数(敏感度)。计算公式如下:

$$敏感系数 = 目标值变动百分比 / 因素值变动百分比 \qquad 公式 9\text{-}13$$

本年度利润 = $5\,000 \times (50 - 30) - 60\,000 = 40\,000$(元)

天地制衣公司的销售量、单价、单位变动成本和固定成本的变动可以用敏感系数来表达:

$$销售量的敏感系数 = (单价 - 单位变动成本) \times 销售量 / 利润$$
$$= (50 - 30) \times 5\,000 / 40\,000 = 2.5 \qquad 公式 9\text{-}14$$

$$单价的敏感系数 = 单价 \times 销售量 / 利润$$
$$= 50 \times 5\,000 / 40\,000 = 6.25 \qquad 公式 9\text{-}15$$

$$单位变动的敏感系数 = -单位变动成本 \times 销售量 / 利润$$
$$= -30 \times 5\,000 / 40\,000 = -3.75 \qquad 公式 9\text{-}16$$

$$固定成本的敏感系数 = -固定成本 / 利润$$
$$= -60\,000 / 40\,000 = -1.5 \qquad 公式 9\text{-}17$$

表 9-8 敏感系数明细表

	目标销售量(件)	目标单价(元)	目标单位变动成本(元)	目标固定成本(元)	目标利润(元)	利润变化百分比	敏感系数
销售量的敏感系数	5 500				50 000	25%	2.5
单价的敏感系数		55			65 000	62.5%	6.25
单位变动成本的敏感系数			33		25 000	-37.5%	-3.75
固定成本的敏感系数				66 000	34 000	-15%	-1.5

▶▶ 四、管理决策的应用

天地制衣公司生产的三种产品的损益状况如表 9-9 所示。管理者发现衬衫的利润为 -6 700 元,这时,管理者考虑能否通过停产衬衫来提高公司的总体利润。

表 9-9 产品损益状况表

单位:元

	长裙	T恤	衬衫	合计
销售收入	10 000	18 000	20 000	48 000
变动成本	4 000	4 800	18 400	27 200
边际贡献	6 000	13 200	1 600	20 800
固定成本	2 750	4 500	8 300	15 550
利润	3 250	8 700	(6 700)	5 250

基于天地制衣公司的信息,管理者还需要考虑未来生产能力的两种可能情况。

1. 生产能力无法转移

生产能力无法转移是指亏损产品停产后,闲置下来的生产能力无法用于其他方面。

从上表中我们可以得出衬衫的边际贡献为 20 000 − 18 400 = 1 600,如果停止该产品的生产,则该企业会减少边际贡献收入 1 600 元,然而分配给该产品的固定成本却不会减少。反而由于衬衫的停产而导致长裙和 T 恤所需要摊销的固定成本的总额增加,此时企业不但不会因为衬衫的停产而增加利润,反而会减少 1 600 元的利润,因此此时不能停止衬衫的生产。我们通过图 9-5 可以更加直观地看出这一结论。

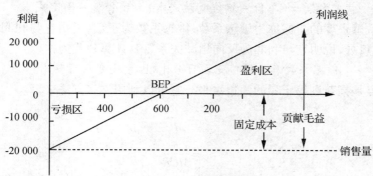

图 9-5 本量利分析

从图中我们可以看到产品边际贡献先是弥补企业的固定成本,当边际贡献小于产品固定成本时,企业发生了亏损;当边际贡献等于产品固定成本时,企业达到盈亏临界点,不发生亏损但也并不盈利;当边际贡献大于产品固定成本时,企业产生了利润。

由于本例不能转移生产能力,因此只要衬衫的边际贡献大于 0 便不应当停止生产。

2. 生产能力可以转移

生产能力可以转移是指亏损产品停产后,闲置下来的生产能力可以转移(出租或者生产其他产品)。

若天地制衣公司亏损产品停产后的设备可用于对外出租,或者直接用来生产皮衣。根据市场预测,生产皮衣可以实现销售收入 70 000 元,耗用材料,人工等变动成本 60 000 元;如果对外出租可获得租金收入 6 000 元。此时企业应当如何决策?

对外出租的边际贡献为 6 000 元。

转产皮衣的边际贡献 = 70 000 − 60 000 = 10 000 元

毛衣边际贡献为1 600元。

由于皮衣可实现的边际贡献(10 000)大于对外出租的边际贡献(6 000),所以应当停产毛衣,转来制造皮衣,这样可以使企业多获利8 400元。

在亏损产品是否停产的决策中,广泛地用到边际贡献的概念。在传统的会计理念中当一个产品的利润为负数时企业就应当停止生产。但是按边际贡献的理念,亏损产品是否停产要看边际贡献是否也为负数,也就是看销售收入能否弥补变动成本。如果销售收入高于变动成本,但不能完全收回固定成本,在企业现有资源条件不变的情况下,还应继续生产。因为如果停产,由于固定成本并不减少使得亏损不减反增。引入边际贡献指标有利于企业做出正确的决策。

本章小结

(1) 本量利分析是以成本习性分析和变动成本法为基础,对企业一定期内的成本、销售量、利润之间的依存关系所进行的分析。本量利基本关系式:
$$营业利润 = (单价 - 单位变动成本) \times 销售量 - 固定成本$$

(2) 反映敏感程度的指标称为敏感系数,敏感系数为正数,说明它与利润为同向增减关系,敏感系数为负数,说明它与利润为反向增减关系。其计算公式为:
$$敏感系数 = 目标值变动百分比 / 因素值变动百分比$$

(3) 保本点是指获利等于零的销售水平。它可以利用许多方法来算。
$$Q_0 = \frac{F}{MC}$$
$$S_0 = \frac{F}{MCR}$$

(4) 达到目标利润的销售量可以利用总固定费用加上目标利润除以单位贡献边际计算得出。

(5) 安全边际是指在一段期间内预计(实际)销售额和保本销售额之间的差额。它可以显示出目前销售水平高于保本销售额多少。

(6) 在生产多种产品的公司,保本销售额的计算是以公司总固定费用除以全公司的边际贡献率计算得出。

利用这个方法来计算保本点时必须假设销售组合是不变的。如果销售组合转移到低边际贡献率的产品时,达到任何利润水平都需要更高的销售额。

【关键词】

本量利分析　盈亏临界点　敏感性分析　安全边际

【思考题】

1. 什么是本量利分析?本量利分析一般有哪些假设?

2. 什么是盈亏临界点？盈亏临界点有哪两种表现形式？
3. 什么是安全边际？什么是安全边际率？这两个指标有什么作用？
4. 销售量、单位售价、单位变动成本、固定成本的变化分别对利润的变化有什么影响？比较利润对这些因素的敏感程度。
5. 如何计算多品种的盈亏临界点？举例说明其计算方法。
6. 敏感性分析在企业利润规划时是如何发挥作用的？

【练习题】

1. A 公司有单一产品，机制蓝的销售价格为每个 8 美元，变动成本为每个 6 美元。公司每个月的固定费用为 5 500 美元。要求：
（1）请用等式法和贡献边际法计算公司保本点的销售量。
（2）使用等式法和边际贡献率计算公司保本点的销售额。

2. 假设 A 企业为生产和销售单一产品，该产品单位售价为 80 元，单位变动成本 50 元，固定成本总额 60 000 元，预计正常销售量 4 000 件。要求：
（1）计算盈亏临界点销售量。
（2）计算安全边际及安全边际率。

3. B 公司生产销售两种产品，A100 型号和 B900 型号，两种产品销售额分别是 700 000 元和 300 000 元，边际贡献率为 60% 和 70%。公司每月固定费用总计 598 500 元。要求：
（1）在目前销售组合基础上计算公司的保利点。
（2）如果每月销售额增加 50 000 元，预计净经营利润会增加多少？你的假设是什么？

4. 已知：某公司生产甲、乙、丙三种产品，其固定成本总额为 19 800 元，三种产品的有关资料如下：

表 9-10 产品损益状况表

品种	销售单价（元）	销售量（件）	单位变动成本（元）
甲	2 000	60	1 600
乙	500	30	300
丙	1 000	65	700

要求：
（1）采用加权平均法计算该厂的综合保本销售额及各产品的保本销售量。
（2）计算该公司营业利润。

【案例分析】

"久久"酒业股份有限公司的本量利分析

"久久"酒业股份有限公司是一家传统的葡萄酒生产销售公司。1994 年之前，该公司是一家国有企业，直接接受某市的财政局控制。1994 年，为了增加公司活力，该市领导提出，对久久公司进行股份化改制。股份化改制后，该公司成了国有控股公司。该公司是一家全国性生产企业,在全国各地都有自己的销售分支机构。

2015年,该公司生产了1 000 000瓶葡萄酒,售出857 000瓶。全年完全开工的工作时数是8 640小时,完全开工的生产能力是1 200 000瓶。2015年久久牌葡萄酒的市场价格是35元。没有期末在产品。

为了保证葡萄酒的质量,该公司的葡萄酒生产是以葡萄汁为原料。2015年购入了250 000千克,每千克10元,另外辅材料,包括瓶子、瓶塞、卷标、外包装等,每瓶成本是5元。水电费支出为1 000 000元,其中50%与开工工时成正比。

生产部门总共有400个员工,各地的销售代表总共有80人左右。制造人员的工资总额中,平均基本工资是每年4 800元/人,其他主要是绩效工资,直接与工作量成正比,本年绩效工资支出总额是4 000 000元。每个销售人员的基本工资是4 800元/年,公司为了激励销售人员,给销售人员的提成是5%,就是说,每销售一瓶葡萄酒,销售人员提成35×5%=1.75元。各地的销售机构每年必须支付各种租金、办公用品开支等需要1 000 000元。高级管理人员的工资采用年薪制,2003年高级管理人员的年薪总额是500 000元,其他管理人员工资总数是760 000元。运输费用是每瓶0.8元。利息支出是700 000元,无资本化利息支出。广告费固定支出是每年2 500 000元。折旧费用是4 000 000元,全部计入制造费用,每年的研发费用是1 000 000元。假定不存在税法与会计上的所得税处理上的差异。消费税税率以7%计算。所得税税率为30%。下面是久久公司2015年度的利润表(单位:元)。

表9-11 久久公司2015年度利润表

单位:元

主营业务收入	29 995 000
主营业务成本	15 785 940
主营业务税金及附加	2 099 650
主营业务利润	12 409 410
营业费用	6 069 350
管理费用	2 260 000
财务费用	700 000
经营利润	3 380 060
所得税	1 014 018
净利润	2 366 042

要求:

(1) 依据上述的条件,编制久久公司2015年贡献式利润表。

(2) 计算久久公司的边际贡献率、盈亏临界点以及安全边际。

(3) 如果久久公司的控股股东的领导——该市财政局的领导认为,久久公司的净利润指标必须达到销售收入的10%。久久公司总经理应该采取什么措施?

第十章

成本与定价

 学习目的与要求

1. 了解成本分析决策的基本内容；
2. 了解定价决策的基本内容；
3. 掌握目标成本和目标定价的方法；
4. 熟悉定价的影响因素。

【案例导入】

鑫鑫公司是一家食品加工的大型企业，生产火腿罐头、鱼罐头等多种产品。其中，火腿罐头广受大众喜爱，是公司的主要产品，并且企业具有每月生产50万箱火腿罐头的生产能力。目前，每月生产和销售30万箱火腿罐头，零售价为60元/箱，每箱5罐。研发费用、设计费用和顾客的客服成本暂且不考虑。6月份，美源公司让鑫鑫公司就未来3个月内对其每月购入的15万火腿罐头进行报价。为从众多竞争对手中脱颖而出，既有竞争优势，又保证公司不亏损，鑫鑫公司应该报出怎样的价格呢？

成本是人们为了进行生产经营活动或达到一定的目的时必须耗费资源的货币表现。定价主要研究商品和服务的价格制定和变更的策略，以求得营销效果和收益的最佳。定价与成本之差是企业的利润，与企业的盈利密切相关，因而对二者的决策对企业来说往往至关重要。本章将围绕成本以及定价的相关决策进行阐述，并分析影响企业定价的因素。

第一节 成本分析决策

一、短期生产能力约束下的产品组合决策

当企业生产多个产品时,受短期内生产能力的约束,管理者需要分配每种产品的产能。产品组合决策,也就是关于用多少产量生产何种产品的决策。这些决策经常着眼于短期内企业的经营生产,管理人员必须根据市场的需要和企业现有的资源,合理安排,使得各种产品的生产量达到最优组合,以取得最佳的经济效益。

假设鑫鑫公司每天有 400 个机时可投入生产,最后能出售其全部的两种产品,短期内生产能力不变。已知,使用机器自动化加工组装一箱火腿肉罐头产品需 2.5 个机时(5 个/箱),生产加工组装一箱鱼罐头产品需 5 个机时(5 个/箱)。那么,生产的约束因素只有机时。

相关的资料如下表 10-1 所示。

表 10-1 产品的售价、成本、边际贡献

单位:元

	火腿肉罐头(箱)	鱼罐头(箱)
售价	60	80
单位变动成本	34	42.5
单位边际贡献	26	37.5
边际贡献率	26/60 = 43.3%	37.5/80 = 46.9%

单从单位边际贡献来看,生产鱼罐头产品的利润空间更大,然而,企业决定生产何种何量产品并不一定就是单位贡献毛益或贡献毛益率较高的产品。实际上,企业的管理者应当选择约束限制资源下单位边际贡献最高的产品。就本例而言,限制因素是机时,所以应当计算出单位机时贡献,如表 10-2 所示,当以机时为限制时,由于火腿罐头的边际贡献总额大于鱼罐头,所以应当选择火腿罐头。

表 10-2 机时限制下产品的边际贡献

	火腿罐头(箱)	鱼罐头(箱)
单位边际贡献	26 元	37.5 元
单位产品所需机时	2.5 机时	5 机时
单位机时边际贡献	10.4 元/机时	7.5 元/机时
400 个机时的边际贡献总额	4 160 元	3 000 元

二、作业成本制下的成本决策

鑫鑫公司除了制定关于生产何种何量的产品及产品组合决策外,还需要经常考虑制定是吸取更多的顾客还是放弃一部分顾客,是增加还是关闭某条生产线或某个经营分部的决策。

鑫鑫公司在 N 市有一个销售点——甲分公司,向三个零售商 A、B 和 C 供货。表 10-3 列示明年由顾客产生的预期收入和成本。其中,管理人工成本是随发货量的变化而变化,订单和运输费随订单数和运输次数而变化,营销费用随上门推销的次数而变化,甲公司根据各零售处的面积将固定办公费用分配到各处。鑫鑫公司的管理者需要考虑是否应该停止 B 的业务?

(一)放弃一个客户的相关收入和相关成本分析

表 10-3 甲公司的顾客盈利能力分析

单位:元

	零售商			合计
	A	B	C	
销售收入	540 000	300 000	400 000	1 240 000
产品销售成本	400 000	250 000	300 000	950 000
管理人工成本	40 000	20 000	25 000	85 000
管理设备折旧费用	12 000	8 000	10 000	30 000
租金	20 000	10 000	12 000	42 000
营销费用	14 000	8 000	10 000	32 000
订单和运输费	13 000	9 000	10 000	32 000
管理费用	20 000	10 000	15 000	45 000
已分配公司办公费用	12 000	5 000	8 000	25 000
合计	131 000	70 000	90 000	291 000
营业成本合计	531 000	320 000	390 000	1 241 000
营业利润	9 000	-20 000	10 000	-1 000

表 10-3 反映了对 B 的销售亏损了 20 000 元,现在考虑终止 B 业务对营业利润的影响。具体分析如下:终止与 B 的业务可以节省发生在 B 上的产品销售成本、管理人工成本、营销成本、订单成本和运输费用;终止与 B 的业务就意味着原来向 B 供货的仓库和设备将被闲置;但终止与 B 的业务并不影响固定管理费用和办公费用。表 10-4 第 1 列的计算结果表明,终止 B 业务引起的收入减少高于成本的节约。

表 10-4 终止 B 业务、增加 D 业务的相关收入和相关成本分析

单位:元

	终止 B 业务引起的收入减少和成本节约	增加 D 业务引起的收入增加和成本增加
销售收入	-300 000	300 000
产品销售成本	250 000	-250 000
管理人工成本	20 000	-20 000
管理设备成本作为折旧费一次冲销	—	-8 000
租金	—	—
营销费用	8 000	-8 000
订单和运输费	9 000	-9 000
管理费用		
已分配公司办公费用	—	—
合计	37 000	-45 000
营业成本合计	287 000	-295 000
营业利润	-13 000	5 000

需要说明的是,折旧属于过去成本,因此是不相关成本;租金、管理费用和办公费都是不相关的,因为终止 B 业务对其不产生影响。

2. 增加顾客的相关收入和相关成本分析

表 10-4 的第 2 列表明,增加 D 业务产生的增量收入高于增加的成本。所以甲公司应该增加 D 的业务。其中,租金、管理费用和办公费用是不受是否增加 D 业务影响的成本,属于不相关成本。但为 D 业务购买新设备的成本则是相关成本,反映在表 10-4 中就是作为折旧费 8 000 元一次冲销的成本。

值得注意的是,折旧费用在决定是否终止与 B 业务时是不相关成本,是过去发生的成本,但购买新设备的成本在增加与 D 的业务时就是相关成本。

3. 关闭或增设分公司或部门的相关收入与相关成本分析

鑫鑫公司同时还在考虑是否应当关闭甲销售处而增设另一个乙销售处,相关成本与相关收入分析如表 10-5 所示。

表 10-5 关闭甲销售处和增加乙销售处的相关收入和相关成本分析

单位:元

	关闭甲销售处引起的收入减少和成本节约	增加乙销售处引起的收入增加和成本增加
销售收入	-1 240 000	1 240 000
产品销售成本	950 000	-950 000
管理人工成本	85 000	-85 000
管理设备成本作为折旧费一次冲销	—	-30 000
租金	42 000	-42 000

续表

	关闭甲销售处引起的收入减少和成本节约	增加乙销售处引起的收入增加和成本增加
营销费用	32 000	-32 000
订单和运输费	32 000	-32 000
管理费用	45 000	-45 000
已分配公司办公费用	—	—
合计	236 000	-266 000
营业成本合计	1 186 000	-1 216 000
营业利润	-54 000	24 000

表10-5中的第1列列示的数据,可以分析得知,1 240 000元的收入减少高于1 186 000元的成本节约,结果导致营业利润减少了54 000元。第2列列示了增加乙销售处的相关数据。假设乙销售处的收入和成本与甲销售处的相同,而因为增设乙销售处可以增加营业利润24 000元。

三、线性规划

如果企业想要生产两种或两种以上的产品,应当怎样安排各种产品的生产量呢?这是每个管理者在生产决策中经常面临的需要解决的问题。

线性规划法是用来对具有线性联系的极值问题进行求解的一种数学方法。仍以鑫鑫公司为例,假设产品在销售前,需要经过组装和检测部门,且得知鱼罐头产品的原材料短缺,每天最多只能生产90箱鱼罐头产品,且企业仅具备每月生产50箱火腿罐头的生产能力。有关资料如表10-6所示。

表10-6　鑫鑫公司产品生产能力情况表

部门	生产能力（机时/天）	单位产品所用生产能力（机时）		最大日产量（箱）	
		火腿罐头	鱼罐头	火腿罐头	鱼罐头
组装	350	3	5	200	150
检测	100	1.2	1	140	280

表10-7　鑫鑫公司的经营数据

	部门生产能力（箱/天）		售价（元）	单位变动成本（元）	单位边际贡献（元）
	组装	检测			
只生产火腿肉罐头	200	140	60	34	26
只生产鱼罐头	150	280	80	42.5	37.5

步骤1:确定目标函数。使用线性规划设立目标函数一般就是营业利润最大化或是营业成本最小化。本例是要找到使边际贡献总额最大的产品组合。设火腿罐头产量为X,鱼罐头产量为Y,边际贡献总额用线性函数表示为:$TCM = 26X + 37.5Y$。

步骤2:确定约束条件。一般用线性不等式来表述一系列的约束条件。

a. 组装部门约束条件 $\quad 3X+5Y\leqslant 350$
b. 检测部门约束条件 $\quad 1.2X+1Y\leqslant 100$
c. 鱼罐头原材料约束条件 $\quad Y\leqslant 90$
d. 火腿罐头生产能力约束条件 $\quad X\leqslant 50$
e. 产量不为负 $\quad X\geqslant 0,Y\geqslant 0$

步骤3：计算最优解。如图10-1中三条实线分别表示 a、b 和 c 三个约束条件。阴影部分即是所有可行的产量组合。

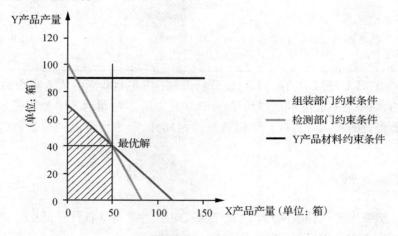

图 10-1　线性规划分析图

最优组合点就是生产50箱火腿肉罐头，40箱鱼罐头。

第二节　定价决策

一、短期的成本与价格

短期需求和供给条件决定了短期价格决策，常见的就是基于短期的特殊一次性订单，确定其相关成本的定价决策。

鑫鑫公司生产的火腿罐头深受消费者的喜爱，是公司的主要生产产品，火腿罐头的生产成本情况如表10-8所示，研发费用、设计费用和顾客的客服费用暂不考虑。6月份，鑫鑫公司收到美源公司每月15万箱火腿罐头的订单，会导致鑫鑫公司当期增加固定制造费用12万元，其中，材料采购费用5万元，加工费用7万元。

表 10-8 火腿罐头产品的单位变动成本和单位固定成本

单位:元

	单位变动成本	单位固定成本	合计
生产成本			
直接材料成本	10		10
直接人工成本	5		5
制造费用	2	7	9
包装物成本	3		3
总生产成本	20	7	27
营销成本	3	10	13
分销成本	5	4	9
产品全部成本	28	21	49

（一）特殊订单定价的相关成本

这里的相关成本是指当获取特殊订单后数额将发生变化的所有生产成本,即是所有直接和间接变动生产成本加上由这份订单所带来的原材料的额外采购成本和加工成本。其中,原有的固定的制造费用不属于相关成本,因为无论鑫鑫公司是否接受这份订单,这个成本不会改变。15 万箱火腿罐头订单的相关成本计算如下:直接材料费用为 150 000 × 10 = 1 500 000 万元;直接人工费用为 150 000 × 5 = 750 000 元;包装物成本为 150 000 × 3 = 450 000 万元;变动制造费用为 150 000 × 2 = 300 000 元;增加的固定制造费用包括材料采购 5 万元和加工费用 7 万元。以上加总得到总相关成本共计 312 万元,单位相关成本为 3 120 000 ÷ 150 000 = 20.8 元/箱。

因为每箱的相关成本为 20.8 元,所以鑫鑫公司的报价应当不少于 20.8 元/箱。例如,鑫鑫公司报价为 25 元/箱,则可使公司每月有(25 − 20.8) × 150 000 = 630 000 元的利润。当然,如果将这里的每箱 25 元与变动成本和固定成本那张图表里的每箱 27 元的总生产成本相比,觉得这样定价会使鑫鑫公司每箱损失 2 元。这样的比较是不合理的。因为,每箱 27 元的总生产成本中包含了 7 元/箱的固定制造费用,前面说过,固定制造费用与订单无关,不包含在相关成本之内。

（二）特殊订单定价的战略和其他因素

除了成本数据是公司决定报价需要考虑的因素外,竞争对手的报价也会影响公司的定价策略。一般说来,公司会尽可能地使报价高于产品的单位相关成本 20.8 元,而又低于竞争对手的报价。

假设鑫鑫公司认为美源公司将以比自己低的价格出售那批罐头产品,而消费者仅根据价格的高低来决定购买哪一家的产品。假如鑫鑫公司必须降价才能与美源公司竞争,那么报价决策的相关成本是否应该包括在对现有消费者的销售中丧失的收入?答案是肯定的,因为倘若向美源公司供货而使自己产品的价格降低,那么鑫鑫公司的报价就至少应该包括单位产品相关成本 20.8 元和因降低价格带来的现有销售额的损失。

二、长期的成本与价格

(一) 计算生产成本

鑫鑫公司要想赢得长期回报,就需要制定出一个在相当长时期内稳定的、可预见的价格。长期价格决策是一个战略性的决策,稳定的价格可以促使公司与供应商建立双方长期稳定的合作关系。要想得到稳定的价格并取得回报,公司的管理者就必须先要了解其长期向消费者供应产品的成本。

鑫鑫公司有一条专门的生产线 A 和专门设备机器 B,用以生产制造高档层次的水果罐头。公司的财务会计将其生产成本划分为两类,一是直接生产成本,包括直接材料、直接人工和直接机器成本(因为这是在一条专门的生产线上生产的);二是包含订货成本、检测成本的间接生产成本。

鑫鑫公司想要为这一款高档水果罐头制定一个长期价格。假定鑫鑫公司在 2013 年没有这款水果罐头的期初和期末存货,2013 年的生产和销售都是 20 万盒。有关生产成本的资料如表 10-9 所示。

表 10-9 2013 年水果罐头的单位生产成本

消耗的直接材料成本	95 元/盒	单位机时成本	11 元/机时
直接制造人工时间	0.8 小时/盒	单位订单成本	16 元/订单
直接制造人工成本	5 元/小时	检测成本	2 元/盒
机器 B 生产能力	300 000 小时	总订单数	50 000 份

核算其生产成本,如表 10-10 所示。

表 10-10 2013 年水果罐头的生产成本

	总生产成本(元)	单位生产成本(元/盒)
直接生产成本		
直接材料成本	19 000 000.0(①×200 000 盒)	95.0①
直接人工成本	800 000.0(②×200 000 盒)	4.0②
直接机器成本	3 300 000.0(③×300 000 小时)	11.0③
直接生产成本合计	23 100 000.0	115.5④
间接生产成本		
订货成本	800 000.0(⑤×50 000 份)	16.0⑤
检测成本	400 000.0(⑥×200 000 盒)	2.0⑥
制造费用合计	1 200 000.0	6.0⑦
总生产成本	24 300 000.0	121.5

其中,①来源于表 10-9"消耗的直接材料成本"95 元/盒;②根据表 10-9 的直接制造人工时间 0.8 小时/盒,而相关人工成本则是 5 元/小时,所以 5×0.8=4 元/盒的单位生产成本;③来源于表 10-9 中"单位机时"11 元/机时;④ = 直接生产成本合计÷水果罐头数量 = 23 100 000÷200 000 = 115.5 元/盒;⑤来源于表 10-9 中的"单位订单成本"16 元/订单;⑥来源于表 10-9"单位检测成本"2 元/盒;⑦ = 制造费用合计÷水果罐头数量 = 1 200 000÷

200 000 = 6 元/盒。

考虑鑫鑫公司研发成本、营销成本、分销成本以及客服成本以后，可以计算公司的全部成本以及所获的营业利润，具体结果列示在表 10-11 中。

表 10-11　2013 年水果罐头的盈利分析

单位：元

	总收入及总成本	单位收入及单位成本
销售收入	60 000 000.0	300.0
产品的生产成本		
直接材料成本	19 000 000.0	95.0
直接人工成本	800 000.0	4.0
直接机器成本	3 300 000.0	11.0
制造费用	1 200 000.0	18.0
总成本合计	24 300 000.0	133.5
营业成本		
研发成本	1 600 000.0	8.0
营销成本	8 000 000.0	40.0
分销成本	3 000 000.0	15.0
客服成本	4 000 000.0	20.0
营业成本合计	16 600 000.0	83.0
全部成本	40 900 000.0	216.5
营业利润	19 100 000.0	95.5

（二）其他长期定价方法

长期定价决策只要有两个出发点：一是以市场为基础；二是以成本为基础（又称成本加成）。

（1）以市场为基础的定价方法。以市场为基础的定价方法是立足于根据消费者的需求和竞争对手的反应，来制定相应的价格。在竞争很激烈的、有任何一家公司提供的服务或产品是同质的市场上，公司必须接受市场确定的价格。

（2）以成本为基础的定价方法。以成本为基础的定价方法是通过核算生产产品的成本，再考虑制定出怎样的价格才能弥补成本并取得公司所需的投资回报。

▶▶ 三、目标成本与目标定价

（一）目标成本法

目标成本，是指在新产品开发设计过程中为了实现目标利润而必须达成的成本目标值。其目的在于要在产品生命周期的研发及设计阶段设计好产品的成本，而不是试图在制造过程中再降低成本。

目标成本法，是一种以市价为主，以顾客需求为导向，以达到目标利润的在产品企划与设计阶段运用价值工程和各种市场研究、产品功能分析及成本分析等方法计算出目标成本的方法。目标成本法是以给定的竞争价格为基础来决定产品的成本,以保证实现预期的利润。这样,成本便由价格决定。其具体做法是:在产品企划与设计阶段就先做市场调查制定出目标价格,再根据企业中长期计划制定出相应的目标利润,最后以目标售价减去目标利润即为产品的目标成本,即以市场价格和企业的目标利润倒推出目标成本。

(二) 目标定价法具体步骤

(1) 设定目标价格。目标价格,是潜在顾客对某种产品或服务所愿意支付的价格。目标价格的估计是建立在了解消费者的认知价格和竞争对手反应的基础之上的。在日益激烈的竞争中,企业需要靠经营者主动地去把握市场,分析出适合自己产品的市场定位。

(2) 确定单位目标营业收益。在确定了目标价格之后,企业管理者需要计算出产品的单位目标营业收益,即企业希望通过每卖出一个单位产品所能赚取的营业利润。通常,管理者是根据企业目标的投资回报率来确定目标营业收益的。

(3) 确定单位目标成本。传统的成本法是根据企业生产成本附加一定的利润确定产品的销售价格,用公式表示就是:产品销售价格 = 产品成本 + 目标利润;而目标成本法确定产品价格的公式是:目标成本 = 目标销售价格 - 目标利润。所以在目标定价法下,产品的单位目标成本是倒推的结果。这里的单位目标成本指的是在价值链上与成本对象相关的全部成本,包括研发成本、设计成本、生产成本、营销成本、分销成本和客服成本等。

(4) 通过价值工程来实现目标成本。一旦目标成本被确定,公司应该采用价值工程法确定目标成本的各个组成部分。

价值工程,是指对价值链中业务职能的各个方面进行系统的评估,其目的在于在满足顾客需要的同时有效地降低成本。在实施价值工程前,管理者必须区分增值作业及其成本与非增值作业及其成本。增值成本,是指一种成本,如果省去,将会减少消费者从产品或服务中实际感受到的或实际的附加价值或效用。非增值成本,是指一种成本,如果省去,不会减少消费者从产品或服务中实际感受到的或实际的附加价值或效用,即是一种消费者不愿意承担的成本。价值工程就是要在维持必要的增值作业的同时,尽可能降低非增值作业。

例如,从生产流程来看水果罐头产品的增值作业和非增值作业,如表10-12所示。

表 10-12 水果罐头的增值作业和非增值作业

流程/作业	增值作业	非增值作业
产品设计	√	
安装调试		√
等待 搬运		√
加工	√	
维修		√
存储 检验		√
运货	√	

总的来说,目标定价法就是先定价格,再定利润,倒推定成本,最后由价值工程法来实现目标成本。

（三）方法运用——以鑫鑫公司为案例

步骤1：市场调研，开发迎合顾客需求的产品。鑫鑫公司目前在对市场进行详尽调查后发现，一个产品的细分市场——健康、适合儿童口味的、包装精美时尚的中高端小蛋糕——被忽视了。鑫鑫公司决定入手开发出这类产品。

步骤2：制定目标价格和所期望的目标利润。鑫鑫公司预计的单位目标价格是200元，年销售量是18 000个，管理层期望从销售收入中得到10%的目标营业利润。

步骤3：倒推出单位目标成本。

总目标收入 = 200 × 18 000 = 3 600 000元

总目标营业利润 = 3 600 000 × 10% = 360 000元

单位目标营业利润 = 360 000 ÷ 18 000 = 20元/个

单位目标成本 = 200 - 20 = 180元/个

四、成本加成法

成本加成法是以成本为基础的定价策略。最常见的成本加成公式是在成本之上再加上一个加成额，得到厂商期望的售价。加成额取决于企业的投资回报率，加成额一般随消费者和竞争对手的行为变化而变化，而非一成不变。

鑫鑫公司还生产"温馨"系列高档结婚喜糖产品，喜糖的投入额为8 000万元，生产喜糖200 000盒，喜糖的单位成本列示在表10-13中，企业的目标投资回报率是20%。

步骤1：确定产品的单位成本。管理人员根据与成本对象相关的价值链来确定单位产品的成本，这些成本包括研发设计成本、生产成本、营销成本、分销成本和客服成本等。根据案例描述可知喜糖的单位全部成本为204.5元。

步骤2：确定产品的加成率。一种方法是根据目标投资回报率来确定产品的加成率。假定鑫鑫公司的目标投资回报率是20%，对"温馨"系列高档结婚喜糖产品的投入额为8 000万元。那么目标营业利润总额为80 000 000 × 20% = 16 000 000元，单位目标营业利润总额为16 000 000 ÷ 200 000 = 80元，所以加成率为80 ÷ 204.5 × 100% = 39.1%。

步骤3：确定成品的期望售价。成本基础 + 加成额 = 期望售价。

注意：勿把目标投资报酬率与成本加成率混淆。

很明显，与目标定价法相比，成本加成定价法是一种基于信息流从内向外传递的定价模式。即先定成本，再定利润，最后决定价格。

五、生命周期法

（一）生命周期

从企业成本管理的角度而言，产品生命周期是指某种产品从最初的研发到不再向顾客提供服务，在市场上消失为止的整个时期跨度。这一过程可以分为导入期、成长期、成熟期和衰退期四个阶段。

导入期：产品刚设计研发完，投放市场。由于较高的研发支出以及广告费等营销费用，其成本比较高,价格也相应制定得较高。

成长期:在这个阶段产品的销售数量快速上升,产品品种也相应增加,竞争增加。

成熟期:销售量和销售额继续上升,但上升的速度放缓。产品品种减少,产品差异化不再重要,竞争优势来自成本、产品质量和功能。

衰退期:销售额开始下降,竞争者数量减少,相应退出市场。

值得说明的是,并非所有产品都遵循这个产品生命周期。有些产品导入速度快;有些产品经历了很长的成熟阶段;还有些产品进入衰退阶段后,凭借强有力的促销活动和重新定位又回到了成长阶段。产品生命周期概念可以用于描述一个产品类别(汽车)、一种产品形式或者一个品牌。产品生命周期概念在每种情况下的应用方法不同。产品类别的生命周期最长,许多产品类别的销售能在成熟阶段停留很长时间。相比之下,产品形式趋于标准的产品生命周期形态。

(二)生命周期预算和定价决策

运用生命周期预算,管理人员可以估计分配给每一种产品的收入和单独的价值链成本(从研发到最终客服和支持)。生命周期定价法就是在产品的整个时间跨度中,基于价值链上所有成本而确定的价格。以下例来说明此方法。

假设鑫鑫公司开发生产的一系列水果罐头的生命周期是 5 年,其在生命周期内的预算数据如表 10-13 所示。

表 10-13 水果罐头产品不同生命周期内的成本

单元:元

第 1—2 年	总固定成本	
研发成本	250 000	
设计成本	150 000	
第 3—5 年	总固定成本	单位变动成本
生产成本	120 000	30
营销成本	60 000	22
分销成本	40 000	12
客服成本	80 000	25

该公司的管理层预测了 3 种价格和对应的销售量,并依此制订了 3 种不同的方案。具体的生命周期预算如表 10-14 列示。

表 10-14　鑫鑫公司水果罐头生命周期收入及成本预算

单位：元

方案	3 种可供选择的价格/销量组合		
	第 1 种	第 2 种	第 3 种
单位产品售价	300	450	600
销量（罐）	6 000	5 000	2 500
生命周期收入	1 800 000	2 250 000	1 500 000
生命周期成本			
研发成本	250 000	250 000	250 000
设计成本	150 000	150 000	150 000
生产成本	300 000	270 000	195 000
营销成本	192 000	170 000	115 000
分销成本	112 000	100 000	70 000
客服成本	230 000	205 000	142 500
合计	1 234 000	1 145 000	922 500
生命周期营业利润	566 000	1 105 000	577 500

其中，生产、营销、分销和客服成本等于上表中对应的总固定成本加上单位变动成本与各方案销量的乘积。例如，第 1 种方案的生产成本 = 120 000 + (30 × 6 000) = 300 000 元。

由表 10-16 可知，选择方案 2 能使生命周期营业利润达到最大。管理者们最终会将实际发生成本与预算的生命周期成本进行比较，由此获得信息，进而做进一步决策。

（三）生命周期预算和成本制度的运用

生命周期预算与目标价格和目标成本密切相关。例如一些汽车行业，产品的生命周期很长，在研究设计阶段，总生命周期成本的很大部分都被锁定了，这些设计策略也可能会影响多年的成本。

生命周期预算的一种提法是运用到环境成本管理中。在产品设计阶段，环境成本已经被锁定。因为为避免环境责任，企业要在产品的整个生命周期降低和防止污染。另一种提法就是顾客生命周期成本，即把重点放在顾客从获得产品或服务到该产品或服务被取代这一期间之内的总成本。仍以汽车行业为例，顾客生命周期成本包括一辆汽车的买价，加上使用期内的运行维护费用，最后减去汽车处理价格。

第三节 定价的影响因素

一、内部影响因素

（一）成本

成本是构成产品价格的基本因素。一般说来，企业制定产品的价格不仅需要保证生产和销售过程中所有的耗费得到补偿，同时也要保证企业必要的利润。成本是影响定价策略的重要因素，是企业制定价格的底线。

成本是企业生产和销售产品所发生的费用的总和。企业的成本按成本形态分为两类：固定成本和变动成本。固定成本是指在相关范围内，其成本总额不随业务量增减变动而发生任何数额变化的成本。例如厂房和设备的租赁费、保险费、管理人员工资以及办公费等等。其中，按是否受到管理当局短期决策行为的影响，将固定成本进一步细分为约束性固定成本和酌量性固定成本。变动成本是指在相关范围内，总额随业务量增减变动而成正比例变动的那部分成本，如生产产品需要耗用的材料、人力等。总成本就是在一定产出水平上，固定成本和变动成本之和。企业必须谨慎地控制成本，使得产品的定价可以弥补在一定产出水平下的总生产成本。低成本的企业可以制定低价策略，取得竞争优势，从而提高销量和利润；如果企业较竞争对手来说，生产和销售的成本高，那么该企业就必须制定高价策略，否则就会陷入竞争劣势，获得的利润较少。

若企业立足于长远发展，产品价格制定的标准应该是等于总成本加上企业预期获取的利润，否则企业在无利可图下也就不会再继续生产该产品。若只从短期来看，企业应分析成本结构以确定产品价格，即产品价格必须高于平均变动成本。企业要随时掌握盈亏情况，为企业的经营努力和风险赚取合理的投资回报。

（二）营销组合策略

由于价格是营销组合的因素之一，所以定价策略也必须与产品的整体设计、分销和促销策略相匹配，形成一个协调的营销组合。例如，为了使中间厂商乐于经营企业的产品，就需要在价格中包含较大的折扣，使得中间商有更大的利润空间。

通常，企业利用价格给产品定位，然后调整其他营销组合策略，这时候，价格就是关键的产品定位要素。现在很多企业使用"目标成本"的方法：以给定的竞争价格为基础决定产品的成本，以保证实现预期的利润。即首先确定顾客会为这项产品或是服务付多少钱，然后再对成本进行严格把控，生产设计能够产生企业期望的利润水平的产品或服务。

二、外部影响因素

（一）需求因素

成本决定着产品定价的最低底线，而市场需求即产品的供给与需求之间的关系则影响着产品的定价的最高限度。当产品的市场需求旺盛,即所谓的供不应求时,产品价格就可以随之向上浮动;当产品供过于求时,大量产品滞销,价格也不得不随之下降。供求关系影响价格,反过来,价格变动也影响着市场需求数量,从而影响销售量。所以,企业在制定产品价格之前,必须要了解价格变动对市场需求的影响程度。

需求与价格的关系可以简单地用市场需求潜力和需求价格弹性系数来反映。市场需求潜力是指在一定的价格水平下,市场需求可能达到的最高水平。需求价格弹性是指在其他条件不变的情况下,某种产品的需求量随其价格的变动而随之变动的程度。需求弹性系数=需求量变动百分比/价格变动百分比。需求弹性大的产品,其价格的制定和调整对市场需求影响大;反之,则小。

(二)竞争因素

产品市场竞争的激烈程度不同,对定价的影响也不同。按照市场竞争程度,划分为完全竞争市场、不完全竞争市场、寡头市场和完全垄断市场四种情况。

(1)完全竞争市场。完全竞争也称自由竞争,大量的购买者和销售者交易相同的产品,如小麦、金融证券等。由于是同质的产品,企业可以自由地选择产品生产,买卖双方都能获得充分的市场信息。所以在此情况下,无论买方还是卖方都是价格的接受者,他们都无法影响现有的市场价格。

(2)垄断竞争市场。在垄断竞争市场结构下,市场有许多购买者。因为销售者能为购买者提供不同的产品,所以销售者可以制定不同的价格。同样,当消费者意识到了产品的差异,就愿意为产品的差异支付不同的价格。

(3)寡头市场。在寡头市场结构下,市场内销售者很少,购买者对相互之间的定价和营销策略十分敏感。产品可能相同,如钢铁、铝等;产品也可能存在差异,如汽车和计算机。如果一家生产铝的公司降价10%,购买者会很快地专项购买这家公司的铝。因此,其他铝公司必须做出反应,降低价格或者提高服务质量。一家寡头公司难以预测降价会给它带来什么后果,然而,如果一家寡头公司提高价格,竞争者可能不会跟着提价。这时候,这家寡头公司就必须放弃提价或冒着顾客流逝的风险提价。

(4)完全垄断市场。在完全垄断市场下,市场只有一个销售者,这个销售者可能是一个政府垄断者,也可能是一个受管制的私有垄断者。交易的价格和数量由垄断者单方面决定,但在不同的情况下,垄断者的定价策略是不同的。一家政府垄断者可以追求多种定价目标,它可以制定比成本低的价格,因为该产品对于那些支付不起总成本的购买者十分重要;或者它可以制定兼顾弥补成本和获取可观利润的价格;它甚至可以制定很高的价格,以缓解消费热潮。

(三)产品的市场生命周期因素

产品的市场生命周期包括导入期、成长期、成熟期和衰退期四个阶段。不同阶段下,产品的定价策略也不尽相同。

在导入期,由于产品刚开始投入生产,技术还不完全成熟,市场也没有完全打开。这个时期的产品价格,既要补偿相对较高的成本,又要可以被市场接受。在成长期,产品逐渐开始大量生产销售,技术越来越熟练,需求急剧增长也占据了一定的市场和消费者。企业要想进一步开拓市场,扩大市场占有率,此阶段可以根据市场需求状况和消费者对产品的感觉差异来确定价格,即顾客导向定价法,又称市场导向定价法。在成熟期,该企业的产品经过成长期之后在市场上具有了一定的知名度,追随的消费者人数增多,市场需求也趋于饱和,所以应当采取竞争定价策略,通过降价来保持销量。在衰退期,原有产品已经老旧,面临淘汰,消费者需求也已经转移,产品销量下降速度快,市场开始萎缩,竞争者相继退出市场。产品的直接成本成为了决定性的因素。如果产品的直接成本高于或接近于市场价格,企业就应该坚定地退出市场。

（四）其他环境因素

首先,国家的政策法规因素,比如国家对烟、酒行业进行征税,对农产品进行补贴的政策。一旦政府介入,就需要考虑政府的税收和补贴对产品价格的影响。其次,经济环境因素,例如经济繁荣或萧条、利率变动和通货膨胀等经济因素,都会影响产品定价策略。再次,科学技术因素,随着新工艺、新技术、新材料的开发和运用,势必会形成新的产业结构,从而影响市场竞争形式和厂商的定价策略。

本章小结

成本是综合反映企业工作质量的重要指标,是制定产品价格的一项重要因素,也是企业进行诸多决策的重要依据。管理大师彼得·德鲁克曾经说过:"在企业内部,只有成本。"可见,每个企业管理者都需要通过对成本的计划、控制以及分析等来加强经济核算,目的在于降低成本,提高经济效益。

本章主要介绍了关于成本定价的有关内容。在成本定价方法中,主要介绍了五种方法,并通过具体例子说明了不同定价方法和决策能解决的问题;在成本分析中,线性规划法需要结合数学中的联立不等式方程来画图的方法,解决生产组合最优解的问题。除了上述介绍的定价策略外,还有心理定价策略、额折扣定价策略等。

【关键词】

成本　成本定价　目标定价法　成本加成法　成本分析线性规划

【思考题】

1. 成本分析决策的基本内容有哪些?
2. 目标决策的基本内容有哪些?
3. 定价有哪些影响因素?

【练习题】

1. 鑫鑫公司希望通过成本定价法为其新产品制定价格。鑫鑫公司预计明年该产品的销售量为 10 000 件,单位全部生产成本为 300 元。该产品的投资额为 2 000 万元。鑫鑫公司的目标投资回报率为 20%。该产品的成本加成率是多少?

2. 鑫鑫公司预计以 50 元的单位目标价格销售 10 000 件产品。该产品的目前全部成本是每单位 60 元。如果鑫鑫公司希望实现 20% 的经营毛利。其单位目标成本应为多少?

3. 某厂的甲产品全年预计正常的产量为 10 000 件,单位变动成本 4 元,其中原材料 2 元,直接人工 1 元,变动制造费用 0.5 元,变动销售及管理费用 0.5 元,固定成本总额 35 000 元,预期利润 15 000 元,则其加成率和产品单价分别是多少?

4. 鑫鑫公司生产甲产品,有 A、B、C 三种方案可供选择,其成本资料见表 10-17 所示。那种生产方案最优?

表 10-17　A、B、C 方案成本

单位:元

方案	专属固定成本	单位变动成本
A	1 000	4
B	600	6
C	500	10

【案例题】

爱乐集团是某国最大的餐饮集团,主营快餐。近期,爱乐集团与三家鸡肉供应商签署了意向协议,首次以"成本定价"的全新模式,在未来的三年时间内采购鸡肉 35 万吨,总金额超过 60 亿元人民币。此次协议的签订,能够保证爱乐集团获得长期、稳定、优质的鸡肉供应。同时,该合作也促进该国鸡肉供应商的健康发展。相对于价格较为稳定的鸡饲料市场,鸡肉市场的价格波动幅度大。除 2008 年年底受金融危机的影响市场萧条,鸡肉价格短期内大幅下降,之后由于市场供应不足、货源紧俏,鸡肉价格又迅速上升形成一个"V"字。

爱乐集团与三家鸡肉供应商签订的合作协议具体内容是:采取"3 年长期承诺 + 成本定价"的模式,确保三年内,三家供应商以"成本定价"的价格向爱乐集团供应 35 万吨鸡肉。鸡肉供给价格和鸡饲料的成本挂钩,其中鸡饲料主要成本为玉米和豆粕。也就是说,"成本定价"模式下的采购价格以鸡饲料的市场价格为基础价格,再定期根据饲料的市场价格变动情况调整鸡肉原料的成本价。"定期"调整以 6 个月为一个周期。

要求:

(1) 爱乐集团采用成本加成定价的原因是什么?

(2) 爱乐集团采用成本加成定价的优势和劣势是什么?

第十一章

成本计量方法与业绩、产量分析

学习目的与要求

1. 区别吸收成本法和变动成本法的异同；
2. 了解产量的含义；
3. 理解产量选择的影响和管理。

【案例导入】

大众制衣公司是一家专门从事服装生产的中型公司，其成本与其一定期间内的产量存在密切的关系。企业在选择不同成本计量方法的情况下，产量水平会在一定程度上影响营业利润和产品的成本。因此，合理地选择成本计算方法和产量计算方法，会对公司在日益激烈的市场竞争中获取更多的利益产生更多的作用。

这一章节主要介绍了成本计量方法和产量的选择对业绩的影响。企业选择不同成本计量方法，会最终导致营业利润有较大差异。在管理者的业绩评估与营业利润挂钩的情况下，研究运用何种成本计量方法具有重要的意义。同时确定准确的产量水平是管理者面临的战略性决策之一，产量的预估与企业的长期发展息息相关，产量过剩和产量不足都不利于公司的发展。

第一节 产量与存货成本

一、吸收成本法和变动成本法

吸收成本法也称为完成成本法,是在计算存货成本时,将包括直接材料、直接人工、变动制造费用和固定制造费用的所有成本都包含在内,可以说,存货"吸收"了全部生产成本,而期间成本将对应于非生产成本,是一种会计模型对存货进行估价以及计算全部生产成本进行解释。在这种方法下进行成本计算时,产品的成本中除了正常生产过程消耗的直接材料、直接人工和变动制造费用,还包含了固定制造费用。因此,对固定制造费用和产品生产过程中消耗的直接材料等费用一样,聚集在产品成本上,并在产品的流转进行结转,因此不管是本期已销售的产品还是期末的存货,都是具有完全相同的成本组成的。吸收成本法主要目的是为估价存货、确定损益和制定价格提供有效的办法和可靠的依据。

变动成本法也称为直接成本法,是在计算存货成本时,仅将不变的费用计入产品成本,例如:产品生产中的直接材料、直接人工、变动制造,而对固定制造费用和非制造成本作为期间费用,计入当期损益。变动成本法的理论依据是:固定制造费用为企业提供一定的生产经营条件,而对产品的实际产量没有直接关联,在一定范围内,既不会由于业务量的提高而增加,也不会因业务量的下降而减少。所以,固定制造费用不会计入产品成本,而会作为期间费用处理。

在变动成本法或者吸收成本法任何一种方法下,存在的变动生产成本都应纳入存货成本。而非生产成本(研发成本/营销成本),无论是变动成本或固定成本,都应作为当期成本,在发生时计入费用。这两种方法的区别在于对固定生产成本的会计处理有所不同,说明如下:

(1)在变动成本法下,固定生产成本计入当期损益。

(2)在吸收成本法下,固定生产成本视为可计入存货成本。

大众公司,全年总计生产 2 500 件,每件的直接材料为 30 元,直接人工为 10 元,变动制造费用为 25 元,公司当年固定制造费用为 60 000 元。在不同的成本法下,单位产品成本如表 11-1 所示。

表 11-1 单位产品成本计算表

单位:元

成本项目	变动成本法	吸收成本法
直接材料	30	30
直接人工	10	10
变动制造费用	25	25
固定制造费用	—	24
产品单位成本	65	89

二、成本计量方法与业绩

表 11-2 是 2017 年大众制衣公司生产的服装在变动成本法下(表 A)和吸收成本法下(表 B)的损益表。利用贡献毛益时的形式计算变动成本法下的损益表。利用销售毛利计算形式计算吸收成本法下的损益表。两种方法在形式上有何不同的差异呢？变动成本法是区别变动成本和固定成本的核心，而贡献毛益形式则使这一区别更加显著。与此类似，吸收成本法是区别生产成本和非生产成本的核心，而销售毛利形式又使这一区别更加显著。

表 11-2　比较变动成本法与吸收成本法：大众制衣公司 2017 年某服装生产线损益表

单位：元

表 A：变动成本法		
收入：150 × 600 单位		90 000
变动成本		
初期存货	0	
变动生产成本：30 × 800 单位	24 000	
可供销售的生产成本	24 000	
减：期末库存：30 × 200 单位	−6 000	
变动产品销售成本	18 000	
变动营销成本：28.5 × 600 单位	17 100	
变动成本差异调整	0	
变动成本合计		35 100
贡献毛益		54 900
固定成本		
固定生产成本	18 000	
固定营销成本	16 200	
固定成本差异调整	0	
固定成本合计		34 200
营业利润		20 700
表 B：吸收成本法		
收入：150 × 600 单位		90 000
变动成本		
初期存货	0	
变动生产成本：30 × 800 单位	24 000	
固定生产成本：22.5 × 800 单位	18 000	
可供销售的生产成本	42 000	
减：期末库存：(30 + 22.5) × 200 单位	−10 500	
生产差异调整	0	
产品销售成本		31 500

续表

表 B:吸收成本法	
销售毛利	58 500
营业成本	
变动营销成本:28.5×600 单位	17 100
固定营销成本	16 200
营销成本差异调整	0
营销成本合计	33 300
营业利润	25 200

变动成本法下的损益表使用贡献毛益形式,将变动成本与固定成本分开表示。这一形式将当期花费的固定制造费用突出显示。吸收成本法下的损益表使用销售毛利形式,将生产成本与非生产成本进行区别。吸收成本法下的损益表不需要区分变动成本和固定成本,而大众制衣公司损益表将变动成本与固定成本分开列示,这是为了区分变动成本法与吸收成本法在项目归类上的不同。表 11-2 的表 B 是吸收成本法下的损益表,其中可计入存货成本为每单位产品 52.5 元,包括固定生产成本 22.5 元和变动生产成本 30 元。

表 11-2 是变动成本法与吸收成本法下对固定生产成本的不同会计处理方式。在变动成本法下,18 000 元被作为费用进行扣除。而在吸收成本法下,每单位产成品都加入了 22.5 元的固定生产成本,18 000 元(22.5 元/单位×800 单位)始终计入存货的成本。根据已有的信息,18 000 元中有 13 500 元(22.5 元/单位×600 单位)会变为产品销售成本的部分,而 4 500 元(22.5 元/单位×200 单位)仍是资产,成为 2017 年 12 月 31 日期末存货的一部分。吸收成本法下的营业利润比变动成本法高出 4 500 元,这是因为在吸收成本法下计入费用的固定生产成本只有 13 500 元,而在变动成本法下计入了费用的固定生产成本是 18 000 元。有两个内容区分了销售毛利与贡献毛益:(1)固定生产成本;(2)变动生产成本。在吸收成本法下,计算销售毛利时,售出产品的固定生产成本计入费用;而在变动成本法下,全部固定生产成本在计算完贡献毛益后才计入费用。

每单位产生 30 元的变动生产成本在表 11-2 中也用了同样的方式进行说明。

以上所述可以总结如表 11-3:

表 11-3 变动成本法与吸收成本法下生产成本的不同处理方式

	变动成本法	吸收成本法
变动生产成本每件服装 30 元	可计入库存	可计入库存
固定生产成本每年 18 000 元	作为当期费用扣除	每单位中有 22.5 元可计入存货成本,以年产 800 单位的预算基准水平为基础

固定生产成本如何处理将作为标准来区别变动成本法与吸收成本法,而其他问题都不能作为判断标准。若是存货水平变了,由于对固定生产成本的会计处理不同,两种方法下的营业利润也会有不同。在 800 单位的产出水平下,举例分别讨论在 600 单位、700 单位和 800 单位三种不同的销售情况。对于 18 000 元的总固定生产成本,2017 年损益表的费用项为:

在变动成本法下:

- 当销售量为 600 单位、700 单位或 800 单位时,18 000 元总固定成本全部计入费用。

在吸收成本法下:
- 当销售量为 600 单位、存货为 200 单位时,4 500 元(22.5 元 × 200)计入存货成本,15 000元(18 000 元 - 30 000 元)计入费用。
- 当销售量为 700 单位、存货为 100 单位时,2 250 元(22.5 元 × 100)计入存货成本,15 750元(18 000 元 - 2 250 元)计入费用。
- 当销售量为 800 单位、存货为 0 时,0 元(15 元 × 0)计入存货成本,18 000 元(18 000 元 - 0 元)计入费用。

三、成本计量方法与业绩差异

表 11-2 所示的大众制衣公司的例子涉及一个会计年度。我们现在将考虑 3 个会计年度。在 2015 年和 2016 年中,大众制衣公司某服装的实际产量与用来计算单位预算固定生产成本的 800 单位的预算产量有所不同,因此出现产量差异。这两年的实际销售量分别与当年的预算销售量相同,如表 11-4 所示。

表 11-4 2015—2017 年大众制衣公司产、销、存情况表

	2015 年	2016 年	2017 年
期初库存	0	200	50
产量	800	500	1 000
销售量	600	650	750
期末库存	200	50	300

注:2015 年及 2016 年的其他数据沿用 2017 年数据。

表 11-5 变动成本法与吸收成本法的比较:大众制衣公司 2015—2017 年某服装产品线损益表

单位:元

表 A:变动成本法	2015 年	2016 年	2017 年
收入: 150 元 × 600;650;750 单位	90 000	97 500	112 500
变动成本			
初期存货: 30 元 × 0;200;50 单位	0	6 000	1 500
变动生产成本: 30 元 × 800;500;1 000 单位	24 000	15 000	30 000
可供销售的生产成本	24 000	21 000	31 500
扣除期末库存: 30 元 × 200;50;300 单位	-6 000	-1 500	-9 000
变动产品销售成本	18 000	19 500	22 500
变动营销成本: 28.5 元 × 600;650;750 单位	17 100	18 525	21 375

续表

表 A：变动成本法

	2015 年	2016 年	2017 年
变动成本差异调整	0		
变动成本合计	35 100	38 025	43 875
贡献毛益	54 900	59 475	68 625
固定成本			
固定生产成本	18 000	18 000	18 000
固定营销成本	16 200	16 200	16 200
固定成本差异调整	0	0	0
固定成本合计	34 200	34 200	34 200
营业利润	20 700	25 275	34 425

表 B：吸收成本法

	2015 年	2016 年	2017 年
收入： 150 元 × 600；750；1 000 单位	90 000	112 500	150 000
产品销售成本			
期初存货： 52.5 元 × 0；200；50 单位	0	10 500	2 625
变动生产成本： 30 元 × 800；500；1 000 单位	24 000	15 000	30 000
固定生产成本： 22.5 元 × 800；500；1 000 单位	18 000	11 250	22 500
可供销售的产品成本	42 000	36 750	55 125
扣除期末存货： 52.5 元 × 200；50；300 单位	−10 500	−2 625	−15 750
生产差异调整	0	6 750	−4 500
产品销售成本	31 500	40 875	34 875
销售毛利	58 500	71 625	115 125
营业成本			
变动销售成本： 28.5 元 × 600；650；750 单位	17 100	18 525	21 375
固定销售成本	16 200	16 200	16 200
营业成本差异调整	0	0	0
营业成本合计	33 300	34 725	37 575
营业利润	25 200	36 900	77 550

注：产量差异 = 单位固定生产成本 × 基准水平 − 实际产出水平

2015 年:22.5 元 × (800 - 800) 单位 = 22.5 元 × 0 = 0(元)
2016 年:22.5 元 × (800 - 500) 单位 = 22.5 元 × 300 = 6 750(元)
2017 年:22.5 元 × (800 - 1 000) 单位 = 22.5 元 × (- 200) = - 4 500(元)

即使销售收入不变的情况下,若是利用吸收成本法进行计算(表 11-2 和 11-5 的 B 部分),管理者依旧可以通过调整产量和存货水平来影响利润。

若是产量和基准水平存在一定差异,利润也会有相应影响。因为固定生产成本的 22.5 元是在预估每年生产 800 单位的基准水平上计算出来的(18 000 元/800 单位 = 22.5 元/单位)。产量(非销售数量)与基准水平不同,就会产生差异。差异大小 = 22.5 元 × (实际数量与基准水平之差)。

2016 年的产量为 500 单位,比预估的基准水平低 300,这造成了 6 750 元(22.5 元/单位 × 300 单位)的不利产量差异。2017 年产生了 4 500 元的有利产量差异(22.5 元/单位 × 200 单位),这是因为实际产量为 1 000 单位,超出了基准水平。

以下是标准成本法的运作方法。每制造出一单位产品,固定生产成本(22.5 元)就包含在产品生产成本中了。2016 年,当生产了 500 单位产品时,11 250 元(22.5 元/单位 × 500 单位)的固定成本已包含在可供销售的产品成本中。2016 年总固定生产成本为 18 000 元。不利产量差异为 6 750 元(18 000 元 - 11 250 元)。表 B 中每年包含在可供销售的产品成本中的固定生产成本加上产量差异总是等于 18 000 元。

需要注意的是,与固定生产成本相关的产量差异只会在吸收成本法下出现,而不会在变动成本法下出现。为什么呢?因为在变动成本法下,固定生产成本总是被视为当期费用,不会受到产量或者销售量的影响。

两种方法下大众制衣公司 2015—2017 年营业利润的差异如下表 11-6。

表 11-6 大众制衣公司 2015—2017 年营业利润的差异

	2015 年	2016 年	2017 年
1. 变动成本法下的营业利润	20 700	25 275	34 425
2. 吸收成本法下的营业利润	25 200	36 900	77 550
3. 差异:(1) - (2)	- 4 500	- 11 625	43 125
4. 以吸收成本法下的营业利润的百分比表示的差异	- 17.9%	- 31.5%	55.6%

这些百分比差异说明了在业绩评估与账面营业利润挂钩的情况下,管理者特别注重成本法(变动成本法/吸收成本法)的选择。

一般来说,如果一个会计期间内存货水平上升,吸收成本法下的营业利润将高于变动成本法下的营业利润。反之,若是存货水平下降,吸收成本法下的营业利润将低于变动成本法下的营业利润。导致这一结果的原因是:(1)存货数量增加时,固定生产成本加在存货中;(2)存货数量减少时,固定生产成本随存货转出。

吸收成本法与变动成本法的营业利润计算过程参见公式 11-1。请注意期初及期末存货中包含的固定生产成本。

$$EBIT^* - \overline{EBIT} = F^*_{期初} - F^*_{期末}$$ 公式 11-1

式中：$\overline{EBIT^*}$ 为吸收成本法下的营业利润

$\overline{EBIT}$ 为变动成本法下的营业利润

$F^*_{期初}$ 为吸收成本法下期初库存的固定制造费用成本

$F^*_{期末}$ 为吸收成本法下期末库存的固定制造费用成本

2015 年：
$$25\,200 - 20\,700 = (22.5 \times 200) - (22.5 \times 0)$$

2016 年：
$$36\,900 - 40\,275 = (22.5 \times 50) - (22.5 \times 200)$$

2017 年：
$$77\,550 - 71\,925 = (22.5 \times 300) - (22.5 \times 50)$$

吸收成本法下，期末存货中包含的固定生产成本将递延至未来期间。例如，4 500 元的固定生产成本递延到了 2015 年 12 月 31 日。变动成本法下，全部的固定生产成本计入了 2015 年的费用。

公式 11-2 为成本在存货及产品销售成本之间的流动：

$$\overline{EBIT^*} - \overline{EBIT} = AC^* - C^* \qquad 公式\ 11\text{-}2$$

式中：$\overline{EBIT^*}$ 为吸收成本法下的营业利润

$\overline{EBIT}$ 为变动成本法下的营业利润

AC^* 为吸收成本法下单位存货包含的固定生产成本

C^* 为吸收成本法下产品销售成本中包含的固定生产成本

2015 年：
$$25\,200 - 20\,700 = (22.5 \times 800) - (22.5 \times 600)$$

2016 年：
$$36\,900 - 40\,275 = (22.5 \times 500) - (22.5 \times 650)$$

2017 年：
$$77\,550 - 71\,925 = (22.5 \times 1\,000) - (22.5 \times 750)$$

对企业管理者来说，如何实现存货水平的降低给他们带来的压力越来越大。部分企业合理利用实时生产等手段成功实现了持续的存货减少；与此同时，通过实时的信息共享，使得供应商能准确掌握生产商需要的原材料从而做到适时供货，这给双方都带来了巨大的好处。对那些存货水平较低的企业来说，这些手段使得吸收成本法与变动成本法下的营业利润差异消失了。举个极端的例子，如果期初及期末时管理者将存货水平控制为零，吸收成本法与变动成本法计算的营业利润就相同了。

在利用变动成本法（表 11-2 和表 11-3 的 A 部分）时，假设单位产品贡献毛益及固定成本一定，采用变动成本法计算的营业利润在不同期间的变化可以完全归结于销售量的变化。请参照大众制衣公司 2015 年与 2016 年，2016 年与 2017 年在变动成本法下营业利润情况的比较：

$$150 - 30 - 28.5 = 91.5\ 元/单位$$

$$变动成本法下营业利润的变动 = 单位贡献毛益 \times 销售量变动 \qquad 公式\ 11\text{-}3$$

（1）2016 年对比 2015 年：

$$25\,275 - 20\,700 = 91.5 \times (650 - 600) = 4\,575(元)$$

（2）2017年对比2016年：

$$34\,425 - 25\,275 = 91.5 \times (750 - 650) = 9\,150(元)$$

变动成本法下，通过"为存货而生产"来提高营业利润这样的方式对公司的管理者而言是无法利用的。为什么呢？因为通过上面的计算内容我们可以得到，要想让营业利润增加可以通过提高销售量的方式。下面我们会看到，在吸收成本法下，为同时达到营业利润增长的目的可以提高销售量与提高产出水平。表11-7中将变动成本法与吸收成本法的差别进行对比。

表11-7 变动成本法与吸收成本法对利润影响的表现

问题	变动成本法	吸收成本法	说明
固定生产成本是否计入存货	否	是	什么时候费用化这些成本的基本理论性问题
是否存在产量差异	否	是	仅在吸收成本法下，基准水平的选择对营业利润有影响
是否需要区分变动成本和固定成本	是	不必经常区分	将吸收成本法稍加改动就可以得到变动成本和固定成本的细分成本构成
存货水平变化怎样影响营业利润 产量 = 销售量 产量 > 销售量 产量 < 销售量	相等 较低 较高	相等 较高 较低	差异取决于固定生产成本费用化时间的不同
对本量利关系有什么影响（给定固定成本及单位贡献毛益）	受销售量驱动	受销售量、产量及基准水平驱动	管理控制效益：在变动成本法下，产量变化对营业利润的影响更易理解

吸收成本法更多地在国家规定的外部报告中采用，而公司采用变动成本法进行内部报告，主要是为了避免不利存货增长造成的影响。因为存货产生的危害不仅影响当前，也会对以后若干年造成一定影响：(1)不考虑客户需求而只是转向能够最大限度地吸收固定生产成本的产品；(2)不能合理地安排订单；(3)对设备的维修不能按周期进行。

▶▶▶ 四、对改进业绩评价体系的建议

可以通过以下几种方式来降低吸收成本法的不利影响：

（1）谨慎地对待预算和存货计划，对管理层提高存货水平的自由度进行限制和降低。例如，对存货金额的估计应包含在每月的预算资产负债表中，当实际存货高于预算时，公司管理者应对存货增加的原因展开调查。

（2）对会计系统进行调整。不采用吸收成本法进行内部报告，而改用变动成本法。这种调整将消灭管理者为存货而生产的动机，因为全部固定生产成本都费用化了。

（3）在内部会计系统中，收取存货持有费。例如，对管理者进行业绩评价时，利用每月1%的存货持有费评估存货投资损益和存货磨损程度。

（4）调整业绩评价的时间。吸收成本法下管理人员可能会改变策略利用牺牲长期利润为代价而换取当季或当年利润的最大化。若是业绩评价期间延长3~5年时，管理者为存货

生产的动机就会降低。

（5）当非财务变量和财务变量同时作为业绩评价的指标时，可以看出，公司实际在关键性领域采用非财务指标及实物指标来监测管理人员的业绩：

本期期末存货量/上期期末存货量；

本期销售量/本期期末存货量。

每月通过追踪这两个非财务指标的变化情况，所有的年度库存增长都可被标记出来。当公司制造或销售几种产品的时候，应该对各种产品分别利用这几种指标进行检验。

第二节 吸收成本法下产量的选择与管理

只有在吸收成本法下对于基准水平的选择问题才会凸显，而对于变动成本法和产量成本法，固定生产成本都会在发生当期被纳入费用计算。确定准确的产量水平是管理者面临的战略性决策之一，对于像大众这样的公司，产量的预估与企业的长远发展息息相关。对于实际生产需求，当出现产量过剩，就会造成产量的额外闲置；但如果产量不足，则会出现部分顾客的需求无法得到满足，而这部分顾客群体会从其他厂商获得需求产量。我们在这一部分讨论的，就是与产量成本相关的问题。

一、产量的含义

吸收成本法中包括理论产量、实际产量、正常产量、总预算产量这几种常见产量。仍以大众公司为例，对基准水平的不同产量的含义进行解释。大众公司在其杭州的服装工厂生产女式西裤。工厂的年均固定生产成本为 54 000 万元。公司在执行标准成本系统时，利用吸收成本法进行外部报告。在计算预算固定生产成本分配率时，以箱（一箱含有 24 件女式西裤）为基础。我们现在对四种基准产量下的预算固定生产成本分配率进行计算。

（一）理论产量

在一些领域，特别是在商业及会计领域中，产量词带有"强制"和"上限"的意味。理论产量是假设全天满负荷高效运转下的产量水平。

其计算公式为：

$$理论产量 = 每日最高产量 \times 理论生产天数 \qquad 公式11-4$$

大众公司在女式西裤生产线以最快速度运行时，公司每一班能够生产 1 000 箱女式西裤。假设一年有 360 天，每天分三班轮换生产（即一班 8 小时），则理论年产量为：

$1\,000 \times 3 \times 360 = 1\,080\,000$（箱）

理论产量只是一种理论意义上的产量，期间没有考虑生产线上发生的服装破损而造成的生产中断及设备维修等因素。理论产量是一个理想化的目标，在实际生产过程中是难以实现的目标。

（二）实际产量

在理论产量中是没有将不可避免的生产中断等因素考虑进来，但在实际产量中将固定维修时间或由于假日或其他原因造成的停工等降低产量的因素考虑进去。

其计算公式为：

$$实际产量 = 每日实际生产量 \times 实际生产天数 \qquad 公式11\text{-}5$$

假设大众公司每年有300个工作日，每天三班工人生产女式西裤，一班生产800箱，那么实际年产量为：

$$800 \times 3 \times 300 = 720\ 000（箱）$$

在对理论产量或实际产量进行计算时，要将技术因素和人为因素同时考虑进去。公司的工程师虽然可以提供设备的技术可行性方面的信息，但是对安全因素也不可忽视，例如生产线以较高的速度运转可能导致事故风险的提高。

理论产量和实际产量都是对工厂能够提供的产量即可达到的产量的预估，相比而言，正常产量和总预算产量衡量的则是产品需求对应的产量，即在为满足市场需求而生产时使用的产量。在许多情况下，可以达到的产量是远远高于预算需求的。

（三）正常产量和总预算产量

正常产量指的是在一定周期（如2~3年）内，为满足顾客平均需求的产量利用水平，包含了季节性、周期性和其他趋势性的因素。总预算产量指的是对当前预算期（通常为1年）内，预期的产量利用水平。当行业整体面临周期性波动，或者公司管理层认为下期的预算产量不能代表长期需求时，这两种产量利用水平可能是不一致的。

大众服装公司2016年的总预算生产水平是建立在年产40万箱女式西裤上的。但管理层却认为在今后的1~3年内，50万箱是正常（平均）的年产出水平，所以2016年总预算产出水平太低了。这是为什么呢？因为公司的一个主要竞争对手已利用价格削减的策略展开了疯狂的宣传攻势，但公司管理层不认为竞争对手的行为会对公司年产量的情况长期影响，而且认为2018年公司的产销仍会得到增长。

▶▶▶ 二、产量选择对成本的影响及管理

在吸收成本法下，企业利用不同的产量水平，其成本计算会产生不同的结果。因此，企业在固定成本分配时选择何种产量，对企业的成本核算起至关重要的作用。本节将讨论采用理论产量、实际产量、正常产量、总预算产量进行核算，各自对预算固定生产成本分配率的影响。

第一步：计算单位预算固定生产成本分配率，计算公式为：

$$单位预算固定生产成本 = 预算年固定生产成本 / 核算产量水平 \qquad 公式11\text{-}6$$

第二步：计算单位总标准生产成本，计算公式为：

$$单位总标准生产成本 = 单位变动生产成本 + 单位预算固定生产成本 \qquad 公式11\text{-}7$$

大众服装公司2017年将5 400万元作为预算固定生产成本。此固定成本都是由女式西裤的生产所导致的，主要包括了两种成本：制衣设备的租赁成本和工厂管理者的工资成本。四种产量的定义计算不同水平的成本，预算固定生产成本分配率如表11-8所示：

表 11-8 预算固定生产成本分配率

产量	预算年固定生产成本(万元)	核算产量水平(万箱)	预算每箱固定生产成本(元)
理论产量	5 400	108	50
实际产量	5 400	72	75
正常产量	5 400	50	108
总预算产量	5 400	40	135

依照总预算产量确定的预算固定生产成本分配率,即每箱135元,比根据理论产量确定的预算固定生产成本分配率,即每箱50元,高出170%。理论产量大大高于总预算产量,导致预算固定成本分配率的巨大差异。

大众服装公司生产的女式西裤,每箱标准变动生产成本520元,根据以上例子的不同产量水平,计算每箱的总标准生产成本如表11-9所示。

表 11-9 单位总标准生产成本表

产量	每箱的变动生产成本(元)	每箱的固定生产成本(元)	每箱的总生产成本(元)
理论产量	520	50	570
实际产量	520	75	595
正常产量	520	108	628
总预算产量	520	135	655

进行产品定价及产品组合决策时,需要用到正常成本系统或标准成本系统中的成本信息。以大众公司为例,如果利用理论产量进行计算,最终导致了固定生产成本不真实地变小,我们都知道理论产量是根据理想化、不可能达到的产量水平计算的。实际上与公司的真实产量相差较大,基本上理论产量不会被企业用来确定固定生产成本分配率,只是作为参考依据。大多数的公司将实际产量作为分配率的基准来计算固定生产成本,大众公司的实际产量代表了在每年的最大产量(72万箱),为维持这一产量每年需要一个固定的生产成本,再计算每个固定生产成本分配率为75元。所以可以在生产前期,在公司对实际将会利用多少产量处于未知的情况下,利用固定生产成本确定一个产量水平。也就是说,75元的预算固定生产成本衡量的是可以供给的产量的每箱成本。

2017年,大众公司对女式西裤的需求预计为40万箱,生产40万箱女式西裤的产量成本仍为每箱75元,产量作为一个定额,产量及其成本在短期内是固定的,即使2017年的实际需求量下降,产量也无法降低。我们可以把产量的供给成本分为两部分:已利用的产量成本和闲置产量成本。产量的供给成本为每箱75元,将会利用的生产资源成本为3 000万元,将会闲置的生产资源成本2 400万元。

但是对于实际产量,需求的变动不会影响成本,因为产量成本总是固定在提供产量的成本上。对于那部分已取得但未利用的产量成本的关注,引发了闲置产量的管理。包括为了利用闲置产量而开发新产品,将闲置产量出租,或者消除闲置产量。相反,以需求为出发点的产量水平——总预算产量或正常产量,均掩盖了闲置产量的问题。

从长远角度看以哪种产量为基础,可以为其产品定价或与竞争对手进行成本结构分析进行有效支撑,因此利用预算固定生产成本也许是更好的选择。因为固定生产成本75元排除了所有闲置产量成本,仅代表了用于产出的产量的预算成本。消费者愿意为实际使用的产量付费,而不愿意为所有用于生产的成本付费,他们希望大众公司对其闲置产量进行管理,或者承担这部分成本而不要让消费者为其买单。

三、产量选择对定价的影响及管理

2017年大众公司算得的生产成本为每箱655元。如果一个竞争对手在2016年12月份对大众公司的一个主要客户(预计2017年这一客户将购买大众公司10万箱产品),承诺以每箱625元的价格向其提供产品,则对于公司而言,此客户的预计产量将会造成损失。

公司希望账面上不会出现损失,所以利用各期生成销售,希望借此能够弥补所有成本损失,因此并没有进行降价,最终导致账面上出现了一项损失,这项损失意味着总预算产量将降低到30万箱,但依据现有的产量情况仍要分摊所有的预算固定生产成本5 400万元,即每箱180元(54 000 000÷300 000)。

接上例:假设大众公司的另一个客户——同样在预算销售量中占有10万箱的份额——接受了来自另一个竞争对手的每箱650元的销售价格。

大众公司将这一价格与修正后的单位成本700元(520+180)进行比较,还是没有降价。客户的流失导致账面上又出现了损失。紧接着计划产量也在缩减,最后减少到20万箱,对应的预算固定生产成本增至每箱270元(54 000 000÷200 000),随着总预算产量的减少,固定生产成本的变化情况见表11-10所示。

表11-10 大众公司固定生产成本的变化情况表

总预算基准产量(万箱)	每箱的固定生产成本	每箱的变动生产成本(元)	每箱的总生产成本(元)
40	135	520	655
30	180	520	700
20	270	520	790
10	540	520	1 060

向下的需求曲线主要表现为当前产品价格无法降低到与竞争对手相同时,外部公司对本公司产品需求是持续降低的。越来越高的产品单位成本导致了公司越来越没有能力与竞争对手的价格进行竞争。

如果把实际产量作为计算预算固定生产成本的基准,当需求水平变动时,单位成本是不变的。这是因为固定生产成本分配率是根据可以达到的产量而不是利用的产量来确定的,因此公司如果采用实际产量作为分摊固定生产成本的基准并以此进行定价则不太可能出现向下的需求曲线。

四、产量选择对业绩评价的影响

基准水平的选择是通过正常产量、总预算产量还是实际产量,对营销经理的业绩评价会产生影响。正常产量取决于选择的时间跨度以及对各年的预测,经常用于制订长期计划。然而正常产量是一个平均量,无法直观地表现营销经理的一年来的业绩。如果只是使用这一指标评价营销经理的业绩,那就犯了用长期评价指标衡量短期业绩的错误。总预算产量比正常及实际产量更加适合用于当年营销经理的业绩评价。这是因为总预算是主要的短期计划和控制工具。总预算的考量主要考虑到了当年可以达到的最大销售量,对于管理者来说更有说服力。

公司在实际产量与总预算产量之间存在巨大差异时,会把差异中的部分归入"计划闲置产量"。这种方法有利于业绩评价。仍以大众公司为例。一般产量的规划者通常无权为产品定价,所以最高管理层在5年需求预测的基础上,决定建立一个年产720 000箱女式西裤的工厂。但是由中层管理者,即营销经理进行产品定价决策。这导致中层管理者认为他们仅仅对一部分生产成本有责任,而这部分制造费用仅仅与他们在2017年的潜在顾客有关,以至于对于总体的需求无法得到确定。2017年总预算产量为40万箱(为实际产量72万箱的5/9),体现了顾客基础在预算总固定生产成本中,只有5/9是为满足2017年的市场需求而消耗的固定产量成本,剩下的4/9是为满足2017年以后的长期需求增长所消耗的产量成本。

五、产量选择对财务报表的影响

选择哪种基准水平计算单位产品的预算固定生产成本,将会影响吸收成本法计算的有利或不利产量差异的大小。假设大众公司2017年实际产量为44万箱女式西裤,实际销售量为42万箱。另外假设2017年无期初存货,也不存在生产成本的价格差异、耗费差异或效率差异。这些假设意味着预算的和实际的固定制造费用都是5 400万元。平均每箱女式西裤的销售价格为800元,营业成本为281万元。

产量差异的计算公式:

$$产量差异 = 预算固定制造费用 - 实际产出下的预算固定制造费用 \quad 公式11\text{-}8$$

产量水平的不同含义也可以用来计算单位产品的预算固定制造费用分配率。使用本章前面给出的数据,产量水平在概念上的差异导致了产量差异的不同:

产量差异(理论产量) = 5 400万 - (44万×50) = 3 200(万元)

产量差异(实际产量) = 5 400万 - (44万×75) = 2 100(万元)

产量差异(正常产量) = 5 400万 - (44万×108) = 648(万元)

产量差异(总预算产量) = 5 400万 - (44万×135) = -540(万元)

大众公司对这些期末差异如何处理,决定这些产量差异最终对营业利润造成何种影响。我们现在讨论三种可供选择的方案:

1. 调整分配率法

总账和分类账中的一切数据都用实际成本分配率计算取代原来的预算成本分配率。例如,实际固定制造费用是5 400万元,实际产量为44万箱,重新计算后的固定制造费用为每箱123元。成本分配率如此调整之后,计算预算固定制造费用之前对基准产量的不同选择就不会对期末的财务报表产生影响了,客观上相当于在期末采用了实际成本系统。

2. 按比例调整法

少分摊或多分摊的间接成本涉及:(1)期末在产品;(2)期末产成品;(3)产品销售成本。

这种方法要求将预算成本分配率改为实际成本分配率。重新计算以上三项成本的期末余额。这样,计算预算固定制造费用之前对基准产量的选择,同样不会对期末的财务报表产生影响。

3. 直接计入产品销售成本法

为了说明大众公司 2016 年的营业利润是如何受这种方法影响的,已知条件不变,假设大众公司没有期初存货,年产量 44 万箱,销售 42 万箱,则 2016 年 12 月 31 日的期末存货为 2 万箱。若基准水平为总预算产量。结果会导致 2 万箱期末存货分摊了数额最大的固定制造费用,而相应的营业利润也是最高的。在四种基准水平下营业利润之间的差异(表 11-11 所示)归结于年末固定制造费用可计入存货成本的差异。

表 11-11 年末存货固定制造费用归集表

产量	2016 年 12 月 31 日包含在存货中的固定制造成本
理论产量	50 元 × 2 万箱 = 100 万元
实际产量	75 元 × 2 万箱 = 150 万元
正常产量	108 元 × 2 万箱 = 216 万元
总预算产量	135 元 × 2 万箱 = 270 万元

注:四种产量水平下的固定成本分配率见表 11-8。

在表 11-11 中,总预算产量与正常产量之间的差异 54 万元,来自计入存货成本的固定制造费用差异 54 万元(270 万 − 216 万)。

在计算使用不同产量对损益表的影响时,主要涉及以下步骤:

步骤一:计算产品的销售收入。

① 收入 = 销售单价 × 销售量

$$S = P \times X$$

式中:S 为收入

P 为销售单价

X 为销售量

收入 = 800 × 42 万 = 33 600 万元

步骤二:计算总变动生产成本。

② 变动生产成本 = 实际产量 × 单位变动生产成本

$$C = P_{实} \times AC$$

式中:C 为变动生产成本

$P_{实}$ 为实际产量

AC 为单位变动生产成本

变动生产成本 = 44 万 × 520 = 22 880 万元

步骤三:计算各产量水平下的固定制造费用。

③ 固定制造费用 = 各产量水平下的单位预算固定生产成本 × 实际产量

$$M = A \times P_{实}$$

式中:M 为固定制造费用

A 为各产量水平下的单位预算固定生产成本

$P_\text{实}$ 为实际产量

表 11-12　各产量水平下固定制造费用

单位：万元

固定制造费用	各产量水平下的单位预算固定生产成本	实际产量
理论产量下的固定制造费用（2 200 万元）	50	44
实际产量下的固定制造费用（3 300）	75	44
正常产量下的固定制造费用（4 752）	108	44
总预算产量下的固定制造费用（5 940）	135	44

步骤四：计算各产量水平下的可供销售成本。

④ 可供销售的产品成本 = 变动生产成本 + 固定制造费用

$$TC = C + M$$

式中：TC 为可供销售的产品成本

　　　C 为变动生产成本

　　　M 为固定制造费用

表 11-13　各产量水平下的可供销售成本

单位：万元

可供销售的产品成本	变动生产成本	固定制造费用
理论产量下的可供销售产品成本（25 080）	22 880	2 200
实际产量下的可供销售产品成本（26 180）	22 880	3 300
正常产量下的可供销售产品成本（27 632）	22 880	4 572
总预算产量下的可供销售产品成本（28 820）	22 880	5 940

步骤五：计算各产量水平下的期末库存产品的成本。

⑤ 期末库存成本 =（单位变动成本 + 各产量下的单位固定成本）×（实际产量 – 销售量）

$$C^*_\text{期末} = (AC + A) \times (P_\text{实} - X)$$

式中：$C^*_\text{期末}$ 为期末库存成本

　　　AC 为单位变动生产成本

　　　A 为各产量水平下的单位固定生产成本

　　　$P_\text{实}$ 为实际产量

　　　X 为销售量

表 11-4　各产量水平下的期末库存产品成本

单位：万元

期末库存成本	（单位变动成本 + 各产量下的单位固定成本）	（实际产量 – 销售量）
理论产量下的期末库存成本(1 140)	(520 + 50)	(44 – 42)
实际产量下的期末库存成本(1 190)	(520 + 75)	(44 – 42)
正常产量下的期末库存成本(1 256)	(520 + 108)	(44 – 42)
总预算产量下期末库存成本(1 310)	(520 + 135)	(44 – 42)

步骤六：计算各产量水平下的产品销售成本。

⑥ 产品销售成本 = 可供销售产品成本 – 期末库存成本

$$\overline{C} = TC - C_{期末}^*$$

式中：$\overline{C}$ 为产品销售成本

　　　TC 为可供销售的产品成本

　　　$C_{期末}^*$ 为期末库存成本

表 11-5　各产量水平下的产品销售成本

单位：万元

产品销售成本	可供销售产品成本	期末库存成本
理论产量下的产品销售成本(23 940)	25 080	1 140
实际产量下的产品销售成本(24 990)	26 180	1 190
正常产量下的产品销售成本(26 376)	27 632	1 256
总预算产量下的产品销售成本(27 510)	28 820	1 310

步骤七：根据制造差异调整计算各产量水平下的产品销售成本合计。

⑦ 产品销售成本合计 = 产品销售成本 + 制造差异调整

$$\overline{TC} = \overline{C} + M^*$$

式中：$\overline{TC}$ 为产品销售成本合计

　　　$\overline{C}$ 为产品销售成本

　　　M^* 为制造差异调整

第十一章 成本计量方法与业绩、产量分析

表 11-16　各产量水平下的产品销售成本合计

单位：万元

产品销售成本合计	产品销售成本	制造差异调整
理论产量下的产品销售成本合计(27 140)	23 940	3 200
实际产量下的产品销售成本合计(27 090)	24 990	2 100
正常产量下的产品销售成本合计(27 024)	26 376	648
总预算产量下产品销售成本合计(26 970)	27 510	-540

步骤八：计算各产量水平下的销售毛利。

⑧ 毛利＝收入－销售成本合计

表 11-17　各产量水平下的销售毛利

单位：万元

毛利	收入	销售成本合计
理论产量下的毛利(6 460)	33 600	27 140
实际产量下的毛利(6 510)	33 600	27 090
正常产量下的毛利(6 576)	33 600	27 024
总预算产量下的毛利(6 630)	33 600	26 970

步骤九：计算各产量水平下的营业利润。

⑨ 营业利润＝毛利－营业成本

表 11-18　各产量水平下的营业利润

单位：万元

营业利润	毛利	营业成本
理论产量下的营业利润(3 650)	6 460	2 810
实际产量下的营业利润(3 700)	6 510	2 810
正常产量下的营业利润(3 766)	6 576	2 810
总预算产量下的营业利润(3 820)	6 630	2 810

表 11-19　使用不同产量对损益表的影响

	理论产量	实际产量	正常产量	总预算产量
基准水平(万箱)	108	72	50	40
收入(万元)①	33 600	33 600	33 600	33 600
产品销售成本				
期初库存	0	0	0	0
变动生产成本②(万元)	22 880	22 880	22 880	22 880
固定制造费用③(万元)	2 200	3 300	4 752	5 940

续表

	理论产量	实际产量	正常产量	总预算产量
可供销售的产品成本(万元)④	25 080	26 180	27 632	28 820
减:期末库存(万元)⑤	1 140	1 190	1 256	1 310
产品销售成本合计(标准成本)(万元)⑥	23 940	24 990	26 376	27 510
制造差异调整(万元)	3 200	2 100	648	−540
产品销售成本合计(万元)⑦	27 140	27 090	27 024	26 970
毛利(万元)⑧	6 460	6 510	6 576	6 630
营业成本(万元)	2 810	2 810	2 810	2 810
营业利润(万元)⑨	3 650	3 700	3 766	3 820

本章小结

　　吸收成本法是一种会计成本的方法,计算在提供服务所产生的所有成本,较容易计算到收益,因此在做财政预算或报表时一般都会计算所有成本。变动成本法是指在组织常规的成本计算过程中,以成本性态分析为前提条件,只将变动生产成本作为产品成本的构成内容,而将固定生产成本和非生产成本作为期间成本,并按贡献式损益确定程序计算损益的一种成本计算模式。变动成本法是管理会计为改革财务会计的传统成本计算模式而设计的新模式。本章首先比较了吸收成本法和变动成本法的区别,然后举例分析了两种成本计量的方法,最后主要讨论了与产量成本相关的问题。

【关键词】

　　吸收成本法　理论产量　实际产量　正常产量　总预算产量　定价决策　业绩评价　财务报表

【思考题】

　　1. 吸收成本法和变动成本法有何区别,这两种方法的适用怎样的情况?
　　2. 采用何种成本计算方法时,会涉及基准水平产量的选择问题?为什么?
　　3. 基准水平产量有哪几种分类方式?分别是如何计算的?
　　4. 有哪些影响产量水平选择的因素?
　　5. 不同产量水平会产生怎样不同的结果?
　　6. 就预算固定成本分配率而言,不同的产量水平会产生怎样的差异?

【练习题】

1. 某饮料厂生产 D 茶饮,每天有四班生产工人轮班(即每班 6 小时),且每班工人每天以最快速度能生产 500 箱 D 茶饮。假设一年有 360 天,试求理论年产量。

2. 某公司只生产一种产品,假设公司规定每年生产工人有 300 个工作日,每天两班工人生产产品,一班工人每天能生产 1 000 件产品,试求该企业的实际产量。

3. D 公司生产 AHC 产品,2010 年实际产量为 220 000 件,实际销售量为 200 000 件,此外假设 2010 年无期初存货,也不存在生产成本的价格差异、耗费差异或效率差异。当年预算固定成本为 2 700 000 元,理论产量水平下每件 AHC 产品的固定生产成本为 10 元,试求理论产量水平下的产量差异。

4. 某企业 2013 年度(第一个营业年度)生产 A 产品 30 000 件,单位变动制造成本为 5 元,全年固定制造费用为 120 000 元,固定性销售及管理费用为 60 000 元。2013 年度以每件 10 元出售 A 产品 18 000 件。

(1) 采用吸收成本法确定该企业 2013 年度的利润总额。

(2) 采用变动成本法确定该企业 2013 年度的利润总额。

5. A 公司生产 H 产品,2010 年 A 公司的预算固定生产成本为 36 000 000 元,公司生产车间实行三班轮班制,如工人每天以最快速度生产,每班工人能够生产 5 000 件产品,而实际上每班每天平均生产 4 500 件 H 产品。公司规定生产工人每年有 300 个工作日,假设一年为 360 天。假设 A 公司 2010 年总预算建立在 3 500 000 件 H 产品的生产水平上,然而公司最高管理层认为在今后的 1~3 年内,正常的年产出水平将达到 4 000 000 件。每件 H 产品的变动生产成本为 3 元,试求不同产量水平下 H 产品总生产成本。

【案例题】

大飞公司生产 AHC 产品,公司生产车间实行三班轮班制,如工人每天以最快速度生产,每班工人能够生产 5 000 件产品,而实际上每班每天平均生产 4 500 件 H 产品。公司规定生产工人每年有 300 个工作日,假设一年为 360 天。假设 A 公司 2017 年总预算建立在 3 500 000 件 H 产品的生产水平上,然而公司最高管理层认为在今后的 1~3 年内,正常的年产出水平将达到 4 000 000 件。每件 AHC 产品的变动生产成本为 3 元。2017 年实际产量为 4 050 000 件,实际销售量为 4 000 000 件,每件售价为 10 元。此外假设 2017 年无期初存货,年末存货 50 000 件。当年预算固定成本为 2 700 000,试采用直接计入产品销售法计算使用不同产量对损益表的影响。

第十二章
成本预测、决策与计划

 学习目的与要求

1. 了解成本预测、成本决策和成本计划的基本概念;
2. 了解成本预测、成本决策的基本方法;
3. 掌握成本预测的定量分析法;
4. 运用成本决策的基本方法分析、选择成本方案;
5. 掌握成本计划的编制过程。

【案例导入】

健翔公司是一家食品生产企业。该公司根据市场需求主要生产方便面等快餐食品。由于技术稳定、管理良好、销售顺畅,因此经营业绩蒸蒸日上,在公司经营过程中不断扩大涉及食品的种类,包括大米、面粉、牛奶等。因此,企业管理者需要预估下一生产期间产品的生产成本、销售情况,结合实际,做出产品是否进一步加工,应当着重生产哪一种产品的成本决策。经过预测和决策后,健翔公司需要围绕企业的生产目标成本,制订一系列的成本计划或预算,合理地安排并有效地运用企业的人力、物力和财力,提高劳动生产率,争取未来获得尽可能大的经济效益。

成本控制有广义和狭义之分。狭义的成本控制仅指成本的过程控制,不包括前馈控制和后馈控制。本章主要阐述广义成本控制中的前馈控制,包括成本预测、成本决策和成本计划,它们都是进行成本控制不可缺少的工具。通过本章学习,了解成本决策的作用及成本计划的制订;掌握成本预测的基本方法,主要包括高低点法、回归分析法、趋势预测法等;掌握成本决策的主要方法和成本计划编制的基本方法。

第一节　成本预测

凡事预则立,不预则废。企业的预定目标指明了企业未来发展的方向,但未来是不确定的,这就需要通过一定措施进行预测。预测是以历史资料和现有信息为基础,运用科学方法与管理人员的实践经验,预测事物发展的必然性和可能性的过程。预测不是臆测,它是建立在对预测对象认识、分析和科学的推理基础之上的。用科学预测来代替主观臆测,可以减少预测的不确定性和盲目性,帮助企业管理人员对将来可能发生的情况提出初步意见或看法。预测在一定程度上可以说既是一门科学又是一门艺术。

一、成本预测概述

（一）成本预测的含义

所谓成本预测,是指根据历史成本资料、成本信息数据,结合目前经济技术条件,市场经济环境,企业发展目标等内外因素,利用科学的方法,对未来成本水平及其变化趋势所进行的推测和估算。

成本预测的内容包括以下几个方面：
（1）企业的目标成本水平及其实现的可能性；
（2）企业劳动生产率变动对企业产品成本水平的影响；
（3）企业新投产产品的成本水平及在市场经济中的竞争力；
（4）社会宏观经济因素对企业成本水平的影响。

成本预测是现代成本管理工作中的关键一环,是有计划地降低成本,提高企业经济效益的重要手段。成本预测为挖掘企业成本降低潜力指明了方向,并可作为计划期降低成本的决策依据。

（二）成本预测的意义

在激烈竞争的市场经济条件下,企业的竞争能力主要体现在产品的价廉物美上,因此,现代企业非常关注在什么样的产量水平下,成本最低,质量最好,利润最大。

为了提高企业成本管理水平,保证目标利润的实现,企业的成本管理工作也不能仅停留在事后的成本计算和分析上,而更应该着眼于未来,在事前进行成本预测,规划好计划期间内的耗费,并据此制定目标成本；然后在日常经济活动中,对各个责任层次的成本指标严格加以控制,引导全体员工共同努力去实现这个目标。

成本预测的意义主要表现在以下几个方面：
（1）成本预测是确定目标成本和选择其最佳实现途径的重要手段。
（2）成本预测是成本决策的基础,为决策提供了科学依据。通过成本预测,掌握了未来的成本水平及其变动趋势,为决策提供了多种可行的方案,有助于决策者对经营管理工作中未知因素做出科学的判断,降低不确定性,避免盲目性。

（3）成本预测是编制成本计划的依据。为正确制订成本计划，探索降低成本的途径，评价各种方案措施可能产生的经济效果，必须通过反复测算，确定产品成本水平。

（三）成本预测的基本程序

（1）确定预测的目标。预测首先要有目标，这样才能有目的地收集资料，选择预测方法；成本预测的目标，就是企业一定时期内需努力达到的成本水平以及有效实现途径。目标成本可以是计划成本、定额成本或标准成本。目标成本的提出通常有两种方法：一是通过市场调查，根据该项产品在国际、国内市场上的情报资料，确定一个适当的销售价格；然后减去按目标利润计算的单位产品利润和相关税费后的差额作为该种产品的目标成本。二是可用该种产品国际、国内或本企业的先进水平来确定本企业目标成本，也可以用历史最好水平或上年实际水平扣减降低率来确定，常常要经过多次反复测算才能完成。

（2）收集和分析信息资料。由于预测要涉及的因素较复杂，因此要得到比较准确的预测结果，必须要收集范围广泛的信息资料，同时还要对资料分析、筛选，以剔除虚假和偶然的因素。

（3）建立预测模型。除了收集资料以外，预测还需要建立预测模型，对定性预测设定一些逻辑思维和推理程序，对定量预测则是建立经济事件与各影响因素之间的数量关系模型，然后将所收集的有关资料或变动因素置于模型之中，测算在现有客观条件下成本可达到的水平。

（4）分析各因素影响，提出各种降低成本的方案。将可达到的成本水平与目标成本比较，找出差距，进而分析各影响因素，并寻找降低成本途径；提出方案后再进行测算，以达到目标成本的要求。

（5）选择成本方案。将成本预测的多个备选方案的可计量资料分层归类，系统排列，编制成表，之后逐一进行比较分析，合理选择最优方案，供管理当局决策参考。

以上成本预测程序只是单个成本预测过程，而要达到最终确定的成本预测目标，这种过程必须反复多次进行。也就是说，只有经过多次的预测、比较以及对初步目标成本的不断修改完善，才能最终确定正式的目标成本。

二、成本预测的基本方法

成本预测方法一般分为定性分析法和定量分析法两大类。

（一）定性分析法

成本预测的定性分析法，是由成本核算方面的专业人员根据个人实践经验和专业知识，依靠逻辑思维及综合分析能力，对成本可能达到的水平和发展趋势做出推断。这种方法一般在缺乏历史资料或有关变量缺乏明显数量关系时采用。具体做法有以下几种。

1. 专家会议法

专家会议法亦称专家小组法，是由若干专家组成预测小组，举行专家会议，集思广益，对成本等进行预测。但专家会议法预测的结论常常会受会议时间或个别权威人士意见的左右，准确性较差。一般适用于初步预测或对已提出预测方案进行评估。

2. 德尔菲法

德尔菲法是20世纪40年代美国兰德公司设计提出的著名定性分析方法。它是专家会议法的发展。德尔菲法是通过匿名函询方式分别向每个专家征集意见,使其能够完全根据自己观点预测,然后将专家的预测整理汇集,再以匿名方式反馈给专家,使其参考别人意见修正原来的预测结果。如此反复多次,使专家意见达到比较集中的程度,作为预测的最终结果。

3. 主观概率法

主观概率法是对专家经验的一种定量化的定性分析方法,它是通过在调查个人对事件信念程度的基础上,用数值说明人们对事件可能发生的程度的主观估计。由于掌握相同的资料的两个人很可能对同一事件提出不同概率,所以用主观概率法能汇总并定量考虑不同专家的不同意见,得出一种量化的结果。

(二) 定量分析法

成本预测的定量分析法,是运用现代数学方法对有关历史数据进行科学地加工处理,并建立经济数学模型,充分揭示各有关变量之间的规律性,作为预测分析的依据。这种方法适用于定量化的因素预测。按具体做法的不同,可分为两种:一种是趋势预测法,另一种是因果预测分析法。

1. 趋势预测法

趋势预测法亦称时间序列法,即根据某项指标过去的、按时间顺序排列的数据,运用一定的数学方法进行加工、计算,借以预测未来发展趋势的分析方法。其主要特点是假设成本指标会以同样的比率朝同样的方向变化,从而可根据其过去的变化规律向前推测其未来的预期值。这种方法通常在企业成本水平较为稳定的情况下,用来预测较短时期内成本的发展趋势。常用的有简单平均法、移动平均法、指数平滑法等方法。

(1) 简单算术平均法。即根据过去若干时期的实际成本的算术平均数,来预测计划期的成本的一种预测方法。简单算术平均法的计算公式:

$$Y_{n+1} = \frac{\sum Y_i}{n} = \frac{Y_1 + Y_2 + Y_3 + \cdots + Y_n}{n}$$

式中:Y_{n+1} 为预测成本

Y_i 为第 i 期的实际成本

n 为期数

这种方法虽然计算简单,但它把各个时期的成本差异平均化,没有考虑不同时期实际成本数字对预测值的影响,误差一般较大。

(2) 加权算术平均法。即根据若干时期的成本额的历史资料,按其距离预测期的远近采用不同的权重,计算出加权平均值,并以此作为预测值。采用这种方法预测成本,目的是为了适当扩大近期实际成本对未来期间成本量预测值的影响作用;因此,成本的历史数据距离预测期越近,所选择的加权数就应越大。

加权算术平均成本预测值的计算公式如下:

$$Y = \frac{\sum (X_i \times W_i)}{\sum W_i}$$

式中:X_i 为第 i 期的实际成本数额

W_i 为第 i 期的对应权数

健翔食品厂生产方便面,由于物价因素,成本每年都稳步小幅上升。最近 5 年的总成本资料见表 12-1 所示,要求采用加权算术平均法预测该厂 2006 年生产方便面的总成本。

表 12-1 总成本资料

单位:元

年份	总成本
2001	12 000
2002	12 500
2003	13 000
2004	13 500
2005	14 000

总成本 = (12 000×1 + 12 500×2 + 13 000×3 + 13 500×4 + 14 000×5)/(1+2+3+4+5) = 13 333.33(元)

(3) 移动平均法。移动平均法是根据成本的历史资料向前延伸进行预测的方法,即计算不断向前移动的 N 个成本历史数据的平均值,通过引进距离预测期越来越近的新数据,不断修改平均值作为最终的成本预测值,这样就可以反映成本的变化趋势。按具体延伸测算方式的不同,可分为一次移动平均法、加权移动平均法、二次移动平均法和指数修匀趋势法四种主要方法。这里仅以一次移动平均法为例。

一次移动平均法的计算公式为:

$$M_t^{(1)} = \frac{y_t + y_{t-1} + \cdots + y_{t-N-1}}{N} = M_{t-1}^{(1)} + \frac{y_t - y_{t-N}}{N}, t \geq N$$

式中:$M_t^{(1)}$ 为第 t 期的一次移动平均数

y_t 为第 t 期的观测值

N(步长)为移动平均的期间数,即在计算每一移动平均数时所使用的成本历史数据的个数

移动平均法可以平滑成本数据,消除成本的周期变动和不规则变动的影响,使得成本变动的长期趋势显示出来。成本预测值 $\hat{y}_{t+1} = M_t^{(1)}$,即以第 t 期的一次移动平均数作为第 $t+1$ 期的预测值。

健翔食品企业近年来由于行业竞争加剧,不得不逐步增加销售成本投入,导致每月成本呈波动上升趋势。该企业 2017 年各月份实际成本资料见表 12-2 第二列所示,用一次移动平均法测算下一年度 1 月份的总成本水平(步长 N 分别取 $N=3$ 和 $N=5$)。

表 12-2　预测成本计算表

单位：万元

月份	实际成本 Y_t	N = 3			N = 5		
		M_t	Y_{t+1}	绝对误差	M_t	Y_{t+1}	绝对误差
1	372						
2	348						
3	418	379.33					
4	358	374.67	379.33	21.33			
5	436	404	374.67	61.33	386.4		
6	479	424.33	404	75	407.8	386.4	92.6
7	556	490.33	424.33	131.67	449.4	407.8	148.2
8	519	518	490.33	28.67	469.6	449.4	69.6
9	513	529.33	518	5	500.6	469.6	43.4
10	578	536.67	529.33	48.67	529	500.6	77.4
11	508	533	536.67	28.67	534.8	529	21
12	621	569	533	88	547.8	534.8	86.2
预测期			569			547.8	
平均绝对误差				54.26			76.91

分别取移动期间数 $N=3$ 和 $N=5$ 计算移动平均值 M_t 和预测成本 Y_{t+1}：

如取 $N=3$，得到 $M_3=(Y_3+Y_2+Y_1)/3=(372+348+418)/3=379.33$，$Y_4=379.33$，即 $N=3$ 时，预测期间的预测成本为 569 万元；同理，$N=5$ 时，预测期间的预测成本为 547.8 万元。

在采用移动平均法时需要注意，移动期间数 N 的选择是成本预测的关键问题。如果成本历史数据显示出成本波动较大，N 应该取大一些，以消除成本波动的干扰。如果成本趋势比较平稳，N 可以取比较小的数值。在上述例题 2 中，当 $N=3$ 时平均绝对误差为 54.26，当 $N=5$ 时平均绝对误差为 76.91。因此，以 $N=3$ 时的成本预测值为最终的预测结果。

（4）指数平滑法。指数平滑法是一种在移动平均法的基础上发展起来的特殊的加权平均法，它反映了最近时期事件的数值对预测值的影响。具体地说，就是根据本期成本的预测值和实际值对计划期成本影响程度的大小，引入平滑系数进行加权，测算计划期成本水平。指数平滑法的目的是消除由时间数列的不规则成分引起的随机波动。指数平滑法的计算公式为：

$$Y_t = Y_{t-1} + \alpha(S_{t-1} - Y_{t-1}) = \alpha S_{t-1} + (1-\alpha) Y_{t-1}$$

式中：Y_t 为预测值

S_{t-1} 为上一期的实际值

Y_{t-1} 为上一期的预测值

α 为加权系数或平滑系数（$0 \leq \alpha \leq 1$）

平滑系数的大小反映了不同时期的数据在预测中的作用：α 值越大，下一期预测值则越接近本期实际值；α 值越小，下一期预测值越是偏离本期实际值。人们通常采用较小的平滑系数反映预测值变动的长期趋势，而采用较大的平滑系数反映近期预测值的变化趋势。平滑系数一般根据经验确定，带有一定的主观性。

2. **因果预测法**

因果预测法即根据成本的历史数据，按照成本的习性，运用数理统计的方法来预测成本发展趋势。因果预测分析不是从成本本身的变动孤立起来进行预测，而是找出成本与产量、质量、原材料利用、劳动生产率等技术指标之间的关系，从而建立相应的因果预测模型，以相关指标的变动情况为基础，推测成本的变动结果。它的一种具体做法是将成本发展趋势用直线方程 $y = a + bx$ 来表示。在这个方程中，只要求出 a 与 b 的值，就可以预测在任何产量（x）下的产品总成本（y）。

预测分析过程中，根据历史成本资料所选用的时期，不宜过长，也不宜过短。由于市场经济形势发展太快，时期过长，则资料会失去可比性；时期过短，则不能反映出成本变动的趋势。通常以最近 3～5 年的资料为宜。另外对于历史成本资料中某些金额较大的偶然性费用，如材料、在产品、产成品的盘盈、盘亏等，应予以剔除。

确定 a 和 b 的值通常有三种方法：高低点法、散步图法和回归分析法。

（1）高低点法。高低点法是求出一定时期历史资料中最高业务量的总成本与最低业务量的总成本之差（Δy）与最高最低业务量之差（Δx）的比值，确定为单位变动成本 b；然后再将已求出的 b 值代入最高点或最低点业务量的成本方程式，求出 a 的值，确定预测期的成本方程式；最后根据预计的产品生产量预测产品的总成本。

健翔公司由于技术稳定、管理良好、销售顺畅，长期以来总成本与业务量之间存在较为稳定的依存关系，该企业 2017 年下半年的成本与业务量的资料见表12-3所示。

表12-3　成本与业务量资料表

月份	业务量（件）	总成本（元）
7	276.0	372.5
8	380.5	425.0
9	267.5	351.4
10	327.5	441.0
11	377.0	482.5
12	441.0	507.5

在过去的成本资料中找到业务量最高（441）的最高总成本（507.5）和业务量最低（267.5）的最低总成本（351.4），计算单位变动成本 b：

单位变动成本 $b = (507.5 - 351.4) \div (441 - 267.5) = 0.9$（元）

将 b 代入最高点的方程式中求固定成本总额 a：

$$507.5 = a + 441 \times 0.9$$

$$a = 110.6$$

或将 b 代入最低点的方程式中求固定成本总额 a：

$$351.4 = a + 267.5 \times 0.9$$
$$a = 110.6$$

预测未来总成本方程式为：
$$y = 110.6 + 0.9x$$

假设明年 1 月份的预计产品生产量为 400 万件,则：
$$\text{产品总成本} = 110.6 + 400 \times 0.9 = 470.6(\text{元})$$
$$\text{单位产品成本} = 470.6/400 = 1.1765(\text{元})$$

高低点法是一种简易的成本预测方法,适用于在产品成本的变动趋势比较稳定的情况下。

(2) 散布图法。散布图法是为过去的业务量水平绘制成本分布情况,形象化地说明成本—业务量关系的一种有效方法。它可用以指明在不同作业量水平上成本与作业量的重要变化。

以表 12-3 的数据为例,将这些数据列示于图 12-1 所示的分布图上,待所有数据点均已标明后,则在尽可能靠近这些标点处画一直线,并将该线在分布图中延长至纵轴上。

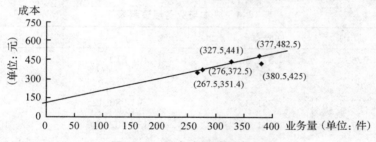

图 12-1　业务水平绘制成本图

直线的斜率代表估计的单位变动成本的估计数(b),在纵轴上的截距代表固定成本总额 a 的估计数。但需要注意的是,在本例中,并未对作业水平等于零时的成本性态进行观察,因此,这一数据并不表明如果作业水平为零时所要发生的成本,它仅仅提供了相关范围内有用的一项方程式。根据这一基础所作的估计也可能有一些误差,特别是当这些标示点分布得相当分散时尤其如此。因此,散布图并不能作为成本估计的唯一依据,最好与其他成本估计方法同时使用。

(3) 回归分析法。回归分析法是在掌握大量观察数据的基础上,利用数理统计的方法建立因变量与自变量之间的回归关系函数表达式,根据其变动状况预测与其有相关关系的某随机变量的未来值。因为回归程序使用全部数据点,所以其产生的估计数比高低点法更为可靠。此外,回归分析法可产生许多附加的统计数字,而这些数字在一定的假设下,可使成本管理人员能够估计、确定回归方程式是怎样描述成本和作业水平之间的关系的。回归分析的程序又可以包括一个以上的预测因素,这一特性在可能有一个以上作业水平影响成本时更为有用。

成本估计获取资料时最重要的一步,是在影响成本的作业和估计成本之间,建立一组逻辑关系。这些作业可以称之为回归方程式的预计因素,即自变量(x),拟估计的成本为回归方程式的因变量(y)。虽然回归程序中 y 项及 x 项可以代入任何数据,但如果代入的数据不具有逻辑关系,就可能导致错误的估计。成本会计人员的责任就在于确定作业因素与成本是否有逻辑关系。

成本的一元线性方程为:$y = a + bx$

将 n 个方程两边分别累计相加得到一个方程:

$$\sum y_i = na + b \sum x_i$$

一组二元一次方程:

$$\sum x_i y_i = a \sum x_i + b \sum x_i^2$$

解方程得:

$$a = \frac{\sum y_i - b \sum x_i}{n}$$

$$b = \frac{n \sum xy - \sum x \sum y}{n \sum x^2 - (\sum x)^2}$$

现将表 12-3 的资料归纳见表 12-4 所示。

表 12-4　成本与业务量资料表

月份	产量(x)	总成本(y)	xy	x^2
7	276	372.5	102 810	76 176
8	380.5	425	161 712.5	144 780.25
9	267.5	351.35	93 986.125	71 556.25
10	327.5	441	134 602.5	107 256.25
11	377	482.5	181 902.5	142 129
12	441	507.5	223 807.5	194 481
$n = 6$	$\sum x = 2\,069.5$	$\sum y = 2\,549.85$	$\sum xy = 898\,821.125$	$\sum x^2 = 736\,378.75$

$$b = \frac{6 \times 898\,821.125 - 2\,069.5 \times 2\,549.85}{6 \times 736\,378.75 - (2\,069.5)^2} = 0.856\,5$$

$$a = \frac{2\,549.85 - 0.856\,5 \times 2\,069.5}{6} = 129.5$$

预测成本的一元线性方程为:$y = 129.5 + 0.856\,5x$

假设明年 1 月份的产量为 400 件,则:

产品总成本额 $= 129.25 + 0.856\,5 \times 400 = 472.1$(元)

单位产品成本 $= 472.1/400 = 1.18$(元)

上述几种成本预测方法对估计成本产生了不完全相同的结果,这就说明在成本预测过程中,可能要同时使用两种或两种以上的方法以取得比较准确的成本预测资料。

此外,上述成本预测方法虽然都是根据会计的历史成本资料进行数学推导出来的,在一定程度上能反映成本变动的趋势,但它们对于企业的外部条件,如市场的供需、国家经济政策的变化等情况均未考虑,这就必然影响成本预测分析的准确性。为了使成本预测更加接近实际,我们在采用数学方法进行分析时,还必须与企业成本管理人员的经验预测结合起来，认真地进行成本分析研究，这样才能提高预测成果的准确性与可行性。

第二节 成本决策

简单地说，决策就是做决定。但是决策并不是选择方案的简单行动，而是一个提出问题、分析问题和解决问题的复杂过程。企业管理者为达到预期的经营目标，在掌握信息和经验的基础上，借助科学的理论和方法，从若干个备选方案中，选择出一个最合理最有效的行动方案，这个过程就是决策。而成本决策就是根据成本预测提供的数据和其他有关资料，在对其进行加工、整理的基础上，通过一定的计量和分析，在若干个与生产经营和成本有关的方案中，选择最优方案并据以确定目标成本。

一、成本决策概述

（一）成本决策的基本程序

成本决策程序主要包括三个基本步骤：

（1）确定成本决策目标。这是决策的首要环节。

（2）拟定备选方案。首先要分析和研究目标实现的外部和内部因素；在此基础上，将外部和内部环境的各种有利或不利条件同决策事物未来发展趋势的各种估计进行排列组合，拟定出两个以上的备选方案；最后计算相关联的成本和收入等资料数据。

（3）多方案选优汰劣。备选方案拟定以后，便是对其进行评价和全面权衡；并最终由决策者挑选一个最优的方案。

（二）成本决策的分类

（1）按风险特征分类，成本决策包括确定型决策分析、风险型决策分析和不确定型决策分析。

确定型决策是指有关备选方案都有确定状态的决策。在这种情况下，每个决策方案只产生一种确定的结果，其相关成本数据是确定可知的，根据决策目标可以做出肯定的选择。

风险型决策是指决策方案存在若干不可控因素，决策者可以预知未来可能出现的若干种不同自然状态，并测算出其出现的概率，以此为依据进行带有风险性的决策。

不确定型决策是指决策者事前仅能预知各备选方案在几种可能的自然状态下产生的几种不同的结果，但是难于确定其出现的概率。这类决策存在很多不可控因素，一般难以进行量化分析，主要依靠决策者的经验和个人判断。

（2）按决策对象间的关系分类，成本决策分为互斥型成本决策和独立型成本决策。

如果多个备选方案中，选择其中任何一个就必须放弃其他所有的方案，则这些方案之间构成两两互斥的关系。对互斥的备选方案进行决策为互斥型决策。

如果多个备选方案中，选择其中任何一个对其他方案的取舍均不产生任何影响，则这些方案之间是独立的关系。对独立的备选方案进行的决策为独立型决策。

(三) 成本决策分析应注意的问题

(1) "最优方案"的理解问题。"最优"这一概念很大程度上来源于数学,但管理不是纯粹的数学问题,数学模型不一定有实际、具体的实施意义。管理过程所涉及的变量,远比任何"模型"复杂得多,需要管理者进行包括数学计算和主观判断在内的更多的分析和选择。同时,在进行成本决策时,必须要考虑成本效益原则,即为进行准确决策付出的成本必须低于准确决策为企业带来的效益。

(2) 最优方案的实现条件。通过成本决策过程得出的最优方案即便存在,也可能达不到或不必达到,管理有很强的现实性,追求效果。理论上"最优"的不一定是"最有效"的,必须还要考虑实现条件问题。

(3) 注意定量方法和定性方法的结合。成本决策,要对所能利用的资源进行可计量的决策分析,并且遵循一定的数学方法、数学规律和运算程序,力求数量化,以便在不同备选方案中进行定量选择。有些不宜用可度量单位数量化的项目,应进行定性决策分析。

二、成本决策的基本方法

(一) 差异分析法

差异分析法是指对两个或两个以上备选方案的差量收入和差量成本进行比较分析,从而确定最优方案的方法。差异分析法应用范围比较广泛,其具体操作步骤一般有三:一是搜集有关决策用资料;二是利用差量分析表进行分析求解;三是比较差量收入和差量成本,依据差量损益,做出最后决策。

健翔食品企业在扩大生产后同时生产牛奶、奶酪两种联产品。其中:牛奶、奶酪两种产品分离后,可以立即出售,也可以进一步加工后出售。牛奶的产量为 10 000 公斤,立即出售的单价为 6 元,进一步加工后出售的单价为 12 元;奶酪产量为 5 000 公斤,立即出售的单价为 14 元,进一步加工后出售的单价为 16 元。进一步加工时发生的可分成本如下:牛奶需追加单位变动成本 2 元,专属固定成本 4 000 元;奶酪需追加单位变动成本 4 元,专属固定成本 2 000 元。试分析:牛奶、奶酪两种联产品是否可以进一步加工?

说明:差异分析法用于联产品是否进一步加工的成本决策,其关键在于分析联产品分离后进一步加工追加成本是否低于新增加的收入。

1. 关于牛奶的差异分析

(1) 牛奶的差量收入。

立即出售:10 000 × 6 = 60 000(元)。

进一步加工:10 000 × 12 = 120 000(元)。

差量:120 000 − 60 000 = 60 000(元)。

(2) 牛奶的差量成本。

立即出售:0 元。

进一步加工:10 000 × 2 + 4 000 = 24 000(元)。

差量:24 000 元。

(3) 牛奶进一步加工后出售的差量利润 = 60 000 − 24 000 = 36 000(元)。

2. 关于奶酪的差异分析

（1）奶酪的差量收入。

立即出售：5 000 × 14 = 70 000（元）。

进一步加工：5 000 × 16 = 80 000（元）。

差量：80 000 - 70 000 = 10 000（元）。

（2）奶酪的差量成本。

立即出售：0 元。

进一步加工：5 000 × 4 + 2 000 = 22 000（元）。

差量：22 000 元。

（3）奶酪进一步加工后出售的差量利润 = 10 000 - 22 000 = -12 000（元）。

分析结果表明，牛奶宜进一步加工，因为进一步加工后可多获利 36 000 元。

（二）概率分析法

概率分析法是利用概率把决策所涉及的随机变量与条件价值联系起来选择最优方案的决策分析方法。概率分析法用于各种不确定型成本决策，其基本程序是：

（1）确定决策可能出现的几种情况，并为每一可能发生的情况估计一个概率；

（2）根据各种事件的具体条件金额（即条件价值）分别乘以它的概率，求得每一事件的预期成本价值；

（3）从各个事件（即各种情况）的预期成本价值中选择最低者作为最优方案。

健翔食品企业扩大生产后欲生产大米和面粉。假设两种产品的销售单价都是 60 元，单位变动成本均为 50 元。全年固定成本总额为 16 000 元。两种产品的销售量为随机变量，其概率分布情况如表 12-5 所示。要求做出生产哪种产品较为有利的决策。

表 12-5 概率分布表

销售量	概率分布	
（袋）	大米	面粉
2 000	—	0.1
4 000	0.2	0.1
6 000	0.1	0.3
8 000	0.4	0.2
10 000	0.3	0.3

解：根据上述资料进行预期价值分析，分析过程如表 12-6 所示。

表 12-6　预期价值分析表

方案	销售量（袋）	概率	条件价值(元)（边际利润总额）	预期价值（元）
生产大米（单位边际利润）=60－50=10（元）	2 000	—	0	0
	4 000	0.2	40 000	8 000
	6 000	0.1	60 000	6 000
	8 000	0.4	80 000	32 000
	10 000	0.3	100 000	30 000
边际利润总额				76 000
生产面粉（单位边际利润）=60－50=10（元）	2 000	0.1	20 000	2 000
	4 000	0.1	40 000	4 000
	6 000	0.3	60 000	18 000
	8 000	0.2	80 000	16 000
	10 000	0.3	100 000	30 000
边际利润总额				70 000

分析结果表明,生产大米比生产面粉可多获边际利润6 000元,因此,决定生产大米较为有利。

进一步讲,根据这两种产品销售量的概率分布,通过计算和比较保本点,还可以得到它们内含的相对风险程度。根据资料,这两种商品的保本销售量同为1 600袋(16 000÷10)。当销售量超过保本量2 400袋,即达到4 000袋时,可实现利润2 400×(60－50)=24 000(元)。从概率分布情况来看,大米等于或小于4 000袋的概率为0.2;而面粉等于或小于4 000袋的概率也为0.2(即0.1＋0.1)。可见,这两种产品此时的盈利性相同,仍以生产大米有利。当销售量超过保本量4 400袋,即达到6 000袋时,可实现利润4 400×(60－50)=44 000(元)。从概率分布情况看,大米等于或小于6 000件的概率为0.2＋0.1＝0.3;而面粉等于或小于6 000袋的概率为0.1＋0.1＋0.3＝0.5。可见,此时生产面粉的盈利性大于大米。那么,就应以生产面粉有利。

（三）线性规划法

线性规划法是用来对具有线性联系的极值问题进行求解的一种现代数学方法。这种方法适用于具有各种相互间依存关系的决策,尤其在短期经营决策中应用最广。线性规划法一般有以下几个特点:

（1）确定目标。通常采用使利润最大化,或使成本最小化的形式。所确定的目标,一般被具体地表达为目标函数。

（2）确定基本关系。特别是约束条件,即在追求目标函数最大值或最小值实现时,必须遵守的若干条件的约束。

（3）计算最优解。用代数法或图解法求解在约束条件和目标函数规定下的最优解,即最优决策方案。

健翔食品企业生产的奶糖由奶粉和糖两种原料组成,每件产品重量为 25 公斤,所含的糖最多不得超过 20 公斤、奶粉至少不能少于 10 公斤。糖的单位成本为 2.5 元;奶粉的单位成本为 4 元。那么,如何配比奶粉、糖,才能使甲产品的成本最小?

按照线性规划法的步骤特点,首先,设糖、奶粉两种材料的重量分别为 x_1、x_2;最优成本为 S。其次,弄清面临的问题和确定基本关系。决策的问题是决定奶糖中糖、奶粉材料的重量各为多少,目标是使奶糖的单位成本最低,即求目标函数最小值;由糖最多 20 公斤、奶粉至少 10 公斤、每件奶糖为 25 公斤等限制,可确定约束条件。

由此可得,该问题的数学模型为:

目标函数:
$$Min(S) = 2.5x_1 + 4x_2$$

约束条件:
$$x_1 \leq 20$$
$$x_2 \geq 10$$
$$x_1 + x_2 = 25$$
$$x_1 > 0, x_2 > 0$$

方法一:图解法求解。具体步骤如下:

① 建立坐标图,确定可行解集。如图 12-2 所示。

满足约束条件 $x_1 > 0, x_2 > 0$ 的各点均落在第一象限内;

满足约束条件 $x_1 \leq 20$ 的点均位于 $x_1 = 20$ 这条直线及其左边平面内;

满足约束条件 $x_2 \geq 10$ 的点均位于 $x_2 = 10$ 这条直线及其上方平面内;

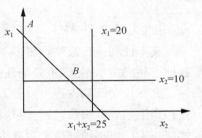

图 12-2 成本决策的线性规划图解

满足约束条件 $x_1 + x_2 = 25$ 的点均位于该直线上。

因此,满足上述所有条件的点位于图中 A、B 两点及其之间,这就是该问题的可行解集。A 点坐标为 $(0,25)$;B 点坐标为 $(15,10)$。

②求目标函数最优解。因为线性规划问题若有最优解存在,只要比较各级点的目标函数就能找出最优解。具体做法是:

$$S_A = 0 \times 2.5 + 25 \times 4 = 100(元)$$
$$S_B = 15 \times 2.5 + 10 \times 4 = 77.5(元)$$

结果表明,S_B 为最优解。即当糖为 15 公斤,奶粉为 10 公斤时,奶糖的最低成本为 77.5 元。

方法二:Excel 软件求解。当线性规划问题较为复杂,数据非常烦琐时,用图解法求解显然既费时费力,又无法得出精确的答案;这时我们可利用 Excel 软件进行求解。下面以该例题数据为例,简要说明软件求解的操作方法。

① 点击"工具——加载宏",选择"规划求解",安装此项功能;

② 任意选择两个符合条件的数据 $x_1 = 10$、$x_2 = 15$,输入单元格 $A1$、$B1$;定义 $C1 = x_1 + x_2$;$D1 = 2.5x_1 + 4x_2$;

③ 点击"工具——规划求解",在对话框中定义"目标单元格"为 $D1$,"可变单元格"为 $A1$、$B1$;"约束条件"为 $A1 \leq 20$、$B1 \geq 10$、$C1 = 25$;点击"求解",即可得出最优解,并自动显示

在单元格中：$A1=15$、$B1=10$、$D1=77.5$。

第三节　成本计划

企业的经营目标，经过预测和决策后，需要一系列的计划或预算，合理地安排并有效地运用企业的人力、物力和财力，争取未来获得尽可能大的经济效益。成本计划就是围绕着企业目标成本和期望降低值，合理有效地运用和配置生产要素，提高劳动生产率，以满足成本管理上的需要，为成本控制、成本核算和成本分析提供依据。

一、成本计划概述

（一）成本计划的含义

成本计划是在成本预测的基础上，以货币形式预先规定企业在计划期内的生产耗费和各种产品成本水平、成本降低任务及其降低措施的书面方案。

成本计划按其内容可以分为两大类。一类是按成本要素及成本用途，编制生产成本预算和非生产成本预算；另一类是按产品品种，编制计划期各种产品预计成本水平的产品成本计划。生产成本预算按要素成本反映，可以编制"材料费用预算""工资及福利费预算""制造费用预算"。产品成本计划包括"主要产品单位成本计划""全部产品成本计划"。成本计划的内容，在不同时期、不同部门是有所差别的；成本计划除了以表格表述外，还应对成本计划编制的依据、理由、方法和保证措施以及完成计划的可能性进行文字说明。

（二）成本计划的意义

（1）编制成本计划是企业组织全体职工确定成本目标，有计划地开展成本管理工作，不断降低成本的重要手段。在编制成本计划的过程中，企业需要充分发动全体职工修订各项定额，拟订各项具体措施，充分挖掘企业内部人力、物力、财力的潜力，保证成本目标的实现。

（2）编制成本计划为成本控制、成本分析和成本考核提供了重要的依据。企业编制成本计划，可以把成本降低目标落实到车间和有关职能部门，实行成本指标归入分级责任管理，使各责任部门和个人明确自己的成本责任，以此作为在日常生产活动中对生产费用控制、监督和事后成本分析、考核的依据。

（3）编制成本计划是编制其他计划的依据。成本计划既是生产技术、财务计划的重要组成部分，又对它们提出了最优成本的要求。由于成本的高低直接影响着企业利润水平和资金占用额，企业常常以成本计划为基础，编制利润计划、资金计划等其他财务计划。

（三）成本计划的构成

成本计划的构成包括产品成本计划和经营管理费用计划。具体内容如下：

（1）全部产品成本计划。全部产品成本计划包括两类：一类是按产品品别反映的全部产品成本计划；另一类是按产品成本项目反映的全部产品成本计划。前者的作用在于反映了各种可比产品、其他不可比产品以及企业全部产品的成本情况,由此可以看出整个企业的成本水平。后者的作用在于反映了企业全部产品成本项目的结构情况,便于分析企业产品成本项目的结构变动趋势。

(2) 主要产品成本计划。在企业产品品种较多时,企业无法对每一种产品都编制成本计划,一般会选择几种主要产品。主要产品成本计划是按每一主要产品分别编制的单位成本计划,它除了按成本项目反映单位产品的计划成本外,还要反映直接材料、直接燃料、动力以及工时的消耗定额。

(3) 制造费用预算。制造费用属于综合性间接费用,它包括固定性费用,变动性费用,以及一些混合性费用。制造费用预算一般是按费用项目,并依据费用与业务量的关系编制的。

(4) 经营管理费用预算。经营管理费用包括产品销售费用、管理费用和财务费用。经营管理费用的各项预算均是按其项目编制的。

(5) 降低成本的有关措施。成本计划不是单纯的计划,还应提出执行计划的具体措施。这些措施主要是企业在计划年度降低成本的具体方法和途径,如产品产量计划增长多少、劳动生产率提高多少、材料耗用量节约多少、各项费用压缩多少等。

(四) 成本计划的编制程序

编制成本计划的程序因企业的规模、经营管理要求的差别而有所不同。如果企业规模小,产品品种不多,采用的一级成本核算,则直接由厂部集中编制成本计划。如果企业规模较大,采用了两级成本核算,应先由车间编制半成品或产品成本计划,再由厂部汇总的全厂的成本计划。

成本计划的编制程序一般可分为如下几步:

(1) 广泛收集和系统整理有关资料。这些资料主要包括:计划期内有关生产、技术、劳动工资、材料物资、销售市场以及挖潜革新、综合利用和"三废"处理等方面的资料;计划期内各种原材料、燃料的消耗定额、劳动工时定额及各项费用定额等;历史最好年份的成本资料、上年实际成本水平及上年成本计划执行情况、上年成本变动的具体原因;国外国内同类型企业的有关成本资料。

(2) 根据成本决策和成本目标,进行指标测算。财务部门应根据其他计划,特别是利润计划的要求,确定目标成本,然后对能否实现、怎样实现这一目标进行指标测算。影响成本的因素很多,如生产增长、劳动生产率提高、材料用量节约、材料价格上升、工资水平提高等,可以通过对每一项因素进行测算,确定各因素变动对成本降低的影响。根据测算情况,召开成本计划平衡会议,把成本降低指标分解下达给各有关部门和车间。

(3) 各车间、部门编制成本计划和费用预算。在实行分级管理的企业,各车间在厂部下达成本控制指标后,应结合其他有关计划和定额资料,定出具体措施,编制车间成本计划上报厂部。各职能部门也应该认真讨论厂部下达的费用预期核算控制指标,拟订技术经济指标和费用节约措施,编制具体的费用预算上报厂部。

(4) 厂部综合平衡后,编制全厂成本计划。综合平衡包括两个方面:一是企业对各单位编制上报的成本计划和费用预算进行全厂的综合平衡,使其与企业总的成本目标相一致;另一方面,检查各单位的成本计划和各部门的费用预算与企业其他计划是否相互衔接,有无矛盾。厂部经过多次、多方面的综合平衡后,编制出正式的成本计划,再下达给各个职能部门和车间执行。

实行一级成本核算的企业,由财务部门根据各种资料,经过测算平衡后直接编制全厂的成本计划。编制成本计划的程序见图12-3所示。

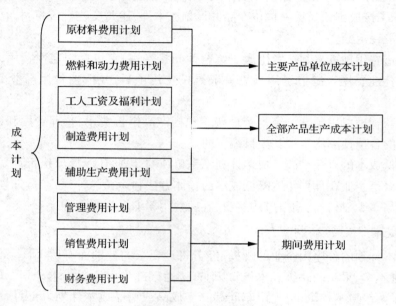

图12-3　编制成本计划程序

大中型企业实行分级成本核算,应先由各车间根据财务部门下达的成本控制指标,编制车间成本计划,然后由财务部门汇总编制全厂的成本计划。分级编制成本计划的程序见图12-4所示。

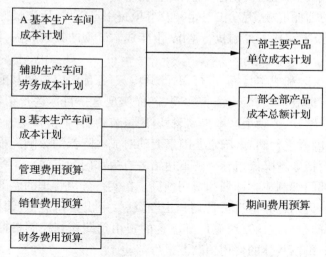

图12-4　分级编制成本计划程序

三、成本计划的编制

成本计划在分级编制的方式下,大体可分为以下四个步骤。

(一)辅助生产车间成本计划的编制

辅助生产车间是为企业基本生产车间和企业职能部门以及基本建设工程、生活福利部门提供产品或劳务的车间。辅助生产车间发生的费用要按一定的方法分配到各受益单位产品成本或费用计划中去。因此,编制成本计划,首先应编制出辅助生产成本计划。其编制内容大致可分为如下两项:

(1)辅助生产费用发生的计划。采用表格形式,按成本项目和费用要素交叉反映辅助生产费用发生的计划数额。在确定各成本项目计划数额时,原材料、辅助材料、燃料和动力,以及生产工人工资等项目,可以根据计划劳务量、单位产品消耗定额及计划单价进行计算确定。其他费用项目的内容较多,要分别按明细项目加以确定。凡有规定开支标准的,按其标准确定;凡没有消耗定额和规定开支标准的,可根据上期的实际数,结合本期车间产量或劳务供应量的增减情况以及计划期节约费用的要求来确定。

为了正确反映辅助生产车间的费用水平,各辅助生产车间相互提供产品成本或劳务,也应按计划耗用量和计划价格计算,列入各辅助生产费用。

(2)辅助生产费用分配的计划。辅助生产车间的全部生产费用,应当根据辅助生产车间产品或劳务单位成本与为各受益单位提供的计划产品和劳务量,编制辅助生产费用分配表,分配给各受益单位。

(二)基本生产车间成本计划的编制

(1)按计划产品和各成本项目计算车间各种产品的直接费用计划数。直接材料、直接燃料和动力费用项目,应根据各项消耗定额和计划价格计算。原材料消耗定额是产品设计部门在产品设计时,根据企业生产工艺先进水平确定的。原材料的计划单价是根据外购材料的采购成本、自制材料的实际成本或委托加工材料的实际成本确定的。如果生产过程中会形成一定的废料并具有回收价值,应合理预计并从直接材料项目中扣除。在实际工作中,有些材料物资由于品种繁多并且每种材料数量较少,也可以参照上年实际发生额并考虑计划期内节约消耗的要求来确定材料消耗额。但是,主要的原材料、燃料和动力一定要以合理的消耗定额作为计算依据。

直接工资项目,应根据计划期劳动工资计划中生产工人工资总额和产量计划计算确定。具体计算时应区别以下几种情况予以确定:如果该车间实行计件工资制,则该产品计划的计件单价就是单位产品工资成本;如果是计时工资制,则用计划期各产品所需定额工时之和去除车间生产工人计划工资总额,求得计划工时工资率,再用各产品的工时定额乘以计划工时工资率,即可求得单位产品工资成本。

废品损失项目应根据工艺部门拟定的废品工时率,结合降低废品率的措施来确定。为了简化计算,也可以参照上年实际发生数,并结合计划年度降低废品损失的要求和可能确定。

各基本生产车间相互转移半成品成本的计算可参照实际成本计算的方法处理,如平行结转、逐步结转、计划成本结转、实际成本结转等。

（2）编制各基本生产车间制造费用的预算。在编制基本生产车间的制造费用预算时，应以计划期的一定业务量的水平为基础来规划各个费用项目的具体预算数字，各项目均应有合理的计算依据。例如，各生产车间管理人员的工资以及计提的福利费，应根据人员数目计算确定；房屋、建筑物、机器设备等固定资产折旧费，应根据固定资产原值、残值和折旧年限确定；租赁费应根据设备使用计划确定；水电费应根据需要耗用的水电数量确定；等等。其他一些难以找到计算依据的项目，可以根据以往的支出水平，考虑当前的变化加以确定。确定了制造费用计划总数后，将其按照一定的标准在各产品间分配，然后再计算各产品的单位产品制造费用计划成本。

（3）根据各种产品的直接费用和应分配的制造费用，计算出各种产品的计划单位成本和计划总成本，以及按成本项目计算的产品计划总成本。例如根据制造费用弹性指标可以编制一定业务量范围内的制造费用弹性预算，其基本格式见表12-7和表12-8所示。

表12-7 制造费用弹性指标

单位：元

项目	固定部分	单位变动	项目	固定部分	单位变动
管理人员工资	8 700		辅助材料	1 076	0.18
保险费	2 800		燃料		0.05
设备租金	2 680		辅助工资		0.55
维修费	1 660	0.21	检验员工资	300	0.02
水费	500	0.12	其他	100	

表12-8 制造费用弹性预算表

单位：元

直接人工工时	20 000	21 000	22 000	…	28 000	29 000	30 000
变动成本项目	12 000	12 600	13 200	…	16 800	17 400	18 000
燃油	1 000	1 050	1 100		1 400	1 450	1 500
辅助人工工资	11 000	11 550	12 100		15 400	15 950	16 500
混合成本项目	14 136	14 666	15 196	…	18 376	18 906	19 436
辅助材料	4 676	4 856	5 036		6 116	6 296	6 476
维修费	5 860	6 070	6 280		7 540	7 750	7 960
检验人员工资	700	720	740		860	880	900
水费	2 900	3 020	3 140		3 860	3 980	4 100
固定成本项目	14 180	14 180	14 180		14 180	14 180	14 180
管理人员工资	8 700	8 700	8 700		8 700	8 700	8 700
保险费	2 800	2 800	2 800		2 800	2 800	2 800
设备租金	2 680	2 680	2 680		2 680	2 680	2 680
制造费用预算	40 316	41 446	42 576	…	49 356	50 486	51 616

(三) 全厂成本计划的编制

财务部门对各车间上报的车间成本计划进行审查后,即可以着手编制全厂的成本计划。全厂成本计划包括主要产品单位成本计划和全部产品成本计划。

(1) 主要产品单位成本计划。主要产品单位成本计划是根据各车间的产品成本计划汇总编制的,一种产品编制一张成本计划表。其基本格式如表 12-9 所示。

表 12-9　主要产品单位成本计划表

单位:元

成本项目	上年预计	本年计划	降低额	降低率(%)
直接材料	1 100	978	122	11.1
直接燃料	200	198	2	1
直接工资	400	396.5	3.5	0.875
制造费用	260	250	10	3.8
废品损失	40	37.5	2.5	6.25
单位成本	2 000	1 860	140	7

在采用逐步结转分步法时,可直接在最后一个车间的计划单位产品成本基础上编制。如果需要按原始成本项目反映单位产品成本结构,则应将最后一个车间的计划单位成本中的"自制半成品"项目逐步还原后编制。在采用平行结转分步法时,将各车间同一产品的单位成本的相同项目的份额相加,就是各种产品的计划单位成本。

(2) 全部产品成本计划。全部产品成本计划可以按产品品种分别编制,也可以按产品成本项目编制。其基本格式如表 12-10 和表 12-11 所示。

表 12-10　全部产品成本计划表(按产品类别)

单位:元

产品名称	计量单位	计划产量	单位成本		总成本		降低情况	
			上年预计	本年计划	按上年成本计算	按本年成本计算	降低额	降低率
可比产品					1250000	1207500	-42 500	-3.4%
A 产品	台	250	2 000	1 860	500 000	465 000	-35 000	-7%
B 产品	台	300	2 500	2 475	750 000	742 500	-7 500	-1%
不可比产品								
C 产品	台	100		600		60 000		
合计						2 475 000		

表 12-11　全部产品成本计划表(按成本项目)

单位:元

成本项目	可比产品				不可比产品计划总成本	全部产品成本计划
	按上年成本	按计划成本	计划降低额	计划降低率		
直接材料	3 750 000	3 554 600	−195 400	−5.21%	180 000	3 734 600
直接燃料	250 000	247 450	−2 550	−1.02%	12 000	259 450
直接工资	500 000	524 800	+24 800	+4.96%	20 000	544 800
制造费用	400 000	410 000	+10 000	+2.5%	22 000	43 200
废品损失	100 000	93 150	−6 850	−6.85%	6 000	99 150
合计	5 000 000	4 830 000	−170 000	−3.4%	240 000	5 070 000

(四) 期间费用预算的编制

(1) 费用预算的类型包括固定预算、弹性预算和零基预算等。固定预算是按计划期内预定的某种业务活动水平确定一个固定费用数额的方法。

弹性预算是将制造费用和销售费用按成本习性分为变动费用和固定费用两大部分,并将变动费用部分按业务量的变动加以调整,以便分别反映各业务量情况下所应开支的费用水平。

零基预算是指以零为基础编制计划或预算的方法,最初是由美国德州仪器公司的彼得·派尔在20世纪60年代提出来的。零基预算法对于任何一个预算期,任何一种费用项目的开支数,均不考虑基期的费用开支项目和费用开支水平,而是一切以零为起点来考虑各个费用项目的必要性及其规模而确定其所需费用数额。

(2) 期间费用预算分为管理费用、财务费用以及销售费用计划的编制。管理费用计划的编制方法要根据费用的具体项目而定。例如,管理人员工资可根据人数定员和工资标准计算确定;职工福利费、工会经费、职工教育经费可根据管理人员计划工资总额和规定的提取标准计算确定;折旧费可根据固定资产原值、残值和折旧率计算确定;低值易耗品摊销、无形资产摊销,可根据这些费用的年计划摊销额确定;等等。其他项目应在分析上年费用开支情况的基础上,考虑计划其物价变动和生产经营规模变动以及费用节约要求等因素进行估计。

财务费用包括企业生产经营期间发生的利息支出(减利息收入)、汇兑净损失、金融机构手续费以及其他筹资费用等,应根据计划期的利率、汇率、金融机构手续费比例等因素确认编制。

销售费用可分为变动性费用和固定性费用两类。前者可根据单位计划变动销售费用和计划销售量计算确定,后者则要在分析上年费用开支情况的基础上,考虑计划期成本节约的要求加以确定。

本 章 小 结

本章概述了成本预测、成本决策和成本计划的基本概念；重点介绍了成本预测、成本决策的基本方法，即定性分析法和定量分析法两大类；并详细阐述了成本计划的编制过程。

【关键词】

成本预测　成本决策　成本计划　定性分析法　定量分析法

【思考题】

1. 什么是成本预测？成本预测的基本方法有哪些？
2. 比较成本预测的时间序列法和因果预测法。
3. 什么是成本决策？成本决策包括哪几种主要类型？
4. 解释机会成本、沉没成本、可避免成本、专属成本和差量成本的含义。
5. 什么是成本计划？成本计划对成本管理有何意义？
6. 编制成本计划的原则和程序是什么？
7. 简述如何编制成本计划和费用预算。

【练习题】

1. 某企业2017年一年中维修费用的历史资料如表12-12所示。

表12-12　维修费用明细表

月份	业务量(小时)	维修费用(元)
1	90	4 100
2	105	4 250
3	115	4 200
4	130	4 550
5	120	4 500
6	80	3 650
7	70	3 600
8	95	3 750
9	80	3 900
10	110	4 450
11	125	4 750
12	140	4 650

要求：

（1）根据上述资料用高低点法将维修费用分解成变动成本和固定成本，并写出成本公式；

（2）根据上述资料用回归分析方法将维修费用分解成变动成本和固定成本，并写出成本公式；

（3）如果计划年度该企业业务量预计为150小时，预测计划年度的维修费用。

2. 已知某企业每年生产2 000件A半成品。其单位生产成本为36元（其中分摊到的单位固定性生产成本为4元）、直接出售的价格为40元。企业目前已具备将80%的A半成品深加工为B产品的能力，但每深加工一件A半成品需要追加10元的变动性加工成本。B产品的单位为56元。

要求：根据下列情况用差异成本法为企业做出是否深加工A半成品的决策。

（1）深加工能力无法用于其他用途；

（2）深加工能力可用于承揽零星加工业务，预计可获得边际贡献8 000元；

（3）深加工能力无法用于其他用途，如果追加投入10 000元专属成本，可使深加工能力达到100%。

3. 某企业生产甲产品，基年1—9月份实际总成本为324万元，产量为8 000件，预计第四季度的产量为2 000件，预计单位产品成本为760元，基年各成本项目的比重分别为：原材料60%，燃料和动力5%，工资及福利15%，制造费用17%，废品损失3%。计划年度有关技术经济指标预计可达到：

生产增长	25%
原材料消耗降低	5%
原材料价格上升	2%
燃料和动力消耗降低	4%
平均工资增长	10%
劳动生产率提高	15%
制造费用下降	8%
废品损失降低	20%

要求：

（1）假设目标单位成本为732元，根据以上资料计算基年预计平均单位产品成本和目标成本降低率；

（2）测算各因素变化对成本降低率的影响；

（3）将测算结果与目标成本降低率比较，判断是否能达到目标。如果不能的话，其差异是多少？

（4）假设只通过进一步降低原材料单位消耗量来完成任务，单位产品消耗量应降低到什么水平？

【案例题】

青海油田运输（集团）公司是一支拥有1 400多名员工，400余部运输车辆的专业运输队伍。在青海油田 40 余年的发展过程中,为油田的经济建设做出过突出的贡献,然而,进入 20 世纪 90 年代以来,随着我国经济体制的转变,公司面临的内外部环境发生了重大变化,这种变化对生产经营产生了极大影响,使公司的生存和发展遇到了严重的困难。仅从 1993 年到 1995 年三年时间,全公司就累计亏损 5 276 万元,年平均亏损额超过 1 700 万元。严重的亏损局面制约了油田运输的发展,也导致了油田经济效益的全面滑坡。公司的生产经营已到了难以为继的局面。针对这种情况,公司领导班子结合企业实际,不断探索新的管理模式,依靠改进管理,使得公司不但迅速摆脱了严重亏损,还一跃成为全国石油运输行业的佼佼者。他们是如何实现这一骄人业绩的呢?

首先,确定导致企业生产经营困境的关键原因。

公司领导层通过对企业生产经营管理全面检讨后认为主要原因在于:

(1) 市场波动大,运力与运量不平衡,设备日渐老化,油材料及工资费用不断上涨,加之个体运输队油田运输业的渗透和冲击,造成企业生存空间日益狭小,运输成本急剧上升,企业的经济效益全面滑坡。

(2) 以往在计划经济体制下,企业只是单纯的生产单位,缺乏成本管理意识,重生产,轻消耗。而现在在市场经济体制条件下,企业必须从单纯生产型向生产经营型转化,必须加强经济效益的理念,强化成本控制意识。公司之所以陷入目前经济效益大幅下降,亏损严重的困境,除了外部条件变化外,企业内部成本失控、成本意识淡化、成本法则弱化是根本原因。由此他们得出结论:必须在企业中推行目标成本管理体系,加强成本预测、计划和控制,才能扭转企业长期严重亏损的局面。

其次,建立精确化的目标成本管理体系。

根据上述结论,1996 年 1 月,运输(集团)公司成立了《目标成本管理在企业中的应用》课题组,在总结以往成本管理经验的基础上,以精确化和责、权、利相结合为基础,结合本企业的实际,制定和完善了一套规范、完整的目标成本管理办法,建立了一个自上而下、层层展开、层层保证的纵横交错、协调一致的目标成本控制管理体系。在目标成本体系的制定中,专题组坚持了成本控制目标的科学性、合理性、层次性和完整性,他们采取"以运量反算成本费用,倒求成本,倒算工资收入"的方式,把成本费用的各项开支以成本控制函数的方式固定下来,严格按照成本控制函数控制各项成本费用,把成本控制从过去的事后"算成本"转变到现在的事前"管成本",收到了良好成效。

最后,构建起一整套完善、严密的具体运作措施。

运输(集团)公司采取的主要做法是:

(1) 分层次制定严格的成本控制标准,并具体化为一个以定量指标构成的三级成本管理和核算网络,为目标成本管理提供依据。

(2) 坚持用科学的方法进行成本管理。在具体运作中,他们依据 ABC 成本管理法、量本利分析法及成本倒算法为主要工作手段,通过分析生产设计能力、运输成本构成、年度经营目标和市场劳务价格,采用倒算的方法分项控制各项成本费用指标。

(3) 重视抓住成本控制的重点。譬如,他们根据全公司的成本构成,按 ABC 成本管理法绘制成本因素排列图。通过分析图,可以清楚地找到成本控制的重点,深挖潜力,从而提高了成本控制的有效性。

(4)坚持"成本—效益"双考核不动摇,一手抓生产效率的提高,一手抓运行成本的降低。他们以市场运行、生产设计能力以及效益目标作为成本核算和挂钩的基础,进行了量本利分析。通过量本利分析可以看出,公司要实现经营目标,必须要提高生产效率,达到16 285万吨公里的产量;同时,还必须保证单位变动成本费用不得突破0.274 8元,这也就要在管理过程中,一手托住产量(运输工作量)不能降,一手压住成本不能升。

(5)把推行目标成本管理与经济责任制结合起来,实行全员全过程的成本管理。他们将目标成本管理体系中的各项指标层层分解到每一位员工,坚持以市场为导向,把成本费用的完成情况与职工个人收入挂起钩来——"成本升一分,收入少一分"。全方位、全过程地控制了各项成本费用的开支。实现了使全体员工人人在成本目标中工作,个个有成本控制的责任指标,大大强化了员工们的自主管理精神。

思考下列问题:

1. 什么是目标成本?什么是目标成本管理?
2. 青海油田运输(集团)公司是通过什么方法使企业生产经营摆脱困境的?它带给我们的启示是什么?
3. 该公司建立目标成本管理的基础是什么?你如何评价这个基础?
4. 在具体操作中,青海油田运输(集团)公司的管理创新突出地表现在哪些方面?

第十三章

资本预算

 学习目的与要求

1. 现金流量的概念及构成；
2. 现金流量的计算方式；
3. 资本成本的概念及其构成；
4. 资本成本的分类；
5. 资本成本的计算公式；
6. 项目决策的决策指标。

【案例导入】

鸿宇公司是一家小家电生产商。公司根据消费者的需求生产多种家用小电器。因为竞争对手不断推出新品,消费者的需求也在日益变化,因此,鸿宇公司需要根据市场情况投资新产品。产品的初期投入主要包括研发费用和生产机器的投资。同时,企业管理者还需要预估产品的生产成本,销售情况及产品的生命周期以确定产品的投资期及期间利润。当投资期结束后,企业的旧机器设备有的可以进行改装再利用或者出售,获得收益。现在,市场上出现了一款多功能电饭锅,公司管理层正在考虑是否新增这一产品的生产,如果投资,则能为企业带来多少收益?因此,财务总监建议对此进行资本预算管理。

企业对于资本项目的投资承担了相当大的风险,一旦决策失误,就会严重影响企业的财务状况和现金流量,甚至会使企业走向破产。因此,对投资项目必须按特定的过程,运用科学的方法进行可行性分析来保证决策的正确有效。本章主要介绍公司资本预算的方法,资本预算实质上是规划、评价和选择长期投资项目的过程,对公司长期投资项目中的未来各期的现金流以及资金成本进行详细分析,并对投资项目是否可行做出判断活动。资本预算的过程主要分为:项目的识别,即寻找机会产生投资计划;项目的评估,即估算每个项目的现金流量;项目的选择,即从已有的方案中评估并选择投资项目;实施与审核,即建立审核和补充程序。

第一节　资本预算

一、资本预算

资本预算是指为企业资本性投资制订计划并进行决策的过程。资本性投资指期限在一年以上的资金额较大的投资。它主要指企业购买厂房及设备、开发新的产品线或购买子公司等大额投资。由于投资金额大,影响期间长,因此企业需要对项目进行预算和评估。或者当企业在一段期间内有多个投资机会,但是,由于企业的资源有限,需要在多个投资机会中进行选择。

通常,资本预算包括以下几个步骤:

(1) 寻找和发现投资机会。为了企业的战略发展或与竞争对手之间的竞争,企业需要不断通过资本投资来提高企业的价值和竞争实力。

(2) 分析投资阶段。资本预算的对象是长期投资,因此,企业需要对长期投资的各个阶段进行分析,预算每个阶段的现金流。

(3) 制定评价指标,对项目进行比较选择。企业根据自身对投资回报的要求选择合适的选择标准对项目进行评估。一般企业比较常用的选择标准有:投资回收期法、净现值法和内部报酬率法等。

二、资本预算的要素

(一) 现金流

所谓现金流量(cash flow),是指在投资决策中一个项目所引起的在未来一定期间内所发生的现金支出和现金收入的增加值。它是评价投资方案是否可行时必须事先计算的一个基础性指标。

这里的现金是广义的现金,不仅包括各种货币资金,而且还包括项目需要投入企业拥有的非货币资源的变现价值。例如,一个项目需要使用原有的厂房、设备和材料等,则相关的现金流量是指它们的变现价值,而不是它们的账面价值。

在对现金流进行分析时,应注意以下几个问题:

(1) 考虑增量现金流。

在资本预算分析中考虑的现金流是那些只有接受了预算项目才会产生的现金流。这些现金流称为增量现金流。独立原则使得我们通过关注增量现金流来为项目估值。当我们在对项目进行预算时,应该考虑的问题是:只有当我们接受此项目时才会产生该现金流吗? 若回答是肯定的,则应该将其纳入分析中,因为这是增量现金流;若回答是否定的,则不应该纳入分析,因为无论是否接受都会产生此现金流;若回答是部分肯定的,则应将项目带来影响的那部分现金流纳入分析中。

(2) 不可忽视机会成本。

机会成本是指在投资项目的决策中,从多种方案中选取最优方案而放弃次优方案所丧失的收益。机会成本与投资选择的多样性和资源的稀缺性相联系,当存在多种投资机会,而可供使用的资源又是有限的时候,机会成本就一定存在。机会成本并没有真正实现现金实体的交割,但作为一种潜在的成本,应当作为投资决策的相关成本。

(3) 考虑投资方案对其他项目的影响。

考虑附加效应就是要考虑投资活动所产生的整体效果,而不是某一个项目的孤立效果。可分为对其他项目带来益处的正面的附带效应和对其他项目带来坏处的负面的附带效应。例如,产品开发中的减量效应(一个新产品开发影响了老产品的销路)和增量效应(航空公司新航线开发达到的各个航线的共赢)。

(4) 考虑对净营运资本的影响。

根据权责发生制,当销售发生时(而不是收到现金时),销售收入即被记录在利润表上,同时记录相应的销售成本。无论我们实际上是否支付了存货采购款,或是否收到销售款。另外,从原料采购到加工成商品销售,其间也存在时间差。因此,需要净营运资本来反映交易发生与现金流之间,以及产品制造加工过程中的时间差。

(5) 考虑相关的间接费用。

多数情况下,不管项目接受与否,供热费、电费和租金等间接费用都会发生。通常这些间接费用不能落在单一项目上,而是按与项目的相关性进行分摊。分摊的依据并不是看项目的收益是否来自间接费用,而是看间接费用是否与项目的实施有关。

(6) 忽略利息支付和融资现金流。

现金流的分析,仅考虑与投资相关的现金流,而融资产生的现金流,如利息费用和项目的其他融资现金流量不应看作是该项目的增量现金流量。融资产生的收益与费用,将通过企业的"加权平均资本成本(WACC)"来体现。

(7) 考虑折旧对企业所得税的影响。

尽管折旧本身是一项非现金费用,但是,在预算中当其引起企业所得税的变化时,折旧就成为相关现金流的一部分。因此,在资本预算中使用的折旧费用的计算和估计,应该遵循税务部门的有关规定而非企业的实际情况。

(二) 资本成本

对于现金流完全相同的两个项目,在选择时并不完全无差异。现金流仅表示从资产中赚取的回报,但同时还需考虑不同项目之间的风险水平。从资本成本中可以观察到市场对于项目风险的预期,也就是投资者的要求报酬率。

资本成本是指企业为筹集和使用长期资金(包括融入资金和自有资金)而付出的代价。它包括投资者要求回报和资本筹集费两部分。投资者要求回报是指包括股票的股息、利息、发行折价或溢价等投资者获得的收益。资本筹集费是指在融资过程中支付的各项费用,如发行股票和债券支付的印刷费、发行手续费、律师费、资信评估费、公证费、担保费、广告费等。

公司的融资渠道主要有自有资金、股权融资和债权融资。不同类型的融资渠道其风险不同,投资者要求的投资回报率也不同。当一个项目投入的资本是通过多种融资渠道获得时,企业需要考虑不同融资渠道再融资的综合资金成本,以此反映企业的综合资本风险。这就是加权平均资本成本(WACC)。它表示为了补偿各类投资者承担的风险,项目需要至少赚取的必要报酬率。因此,在进行资本预算时,加权平均资本成本被作为项目的贴现率。

(三) 投资决策指标

项目的投资决策指标是指用于衡量和比较投资项目可行性,以此对方案进行标准化的定量分析。投资决策的指标是为了评价当接受一个项目后能为企业增加多少价值?因此,一个好的投资决策指标需要具有以下三方面的特征:

(1) 决策指标应包含项目全过程的现金流。只有包含了项目所有时间段的各现金流,才能反映项目为企业增加的所有价值。

(2) 决策指标应包含能反映项目风险的必要报酬率。对于不同风险的项目,企业会有不同的要求回报率。只有当决策指标中包含了必要报酬率,才能区别项目之间的风险差异。

(3) 决策指标应能反映货币的时间价值。通过对现金流的折现处理,可以体现现金流在时间分布上的差异。

第二节 资本预算中的现金流量预测

一、现金流量的构成

按照投资项目所处的不同时期,资本项目的现金流量一般由以下三个部分构成。

(一) 初始现金流量

初始现金流量是指开始投资当年(第 0 年)产生的现金流量,这部分现金流量一般是现金流出量。项目建设过程中发生的现金流量,一般包括如下的几个部分:(1) 固定资产的投资,主要包括固定资产的购建成本、运输成本和安装成本等;(2) 营运资产的投资,主要为初始流动资产与流动负债差额;(3) 其他投资费用主要包括项目采纳后的与项目有关的职工培训费、谈判费、注册费用等;(4) 原有固定资产的变现收入,主要是指固定资产更新时原有资产的变卖所得的现金收入。期初现金流的计算如下:

$$
\begin{aligned}
&\quad(购买资产的价格)\\
&+(运输安装费用)\\
&\quad(可折旧资产)\\
&+(投入的营运资本)\\
&+(其他相关费用)\\
&+\text{卖出旧设备的税后现金流}\\
&\quad\text{期初净现金流}
\end{aligned}
$$

公式 13-1

(二) 经营现金流量

经营现金流量是指投资项目投入使用后,在其经营期内由于生产经营所带来的现金流入和流出的数量。一般包括以下几个部分:经营现金收入现金流、经营成本现金流、交纳的各项税款和固定资产折旧费所产生的税盾。

以直线折旧法为例,折旧的计算公式为:

$$D = \frac{DA - SV}{N} \qquad \text{公式 13-2}$$

式中:D 为折旧额

DA 为可折旧资产

SV 为残值

N 为年数

这种现金流量一般按年度计算。这里现金流入一般是指经营现金收入,现金流出是指经营现金支出和交纳的税金。各年经营净现金流量可用下列公式计算:

$$\begin{array}{r} 收入 \\ - 成本 \\ - 项目折旧 \\ \hline 税前收入 \\ - 所得税 \\ \hline 税后收入 \\ + 折旧 \\ \hline 每年现金流 \end{array} \qquad \text{公式 13-3}$$

尽管折旧对现金流未产生直接影响,但是,折旧费用使企业减少所得税部分的现金流出。此效应称为"折旧的税盾"。公式 13-3 可以改写为:

$$OCF = (R - OC) \times (1 - T) + D \times T \qquad \text{公式 13-4}$$

式中:OCF 为经营现金流量

R 为经营收入现金流

OC 为经营成本现金流

D 为折旧额

T 为所得税税率

公式 13-4 中,$D \times T$ 即为税盾。

(三) 期末现金流量

期末现金流量指经营收入终止时项目资产清理的现金流。其内容主要包括固定资产残值收入及相关费用、与出售或处理资产相关的税收(税收抵免)和营运资本的变动。终结现金流量的计算公式如下:

$$TCF = SV_A + RWC \qquad \text{公式 13-5}$$

式中:TCF 为期末现金流量

SV_A 为残值的税后现金流

RWC 为收回的净营运资本

残值的税后现金流的计算公式为:
$$SV_A = SV_B - (SV_B - BV) \times T \qquad \text{公式 13-6}$$

式中:SV_A 为残值的税后现金流

SV_B 为残值的价格

BV 为账面价值

T 为所得税税率

鸿宇公司正在考虑一项投资期限为 8 年的项目。具体方案如下:

(1) 设备投资:设备购置成本 350 万元,运输费、安装费共计 50 万元,设备预计可使用 10 年,报废时无残值收入;按税法要求该类设备折旧年限为 8 年,使用直线法折旧,残值率为 10%。

(2) 收入和成本预期:预计每年收入 300 万元;每年付现成本为 200 万元。

(3) 由于生产该品牌的服装,原材料、在产品等流动资产规模扩大 100 万元,应付账款等结算性流动负债增加了 50 万元。

(4) 所得税税率为 25%。

【分析】

(1) 计算初始现金流:

可折旧资产投资 = 100 + 400 = 500(万元)

营运资金 = 100 - 50 = 50(万元)

初始净现金流量(第 0 年) = -500 - 50 = -550(万元)

(2) 计算经营现金流:

第 1—8 年每年的折旧额 = 400 × (1 - 10%) ÷ 8 = 45(万元)

每年的经营现金流 = (300 - 200) × (1 - 25%) + 45 × 25% = 86.25(万元)

(3) 计算期末现金流:

期末现金流(第 8 年末) = 40 + 50 = 90(万元)

二、现金流量分析中的特殊问题——旧设备替代问题

当分析新设备替换旧设备时,有两方面的现金流需要重视。一方面是在投资期需要将旧设备进行清理,因此,会产生额外的与设备处置相关的现金流入或流出。公式 13-6 中"卖出旧设备的税后现金流"可具体为:

$$SV_A = SV_B - (SV_B - BV) \times T \qquad \text{公式 13-7}$$

式中:SV_A 为卖出旧设备的税后现金流

SV_B 为残值

BV 为账面价值

T 为所得税税率

还有一方面是需要考虑旧设备的机会成本。若旧设备继续使用,旧设备仍然会产生现金流,这些现金流将会因为新设备的替代而消失,也就是机会成本。因此,我们分析的增量现金流是采用新设备后比旧设备增加的现金流差额。

鸿宇公司生产服装的机器已经老旧,需要进行更新。其旧机器初始成本 100 000 元,直线折旧法下年折旧额为 9 000 元,该机器于 5 年前购买的,其账面价值为 55 000 元,当前残值为 65 000 元,5 年后的残值为 10 000 元。新机器初始成本 150 000 元,使用期为 5 年,5 年后残值为 0 元,每年成本节省额为 50 000 元,按照 5 年期类别折旧,税率为 40%。新旧设备剩余使用年限相等,需要每年现金流计算如下。

第 0 年,新机器的成本是 150 000 元,旧机器的税后残值 = 65 000 − (65 000 − 55 000) × 40% = 61 000(元),初始现金流 = 150 000 − 61 000 = 89 000(元)。

第 1—5 年每年经营现金流 = $50\,000 \times (1 - 40\%) + \left(\dfrac{150\,000}{5} - 9000\right) \times 40\% = 38\,400$(元)。

第 5 年末,旧机器的税后残值 = 10 000 − (10 000 − 10 000) × 40% = 10 000(元),新机器残值是 0 元,新旧机器残值差额是 −10 000 元。

表 13-1 为鸿宇公司更新设备后的现金流汇总表。

表 13-1 现金流汇总表

年份	0	1	2	3	4	5
初始现金流	−89000					
经营现金流		38400	38400	38400	38400	38400
期末现金流						−10000
总现金流	−89000	38400	38400	38400	38400	28400

第三节　资本成本

一、加权平均资本成本

如第一节所述,加权平均资本成本在资本预算中被用为项目现金流的折现率。它以各种资本所占总资本的比重为权数,对各种资本成本加权平均,是各种融资渠道对项目风险估值的综合反映。其公式为:

$$K_w = \sum_{i=1}^{n} W_i K_i \qquad 公式 13\text{-}8$$

式中:K_w 为加权平均资本成本

W_i 为第 i 种资本占总资本的比例

K_i 为第 i 种资本的成本

鸿宇公司长期资本账面价值 1 000 万元,其中长期借款 200 万元,应付债券 100 万元;普通股 400 万元,留存收益 300 万元;其资本成本分别为 4%、5%、6%、8%。求该公司的加权平均资本。

【分析】

$$K_W = \frac{200}{1\,000} \times 4\% + \frac{100}{1\,000} \times 5\% + \frac{400}{1\,000} \times 6\% + \frac{300}{1\,000} \times 8\% = 6.1\%$$

上述加权平均资本成本的计算中所用权数是按账面价值确定的。优点是资料容易获取,但如果当账面价值与市场价值差别较大时,计算结果容易出现误差。因此,计算加权平均资本成本所采用的权数,也可以按照市场价值或目标价值确定。

二、边际资本成本

边际资本成本,是指企业追加筹集资本的成本。反映企业资本每新增加一个单位而增加的成本。

当公司筹资规模扩大和筹资条件发生变化时,公司应计算边际资本成本以便进行追加筹资决策。边际资本成本也要按加权平均法计算。它取决于两个因素:一是追加资本的结构;一是追加资本的个别成本水平。

边际资本成本的计算可分为以下几种情况:

(1) 追加筹资时资本结构和个别资本成本保持不变。当资本结构与个别资本成本不变时,则边际资本成本与公司原加权平均资本成本相同。

(2) 追加筹资时资本结构改变,而个别资本成本保持不变。如果公司追加筹资时,客观条件不允许公司按原有的资本结构进行筹资,公司则需调整资本结构,此时尽管个别资本成本不发生改变,但边际资本成本也要发生变化。

(3) 追加筹资时资本结构保持不变,但个别资本成本发生改变。公司在追加筹资时,保持原有的资本结构不变,会出现两种情况,一是个别资本成本不变,一是个别资本成本发生改变。

究竟会出现哪种情况,取决于增资后投资人的期望。往往是公司的筹资总额越大,投资者的要求回报率就越高。这就会使边际资本成本不断上升。

此时计算边际资本成本可通过以下几个步骤进行,首先确定追加筹资的目标资本结构,然后确定各种筹资方式的个别资本成本的临界点,再根据个别资本成本确定筹资总额的分界点,并确定相应的筹资范围,最后计算不同筹资范围的边际资本成本。其中筹资总额分界点的计算公式如下:

$$筹资总额分界点 = \frac{按某一个别成本筹措的某筹资方式追加资本的限额}{该筹资方式筹措的资本在追加筹资的目标结构中的比重} \quad \text{公式 13-9}$$

在不同的筹资范围内,边际资本成本是不同的,并且呈现出边际资本成本随筹资总额增长而增加的特点。

鸿宇公司正处在正常经营期内,目前的资本结构为:长期借款占20%,债券占30%,普通股占50%。公司根据经营需要,计划追加筹资,并以原资本结构为目标资本结构。根据对金融市场的分析,得出不同筹资数额的有关资本成本数据见表13-2。

表 13-2　筹资资本成本表

筹资方式	筹资数额	筹资成本
长期借款	20 万元以内 20 万元—50 万元 50 万元以上	5% 6% 8%
长期债券	30 万元以内 30 万元—90 万元 90 万元以上	6% 8% 10%
普通股	20 万元以内 20 万元—100 万元 100 万元以上	12% 14% 16%

该公司追加筹资的边际资本成本计算如表 13-3 所示。

表 13-3　筹资资本成本表

筹资方式	筹资总额分界点	总筹资额范围	资本成本
长期借款	$\dfrac{20\text{ 万元}}{0.2}=100$ 万元 $\dfrac{50\text{ 万元}}{0.2}=250$ 万元	100 万元以内 100 万元—250 万元 250 万元以上	5% 6% 8%
债券	$\dfrac{30\text{ 万元}}{0.3}=100$ 万元 $\dfrac{90\text{ 万元}}{0.3}=300$ 万	100 万元以内 100 万元—250 万元 300 万元以上	6% 8% 10%
普通股	$\dfrac{20\text{ 万元}}{0.5}=40$ 万元 $\dfrac{100\text{ 万元}}{0.5}=200$ 万元	40 万元以内 40 万元—200 万元 200 万元以上	12% 14% 12%

依据表 13-3,确定公司的追加筹资范围,见表 13-4。

表 13-4　筹资边际资本成本表

筹资范围	边际资本成本
40 万元以内	$0.2\times5\%+0.3\times6\%+0.5\times12\%=8.8\%$
40 万元—100 万元	$0.2\times5\%+0.3\times6\%+0.5\times14\%=9.8\%$
100 万元—200 万元	$0.2\times6\%+0.3\times8\%+0.5\times14\%=10.6\%$
200 万元—250 万元	$0.2\times6\%+0.3\times8\%+0.5\times16\%=11.6\%$
250 万元—300 万元	$0.2\times8\%+0.3\times8\%+0.5\times16\%=12\%$
300 万元以上	$0.2\times8\%+0.3\times10\%+0.5\times16\%=12.6\%$

追加筹资时，资本结构和个别资本成本都发生改变。公司在追加筹资时发现原有的资本结构并非最优，现拟改变资本结构，同时个别资本成本也发生一些变化。这种情况下的边际资本成本应按新的资本结构和变化后的个别资本成本来计算。

第四节 投资项目决策评价指标

一、投资回收期

（一）投资回收期

从项目的投建之日起，用项目所得的净现金流量收回原始投资所需要的年限称为投资回收期。如某一项目的投资期净现金流如表13-5所示。第二年年末时，累计现金流入为800元，等于期初投资额。因此，投资回收期为2年。对于管理者，仅仅知道项目的回收期为2年，仍然无法做出决策。公司首先需要根据项目制定标准回收期。当项目的实际回收期小于标准回收期，则项目是可以投资的；如果项目的实际回收期大于标准回收期，则项目不可投资。

表13-5　投资项目净现金流量表

年份	0	1	2	3
净现金流	-800	400	400	400

（二）投资回收期的应用

计算投资回收期需先列出各期现金流，并假设现金流在每个期间内是均匀分布的。假设当在 T 年时，初始投资可回收，即累计现金流首次为正。可使用以下公式计算投资回收期：

$$Pt = (T-1) + \frac{CF_T - (IO - CF_{T-1})}{CF_T} \qquad 公式13-10$$

式中：Pt 为回收期

CF_T 为第 T 年的现金流

IO 为初始投资。

若项目的初始投资是1 000元，接下来三年每年获得400元的净现金流回报，如表13-6所示。在第二年年末，投资还有200元（-1 000+400+400）未收回，也就是在第三年期间，还需要再收回200元。第三年总共产生现金净流量400元，因此，在第2.5年时能收回期初投资的现金流1 000元。

表13-6　投资项目净现金流量表

年份	0	1	2	3
净现金流	-1 000	400	400	400

投资回收期的优点是:易于理解、能回避投资回收期之后项目现金流量的不确定性且偏向于高流动性。但却没有考虑资金的时间价值,也忽略了项目投资回收期之后的现金流量。为了解决投资回收期没有考虑货币时间价值的弊端,修正投资回收期将各现金流折现,再用投资回收期法计算折现后的现金流的投资回收期。

$$Pt' = (T-1) + \frac{-\sum_{t=0}^{T-1} NPV_t}{NPV_T} \qquad 公式 13\text{-}11$$

式中:Pt' 为修正投资回收期

NPV_T 为第 T 年净现值流量折现值

鸿宇公司某项目方案有关数据如表 13-7 所示,基准折现率为 10%,分别计算其投资回收期和修正投资回收期。若基准动态回收期为 8 年,试评价方案。

表 13-7 投资项目净现值流量折现值计算表

序号	目录 \ 年份	0	1	2	3	4	5	6
1	投资支出	20	500	100				
2	其他支出	300	450	450	450			
3	收入				450	700	700	700
4	净现值流量	-20	-500	-100	150	250	250	250
5	累计净现值流量	-20	-520	-620	-470	-220	30	280
6	净现值流量折现值	-20	-454.5	-82.6	112.7	170.8	155.2	141.1
7	累计折现值	-20	-474.5	-557.1	-444.4	-273.6	-118.4	22.7

投资回收期 $= 5 - 1 + \frac{220}{250} = 4.88$

修正投资回收期 $6 - 1 + \frac{118.4}{141.1} = 5.84$

由于项目方案的投资回收期小于基准的投资回收期,则该项目可行。

二、净现值

(一) 净现值含义及公式

投资项目的净现值(Net Present Value,NPV)是项目在整个建设期、经营期和终结期的所有净现金流量,按照一定折现率计算的现值之和。净现值的计算公式为:

$$NPV = \sum_{t=1}^{n} \frac{CF_t}{(1+WACC)^t} + IO \qquad 公式 13\text{-}12$$

式中:NPV 为净现值

CF_t 为第 t 年净现金流量

IO 为初始投资

若 NPV 大于等于 0，此项目具有投资可行性；若 NPV 小于 0，认为该投资项目不可投资。当多项投资项目比较时，以 NPV 最大为优。

（二）净现值法的应用

鸿宇公司投资一项目，初始投资为 250 000 元，每年现金净流量为 100 000，投资期限为 5 年，公司的加权平均资本成本为 15%。公司的管理层在考虑此项目是否可以投资？

用净现值法计算：

$$NPV = \sum_{t=1}^{5} \frac{100\ 000}{(1+15\%)^t} - 250\ 000$$

$$NPV = 335\ 216 - 250\ 000 = 85\ 216$$

因为 NPV 大于 0，可接受此项目。

净现值法综合考虑了货币时间价值，将项目全过程中各个年度的现金流用加权平均资本成本进行折现。同时满足决策指标需要满足的三个特征。在理论上比较完善，能够全面反映项目为股东带来的收益，符合公司财务目标。

三、内部报酬率

（一）内部报酬率含义及公式

内部报酬率（Internal Rate of Return，IRR）又称内部收益率或内含报酬率，是指项目投资可望达到的收益率。如果将这个收益率作为投资项目各年净现金流量的折现率，就会求得等于零的净现值。由于内部报酬率是能使投资项目的净现值等于零的折现率。计算公式如下：

$$\sum_{t=0}^{n} \frac{NCF_t}{(1+IRR)^t} = 0 \qquad \text{公式 13-13}$$

式中：NCF 为项目各期现金净流量

运用内部报酬率指标评价投资方案时，需要将事先计算好的内部报酬率与加权平均资本成本进行比较，若投资方案的内部报酬率大于其筹资成本，则认为项目具有投资可行性；否则，此项目不可接受。在有多个备选方案的互斥选择决策中，选用内部报酬率最高的投资项目。

（二）内部报酬率的应用

鸿宇公司投资一项目，经测算各年现金净流量分别为：$CF_0 = -100$ 万元，$CF_{1\sim9} = 20$ 万元，$CF_{10} = 30$ 万元。公司的加权平均资本成本为 15%。公司的管理层在考虑此项目是否可以投资？

【分析】

$$\sum_{t=0}^{n} \frac{NCF_t}{(1+IRR)^t} = 0$$

$$\frac{NCF_0}{(1+IRR)^0} + \frac{NCF_1}{(1+IRR)} + \cdots + \frac{NCF_{10}}{(1+IRR)^{10}} = 0$$

$$\frac{-100}{(1+IRR)^0} + \frac{20}{(1+IRR)^1} + \frac{20}{(1+IRR)^2} + \cdots + \frac{20}{(1+IRR)^9} + \frac{30}{(1+IRR)^{10}} = 0$$

由于计算过程比较复杂,需要经过多次测算如下:

净现值 $= 20 \times (P/A,i,9) + 30 \times (P/F,i,10) - 100$
$\qquad = 0$

应采用逐次测试法计算方案的内部报酬率。

第一次测算,采用折现率14%:

净现值 $= 20 \times (P/A,14\%,9) + 30 \times (P/F,14\%,10) - 100$
$\qquad = 20 \times 4.9464 + 30 \times 0.2697 - 100$
$\qquad = 7.019(万元)$

净现值大于0,说明内部报酬率大于14%。

第二次测算,采用折现率15%:

净现值 $= 20 \times (P/A,15\%,9) + 30 \times (P/F,15\%,10) - 100$
$\qquad = 20 \times 4.7716 + 30 \times 0.2472 - 100$
$\qquad = 2.848(万元)$

净现值大于0,说明内部报酬率大于15%。

第三次测算,采用折现率16%:

净现值 $= 20 \times (P/A,16\%,9) + 30 \times (P/F,16\%,10) - 100$
$\qquad = 20 \times 4.6065 + 30 \times 0.2267 - 100$
$\qquad = -1.069(万元)$

净现值小于0,说明内部报酬率小于16%。

说明 i 处于15%和16%之间,利用内插法:

$(i - 15\%)/(16\% - 15\%) = (0 - 2.848)/(-1.069 - 2.848)$

求得 $i = 15.73\%$

即内部报酬率 $IRR = 15.73\%$

因为 IRR 大于加权平均资本成本15%,项目可接受。

(三) 方法评价

和净现值一样,内部报酬率也同时满足了项目决策指标需要满足的三个特征。在应用上,内部报酬率更直观。但是,对于某些特殊的现金流,可能存在多个 IRR,此时,内部报酬率不可用。

内部报酬率通常会与净现值得到一致的结论。但在互斥项目中,如果初始投资规模差异较大或现金流的时间差异较大时,两种方法可能会得出不一致的结论,此时,以能反映股东收益的净现值的结论为优。

▶▶▶ 四、获利能力指数

(一) 获利指数含义及公式

获利指数(Profitability Index,PI)亦称现值指数,是指投产后按基准收益率或设定折现率

折算的各年现金流入量的现值合计与原始投资的现值合计之比。计算公式为:

$$PI = \frac{\sum_{t=1}^{T} PV_t}{PV_0} = 1 + NPVR$$
公式 13-14

式中：PI 为获利指数

PV 为现金流量现值

$NPVR$ 为净现值率

按照获利指数进行投资项目选择的原则是：若获利指数大于或等于1，就采纳该项目；若获利指数小于1，就拒绝该项目。

（二）获利指数法的应用

鸿宇公司投资一项目，初始投资为 250 000 元，每年现金净流量为 100 000，投资期限为 5 年，公司的加权平均资本成本为 15%。公司的管理层在考虑此项目是否可以投资？

用获利指数法计算：

$$PI = 335\ 216 \div 250\ 000 = 1.34$$

因为获利指数大于1，因此，项目可接受。

获利指数法考虑了资金的时间价值，能够真实地反映投资项目的盈亏程度，可以从动态的角度反映项目投资的资金投入与总产出之间的关系，由于获利指数是用相对数来表示，所以，有利于在初始投资额不同的投资方案之间进行对比。由于获利指数与净现值使用相同的信息评价投资项目，得出的结论是一致的。但在投资规模不同的互斥项目的选择中，则有可能得出不同的结论，此时，以净现值的结论为优。

本 章 小 结

资本预算是指为企业资本性投资制订计划并进行决策的过程。由于投资金额大，影响期间长，或者当企业在一段期间内有多个投资机会，但是企业的资源有限，因此企业需要对项目进行预算和评估。

分析投资阶段时，企业需要对长期投资的各个阶段进行分析，预算每个阶段的现金流。资本项目的现金流量由初始现金流量、经营现金流量、期末现金流量三个部分构成。

初始现金流量：
（购买资产的价格）
+（运输安装费用）
（可折旧资产）
+（投入的营运资本）
+（其他相关费用）
+ 卖出旧设备的税后现金流
期初净现金流

经营现金流量：
$$\begin{array}{l}\text{收入}\\ -\text{成本}\\ -\text{项目折旧}\\ \hline \text{税前收入}\\ -\text{所得税}\\ \hline \text{税后收入}\\ +\text{折旧}\\ \hline \text{每年现金流}\end{array}$$

或 $OCF = (R - OC) \times (1 - T) + D \times T$

式中：OCF 为经营现金流量

R 为经营收入现金流

OC 为经营成本现金流

D 为折旧额

T 为所得税税率

期末现金流量：$TCF = SV_A + RWC$

式中：TCF 为期末现金流量

SV_A 为残值的税后现金流

RWC 为收回的净营运资本

（2）加权平均资本成本在资本预算中被用为项目现金流的折现率。它以各种资本所占总资本的比重为权数，对各种资本成本加权平均，是各种融资渠道对项目风险估值的综合反映。

$$K_W = \sum_{i=1}^{n} W_i K_i$$

式中：K_w 为加权平均资本成本

W_i 为第 i 种资本占总资本的比例

K_i 为第 i 种资本的成本

（3）制定评价指标时，企业根据自身对投资回报的要求选择合适的选择标准对项目进行评估。一般企业比较常用的选择标准有：投资回收期法、净现值法和内部报酬率法等。

投资回收期：$Pt = (T - 1) + \dfrac{CF_T - (IO - CF_{T-1})}{CF_T}$

式中：Pt 为回收期

CF_T 为第 T 年的现金流

IO 为初始投资

净现值：$NPV = \sum_{t=1}^{n} \dfrac{CF_t}{(1 + WACC)^t} + IO$

式中：NPV 为净现值

CF_t 为第 t 年净现金流量

IO 为初始投资

内部报酬率：$\sum_{t=0}^{n} \dfrac{NCF_t}{(1+IRR)^t} = 0$

式中：NCF 为项目各期现金净流量

获利指数：$PI = \dfrac{\sum_{t=1}^{T} PV_t}{PV_0} + 1 + NPVR$

式中：PI 为获利指数

　　　PV 为现金流量现值

　　　$NPVR$ 为净现值率

【关键词】

资本预算　现金流量　资本成本　项目决策

【思考题】

1. 什么是资本预算？其实质是什么？
2. 现金流量的概念及其构成是什么？
3. 如何计算现金流量？
4. 项目决策的评价指标有哪些？分别如何计算？

【练习题】

1. A公司是一家生产锅炉的专业厂，近年来由于市场竞争加剧，企业经济效益急剧下滑。为了改变这一现状，公司领导决定进行新产品项目的开发，经过市场的调查和分析，发现市场对某"B工业锅炉"有持续的大量需求，市场前景广阔。为此公司领导决定投资2 000万元建设一个"B工业锅炉"生产线进行"B工业锅炉"的生产。"B工业锅炉"生产线建设项目于2016年1月1日开始，建设期一年。2017年投产，预计投产后正常年份每年的销售收入为1 600万元，总成本为1 000万元，税金为114万元。投产后第一年的生产能力为设计生产能力的70%，这一年的销售收入和经营成本都按照正常生产年份的70%计算，投产第二年及以后各年生产能力均达到设计生产能力。投产后第一年的税金为79.8万元，投产后项目每年的资产折旧额是300万元。

为了计算方便，假设该项目实施过程中投资发生在年初，收入和成本等均发生在年末，项目的折现率为8%。请根据上述信息编制完成表13-8现金流量表，要求填写表13-8中所有数据(小数点后只保留三位有效数字)，并计算动静态投资加回收期。

表13-8 现金流量表

单位:万元

项目	年度				
	2006年	2007年	2008年	2009年	2010年
现金流出					
现金流入					
净现金流量					
累计净现金流量					
折现系数					
(折现率8%)					
现值					
累计现值					

附:折现率为8%的折现系数表

年	1	2	3	4	5
折现系数	0.926	0.857	0.794	0.735	0.681

2. 某一公司生产空调,其计划投资一个新的项目,需要筹集资金,其适用所得税税率为25%。普通股目前的股价为25元/股,筹资费率为3%,股利固定增长率为1.5%,第一年预期股利为2.5元/股。如果向银行借款,需要借款300万元,手续费率为1%,年利率为5%,期限为5年,每年结息一次,到期一次还本。如果发行债券,债券面值2 000元、期限5年、票面利率为6%,每年付息一次,发行价格为2 000元,发行费率为4%。如果运用优先股进行筹资,股利率固定为15%,筹资率为3%。

要求计算其普通股资本成本,长期借款的资本成本,债券筹资的资本成本和优先股的资本成本。

3. 某公司有10 000份债券流通在外,年度票面利率为6%。面值为1 000美元,市场价格为1 100美元。该公司的100 000股优先股每年支付每股3美元股利,当前售价为每股30美元。公司的500 000股普通股当前以每股25美元销售,贝塔系数为1.5。无风险利率为4%。市场报酬率为12%。假设税率为40%,公司的WACC是多少?

4. 假设我们会接受一个项目,若其回收期小于或等于2年。

第一年:仍需回收165 000 – 63 120 = 101 880(美元)的成本;

第二年:仍需回收101 880 – 70 800 = 31 080(美元)的成本;

第三年:31 080 – 91 080 = – 60 000(美元),项目在第三年才能完全回收成本;

我们应该接受还是拒绝此项目?

5. 假设一项投资的初始成本是90 000美元,将产生以下现金流:

第一年:132 000;

第二年:100 000;

第三年:– 150 000;

必要报酬率是15%。

我们应该拒绝还是接受该项目？

6. 考察一项投资,需要成本 100 000 美元,在接下来的 5 年里每年将带来 25 000 美元现金流。必要报酬率是 9%,要求的回收期是 4 年。

问:(1) 项目的投资回收期是多长?

(2) 项目的贴现投资回收期是多长?

(3) NPV 是多少?

(4) IRR 是多少?

(5) 应该接受此项目吗?

(6) 哪个决策法则是最重要的决策方法?

(7) IRR 法则在什么时候是不可靠的?

【案例题】

南方日用化学品公司正在召开会议,讨论产品开发及其资本支出预算等有关问题。南方公司成立于 1990 年,是生产洗涤用品的专业公司。目前公司正生产"彩霞"牌和"绿波"牌系列洗涤用品,两种产品在东北地区的销售市场各占有很大份额,且近年来,这两种洗涤剂的销售收入有很大增长,其销售市场已经从东北延伸到全国各地。

面对日益激烈的商业竞争和层出不穷的科技创新,南方公司投入大量资金进行新产品的研究和开发工作,经过两年不懈努力,终于试制成功一种新型、高浓缩液体洗涤剂——"红雨"牌液体洗涤剂。该产品采用国际最新技术、生物可解配方制成,与传统的粉状洗涤剂相比,具有以下几项优点:(1)用量少。采用红雨牌系列洗涤剂漂洗相同重量的衣物,其用量只相当于粉状洗涤剂的 1/6 或 1/8;(2)去污力强。对于特别脏的衣物、洗衣量较大或水质较硬的地区,如华北、东北,可达最佳洗涤效果,且不需要事前浸泡,这一点是粉状洗涤剂不能比拟的;(3)采用轻体塑料包装,使用方便,容易保管。

参加会议的有公司董事长、总经理、研究开发部经理、财务部经理等有关人员。会上,研发部经理首先介绍了新产品的特点、作用;研究开发费用以及开发项目的现金流量等。研发部经理指出,生产红雨液体洗涤剂的原始投资为 500 000 元,其中新产品市场调研费 100 000 元,购置专用设备、包装用品设备等需投资 400 000 元。预计设备使用年限 15 年,期满无残值。按 15 年计算新产品的现金流量,与公司一贯奉行经营方针一致,在公司看来,15 年以后的现金流量具有极大的不确定性,与其预计误差,不如不予预计。

研发部经理列示的红雨牌洗涤剂投产后公司现金流量表见表 13-9 所示,并解释由于新产品投产后会冲击原来两种产品的销量,因此红雨洗涤剂投产后增量现金流量见表 13-10 所示。

表 13-9 开发红雨产品后公司预计现金流量

年份	现金流量(元)	年份	现金流量(元)
1	56 000	9	70 000
2	56 000	10	70 000
3	56 000	11	50 000
4	56 000	12	50 000
5	56 000	13	50 000
6	70 000	14	50 000
7	70 000	15	50 000
8	70 000		

表 13-10 开发红雨产品后公司增量现金流量

年份	现金流量(元)	年份	现金流量(元)
1	50 000	9	63 000
2	50 000	10	63 000
3	50 000	11	45 000
4	50 000	12	45 000
5	50 000	13	45 000
6	63 000	14	45 000
7	63 000	15	45 000
8	63 000		

研发部经理介绍完毕,会议展开了讨论,在分析了市场状况、投资机会以及同行业发展水平的基础上,确定公司投资机会成本为10%。

公司财务部经理首先提出红雨洗涤剂开发项目资本支出预算中为什么没有包括厂房和其他设备支出?

研发部经理解释道:目前,"彩霞"系列洗涤剂的生产设备利用率仅为60%,由于这些设备完全适用于生产红雨牌液体洗涤剂,故除专用设备和加工包装用品所用的设备外,不需再增加其他设备。预计红雨洗涤剂生产线全部开机后,只需要10%的工厂生产能力。

公司总经理问道:开发新产品投产后是否应考虑流动资金?研发部经理如实说:新产品投产后,每年需追加流动资金40 000元,由于这项资金每年年初借,年末还,一直保留在公司,所以不需将此项费用列入项目现金流量中。

接着,公司董事长提问:生产新产品占用了公司的剩余生产能力,如果将这部分剩余能力出租,公司每年将得到20 000元的租金收入。因此新产品投资收入应该与租金收入相对比。但他又指出,南方公司一直奉行严格的设备管理政策,即不允许出租厂房设备等固定资产。按此政策,公司有可能接受新项目,这与正常的投资项目决策方法有所不同。

讨论仍在进行,主要集中的问题是:如何分析严格的设备管理政策对投资项目收益的影响?如何分析新产品市场调研费和追加的流动资金对项目的影响?

根据以下情况，回答下列问题：

1. 如果你是财务部经理，你认为新产品市场调研费属于该项目的现金流量吗？
2. 关于生产新产品所追加的流动资金，应否算作项目的现金流量？
3. 新产品生产使用公司剩余的生产能力，是否应该支付使用费？为什么？
4. 投资项目现金流量中是否应该反映由于新产品上市使原来老产品的市场份额减少而丧失的收入？
5. 如果投资项目所需资金是银行借入的，那么与此相关的利息支出是否应在投资项目现金流量中得以反映？
6. 对于评价投资项目可行性的净现值、内部报酬率和投资回收期指标，其判断标准是什么？如果本方案的净现值计算结果为 $-120\ 000$ 元，该方案是否可行；若内在报酬率计算结果为 6%，该方案是否可行；若投资回收期计算结果为 10 年，该方案是否可行。根据各指标的判断结果，做出你最终的选择：是接受项目还是放弃项目？

第十四章

转移定价

 学习目的与要求

1. 了解分权制的含义;
2. 了解转移定价的动因;
3. 掌握转移定价的方法。

【案例导入】

  DL钢铁公司有两个分公司,每个分公司都是利润中心。其中,运输分公司负责在附近矿山购买铁矿石,并负责输送至吉林通化的精炼分公司;精炼分公司则专门将铁矿石加工成钢铁,精炼分公司与运输分公司间存在着交易关系,发生交易一定会产生相应的交易价格,而运输分公司和精炼分公司都隶属于DL钢铁公司,因此双方交易所产生的交易价格不同于对外销售时的价格,这种在同一组织内发生交易所产生的核算价格称之为转移价格。因此,应基于何种方式制定恰当合理的转移价格,协调好单个子公司的运作和绩效,值得DL钢铁公司思考。

  本章主要介绍转移价格。转移价格是指施行内部市场化管理的企业内部某子单位(或部门)向另一子单位(或部门)提供产品或服务时收取的价格,是在企业分权管理模式下解决内部资源配置及进行部门业绩评价的有效工具。其主要特点是仅仅反映出企业内部责任中心之间的产品与劳务转移,通常不直接与外部发生关联,只是指导企业内部部门之间产品或劳务的转移价格。

  企业制定合理的内部转移价格,有利于明确企业中各个部门的经济责任,可以预防责任转嫁;有利于充分调动企业内部各个部门的生产积极性,并客观公允地反映出各个部门的经营业绩。

第一节　转移定价的动因

转移价格(transfer price)是指一个子单元(部门或分公司)A 在发生向同一组织内其他子单元 B 提供产品或服务业务时,子单元 A 给其转移的产品或服务所确定的核算价格。例如,如果一个飞机制造商拥有一个独立的发动机生产部门,那么转移价格就是指发动机部门向飞机装配部门提供发动机时收取的价格,这个转移价格为卖方(发动机部门)创造了收入,给买方(汽车装配部门)消耗了成本,从而影响了双方的营业利润,而营业利润往往被用来评价各子单元的业绩,并用以激励管理者。中间产品(intermediate product)是同一组织内部从一个子单元转让到另一个子单元的产品或服务,也就是发动机。

就某个角度而言,转移价格是种神奇的现象。在同一个组织中发生的交易无疑是非市场化的行为;产品或服务没有在开放的市场中交易。但是,在一个公司的子单元间确定转移价格却带有明显的市场味道。转移价格的理论基础是子单元管理者(如发动机部门的管理者)在决策时只集中考虑他们的决策对自己单元的影响,而无须评估对整个公司的影响。从这方面看,转移价格减轻了子单元管理者的信息加工和决策的工作量。在一个精心设计的转移价格系统中,子单元业绩(发动机部门业绩)的最大化能带动整个公司业绩的最大化。

分权制(decentralization)是指组织的低层管理者可以自主做出决策。自治权(autonomy)指制定决策的自主程度。自主程度越大,自主权越大。分权制赋予了子单元管理者和员工采取决定性行动的自由。

彻底的分权制意味着一个组织中最低层的管理者做出决策行为受到最小程度的限制,即得到了最大程度的自主决策权。彻底的集权制则意味着最低层管理者决策时受到最大程度的限制,从而自主决策权被压制到最小。但是在现实中,绝大多数组织是处于一定程度的集权制和一定程度的分权制同时并存的情境。

实行分权制的公司会将大部分决策权赋予单个子单元。在此情况下,控制系统可以通过转移定价来协调它们的运作及绩效。

正如在所有的管理控制系统中,转移价格应该帮助实现公司的战略目标,并适应组织的结构,特别是应该促进目标一致和持久高水平的努力,应该鼓励卖出产品或服务的子单元降低成本,买进产品或服务的子单元有效地利用投入资金。转移价格也应该帮助高层管理者评估子单元及其管理者的业绩。如果高层管理者偏爱高度分散制,最大化其单元收入的子单元管理者应该拥有一定的自由。能够自主选择是按转移价格与公司内的其他子单元交易,还是与外面公司交易。

第二节　转移定价的方法

DL钢铁公司有两个分公司,每个分公司都是利润中心。其中,运输分公司负责在附近矿山购买铁矿石,并负责输送至吉林通化的精炼分公司;精炼分公司则专门将铁矿石加工成钢铁。假设钢铁是精炼厂唯一可出售的产品,生产1吨钢铁需要2吨铁矿石。假设每个分公司的变动成本随着单一成本动因变化,这种单一成本动因分别是运输分公司运送的铁矿石吨数和精炼分公司生产的钢铁吨数。每单位的固定成本则是根据预算年产量,即运送的铁矿石产量及生产的钢铁产量来计算的。

- 鞍山运输分公司与鞍山地区的一些矿山签订了合同,根据合同规定以1 200元/吨的价格购得铁矿石,然后将它们运到吉林通化,最后将它们"卖给"精炼分公司,从鞍山的矿山到吉林通化的精炼厂每天可以承运40 000吨铁矿石。
- 通化精炼分公司已经达到其生产能力,每天加工30 000吨铁矿石,平均每天用从鞍山运输分公司运来的10 000吨铁矿石和向其他铁矿场购买的20 000吨铁矿石(2 100元/吨)。
- 精炼分公司以每吨5 800元的价格出售钢铁。

图14-1概述了DL钢铁公司各分公司单位产品的固定成本和变动成本以及购买铁矿石、销售钢铁的外部市价。

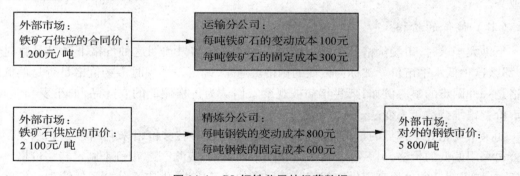

图14-1　DL钢铁公司的经营数据

图14-1中尚缺的是从运输分公司到精炼分公司的实际转移价格。这个转移价格随其确定方法的不同而不同。本节将为大家依次介绍三种不同的转移定价方法。

▶▶ 一、基于市价的转移价格

基于市价的转移价格是指高层管理者可以以市场上相同产品或服务的公允价格来确定其内部转移价格。若无相同产品,同类产品价格亦可;此外,他们也可以选择该子单元对外出售该产品或服务的价格为其内部转移价格。

在确定产品或服务的市场价格时,主要分为以下两种情形:

（一）完全竞争市场的情形

当下列三个条件能够同时得到满足时，使用市场价格作为转移价格可产生最优决策：(1) 中间市场是完全竞争市场；[1] (2) 子单元之间的相互依赖程度达到最弱；(3) 就公司整体来说，在外部市场而非内部买卖产品并不会增加额外的成本或收入。在完全竞争市场的条件下采用市场价格作为转移价格，企业可以同时实现四个目标：① 目标一致；② 管理层付出努力；③ 子单元绩效评估；④ 子单元自治。

DL 钢铁公司在吉林通化地区存在着一个完全竞争的钢铁市场。这样，运输和精炼分公司能以 2 100 元/吨的价格卖出和买进铁矿石，只要双方愿意，不论多少都行，DL 钢铁公司希望它的管理者能在内部买卖铁矿石。试想如果 DL 的分公司管理者拥有可以从外部买卖铁矿石的自由，他们将制定怎样的决策呢？若在两个分公司间的转移价格低于 2 100 元，那么运输分公司会将全部铁矿石以每吨 2 100 元的价格卖给吉林通化地区的外部购买者。若转移价格高于 2 100 元，精炼分公司将从外部供应商处购买铁矿石。只有 2 100 元的转移价格才能促使运输和精炼分公司内部交易。也就是说，这时，在外部市场交易于双方都不利。

公司根据各分公司的营业利润来评估其管理者的业绩，那么不论是内部还是外部交易，只要有利可图，运输分公司都将尽可能多卖铁矿石。同样，只要有利可图，精炼分公司也将尽可能多地买进铁矿石。在每吨 2 100 元的转移价格下，最大化分公司的营业利润同样使 DL 钢铁公司的营业利润最大化。此外，分公司的管理者受利益驱使将努力管理以最大化各自的营业利润。例如，如果在基于市价的转移价格下，精炼分公司持续出现低或负利润，DL 钢铁公司可能考虑关闭精炼分公司，只经营运输并销售铁矿石给吉林通化地区其他精炼厂的业务。

（二）偏低的价格

当供大于求时，市场价格就会低于历史平均水平。如果预期这种价格下降只是暂时性的，那么这种低水平市价就被称为偏低的价格。通常，确定一个现时市场价格是否是偏低的价格是一件困难的事。例如，某些年初被观察家们认为价格偏低的农产品，如小麦和燕麦，其市价就曾维持数年不变。

如果市场正处于偏低的价格水平时期，应该采用哪种转移价格来判断经营业绩呢？有些公司采用偏低的价格，另一些公司采用长期平均价格，或"正常"市价来制定转移价格。在短期内，如果偏低的价格高于供应此产品或服务的增量成本，供应方分公司的管理者们就可以接受偏低的价格。否则，供应方将停止把产品或服务卖给购买方分公司，而购买方分公司就只能从外部供应商处购买产品或服务，这样将增加分公司和全公司的营业利润，若采用长期平均市价，强迫管理者以高于现行市价的价格内部购买，将有损于购买方分公司的短期业绩，掩盖了它的利益性。采用长期市价，则提供了一种更好的标准评估供应方分公司的长期生存能力，如果预计价格长期偏低，那么公司应该采用偏低价格作为转移价格。如果偏低价格低于关闭生产设备能节省的变动成本和固定成本，那么供应方分公司的管理者将处理生

---

[1] 完全竞争市场（perfectly competitive market）是指同一产品在市场上只有单一的买卖价格，任何人都不能单凭自己的力量来影响价格。

产设备,而购买方分公司将从外部供应商处购买产品。

二、基于成本的转移价格

有时,某些产品没有市场价格可以参考,或市价不合理,或需要花费很大的成本才能得到。比如,某种产品可能很特别或很少见,或者内部转让的产品可能从质量上和服务上都有别于市场上流行的产品。此时,高层管理者就可以基于生产该产品的成本来选择转移价格。比如,变动生产成本、变动加固定生产成本、产品的全部成本[1]。有时候,基于成本的转移价格包括成本加成或销售毛利,他们代表了子单元的投资回报。

在选择成本作为转移价格时,主要分为以下三种情形。

（一）以全部成本为基础

以全部成本为基础确定转移价格就是指企业以全部可归集到产品的成本和费用的总和为转移价格。

$$TP = \frac{TC(PC+PE)}{Q}$$
公式 14-1

式中：TP 为单位产品转移价格

TC 为子单元的全部成本

PC 为采购成本

PE 为期间费用

Q 为产品总数

实务中,许多公司都以全部成本为基础来计算转移价格。在以全部成本法为基础定价的情形下,当运输子单元以全部成本计算的平均产品价格大于市价,但生产该产品的边际效应大于零时,销售子单元出于自身角度考虑并不会向运输子单元采购,而是向外部市场进行采购。这一行为是符合销售子单元的自身利益的,但是从整体角度不符合企业利益。因此,这种转移价格定价方式可能会导致次优决策。

此外,如果使用基于全部成本的转移价格时,要考虑期间费用的分配,就会引发一些问题。比如说,间接成本应该怎样分配给各个产品？分配时是否已经识别了正确的活动、成本库以及成本动因？是选择实际分配率还是预算分配率？这些问题类似于固定成本分配时遇到的问题。此时,使用作业成本制度的成本动因来计算全部成本及转移价格比较合适,因为这样可以为产品成本的分配提供更精确的分配基础,同时,如果使用预算成本或预算分配率来分配期间费用将可以使"买卖"双方预知交易价格,还可以避免无效成本随实际成本转移到购买部门。这是因为这种转移价格是基于预算成本而不是实际成本。同样,卖方分公司总产量的波动也不会影响转移价格。

（二）以变动成本为基础

以变动成本为基础确定转移价格就是指企业以卖方分公司产品供应增加部分的单位成

---

[1] 产品的全部成本包括所有生产成本加上与产品相关的全部业务职能成本(比如研发、设计、营销等)。

本(主要包括可直接归属于产品的采购及运输成本)为转移价格。

$$TP = \frac{\Delta PC + \Delta TC}{\Delta Q}$$ 公式 14-2

式中：TP 为单位产品转移价格

ΔPC 为增加产品的采购成本

ΔTC 为增加产品的运输成本

ΔQ 为增加产品总数

在采用变动成本为基础确定转移价格时,一般来说卖方分公司的变动成本是低于市场价格的。如果卖方分公司为了增加产量带来的变动成本大于市场价格,那么企业就没必要通过卖方分公司购入产品,而是直接从市场购入产成品。但是当单位产品的转移价格低于市场价格,那么卖方分公司将遭受损失,买方分公司则赚取大笔利润,因为它只需支付卖方分公司的变动成本。卖方分公司将无利可图,产品的利润从卖方分公司转移到了买方分公司,这样可能导致卖方分公司成本控制的欲望变低。这是采用变动成本法的一个缺陷。一个解决这个问题的方法是让买方分公司提供一笔资金转移到卖方分公司以弥补固定成本并为卖方分公司带来一些营业利润,而卖方分公司则继续以变动成本作为转移价格。买方分公司使用了卖方分公司的运输能力而支付其报酬形成固定的付款。这样,各个分公司的利润就可以用来评估它们及其管理者的业绩了。

(三) 按比例分配转移价格上下限之间的差价

除上述两种方法外,公司还可以选择另一种以成本为基础的转移定价方法,即在卖方分公司和买方分公司之间,在公平的基础上按某种比例分配转移价格之间的上下限差价(买方分公司愿意支付的最高价即市价,卖方分公司可以承受的最低价即变动成本)。如果根据卖方分公司和买方分公司为运输和提炼一定的产成品而预算承担的变动成本来确定分配比例,计算过程如下:

假设:

卖方分公司运输的变动成本 = A 元

买方分公司提炼的变动成本 = B 元

转移价格之间的上限(中间产品市价) = X 元

转移价格之间的下限(中间产品变动成本) = Y 元

转移价格之间的上下限差价 = $X - Y = C$ 元

计算公式:

$$TP = X + C \times \frac{A}{A+B}$$ 公式 14-3

式中：TP 为转移价格

在使用按比例分配转移价格上下限之间的差价来确定转移价格时,这两个分公司之间必须就它们的变动成本交换信息,实际上,每个公司都不能以一种彻底分权制的方式从事经营活动(至少这笔交易是如此),很多企业在某种程度上都是集权制和分权制的混合体。当转移的数额较大时,以上这种方法很值得考虑。然而要注意,每个分公司都有可能夸大它的变动成本以获取对其有利的转移价格。

三、协商转移定价

协商决定的转移价格。在某些情况下,公司内部的子单元之间可以自由地协商转移价格,然后再决定是在内部还是外部买或卖。在协商的过程中,他们可能会参考成本和市场价格,但最终确定的转移价格不一定与其存在特定的关系。当市价不断地波动和变化时,协商转移价格的方式较为常见。总之,商定的转移价格是组织内部卖方子单元和买方子单元共同协商议价的结果。

协商转移价格来自企业内部买方分公司和卖方分公司的议价。我们以 DL 钢铁公司的运输分公司和精炼分公司为例,假设运输分公司有剩余的运输能力,可以用来将铁矿石从鞍山运至通化,那么只有转移价格等于或超过运输分公司的变动成本时,它才会乐意从鞍山买进铁矿石然后"卖"给精炼分公司。同时,对于精炼分公司,只有在转移价格低于精炼分公司在吉林通化购买铁矿石的价格时,才会乐意从运输分公司"购买"铁矿石。

这样,从 DL 钢铁公司整体的角度来看,精炼分公司从运输分公司购买铁矿石才能最大化公司利润,但是,只有转移价格介于中间产品的增量单位变动成本与单位市价之间时,精炼分公司和运输分公司才会都有兴趣进行这项交易,因此获得目标一致性。此时关键的问题是,转移价格究竟应该位于哪个位置,这个问题取决于若干情况:交易双方的议价能力;运输分公司掌握的关于精炼分公司对服务的需求信息;精炼分公司掌握的关于其他可利用铁矿石来源的信息,如果 DL 评价各分公司绩效的标准是营业利润,议价问题将更为敏感。一般地,协商价格与成本或市价都没有什么必然联系,但是这两个信息在确定议价起点方面是非常有用的。协商的转移价格又强有力地保护本分公司自治的作用,因为这个转移价格是两个分公司协商的结果。同时它也能刺激每个分公司的管理者努力提高本分公司的营业利润,唯一不足之处在于花费在谈判过程中的时间和精力。

第三节 转移价格制定

一、基于市价的转移价格制定

DL 钢铁公司采用基于市价的转移定价方案制订过程如表 14-10。

表 14-1 基于市价的转移定价方法下,DL 钢铁公司每 100 吨铁矿石各分公司的营业利润

单位:元

	完全竞争市场情形下	偏低的价格情形下(现行市价 2 000,长期平均 2 100)	
中间产品价格:	市价	偏低的市价	长期平均市价
运输分公司			
收入	210 000	200 000	208 000

续表

	完全竞争市场情形下	偏低的价格情形下（现行市价 2 000，长期平均 2 100）	
中间产品价格：	市价	偏低的市价	长期平均市价
减：			
铁矿石采购成本（1 200 元/吨）	120 000	120 000	120 000
分公司变动成本（100 元/吨）	10 000	10 000	10 000
分公司固定成本（300 元/吨）	30 000	30 000	30 000
分公司营业利润	50 000	40 000	48 000
精炼分公司			
收入（5 800/吨）	290 000	290 000	290 000
减：			
转移成本	210 000	200 000	208 000
分公司变动成本（800 元/吨）	40 000	40 000	40 000
分公司固定成本（600 元/吨）	30 000	30 000	30 000
分公司营业利润	10 000	20 000	12 000
两分公司营业利润合计	60 000	60 000	60 000

在完全竞争市场情形下，公司根据各分公司的营业利润来评估其管理者的业绩，那么不论是内部还是外部交易，只要有利可图，运输分公司都将尽可能多卖铁矿石。同样，只要有利可图，精炼分公司也将尽可能多地买进铁矿石。在每吨 2 100 元的转移价格下，最大化分公司的营业利润同样使 DL 钢铁公司的营业利润最大化。

在偏低的价格情形下，在短期内，如果偏低的价格高于供应此产品或服务的增量成本，如 DL 案例中采用偏低市价运输分公司还能获得 40 000 元的营业利润，管理者们就可以接受偏低的价格。否则，供应方将停止把产品或服务卖给购买方分公司，而购买方分公司就只能从外部供应商处购买产品或服务，这样将增加分公司和全公司的营业利润。若采用长期平均市价，强迫管理者以高于现行市价的价格内部购买，将有损于购买方分公司的短期业绩，掩盖了它的利益性。如案例中，采用长期平均价格时运输分公司的营业利润上升了，但是相应的精炼分公司的营业利润却下降了。从公司的整体角度来看，营业利润却并没有变化都是 60 000 元。

二、基于成本的转移价格制定

DL 钢铁公司采用基于成本的转移定价方案制订过程如表 14-20。

表 14-2　基于成本的转移定价方法下，DL 钢铁公司每 100 吨铁矿石各分公司的营业利润

单位：元

中间产品价格：	以全部成本为基础	以变动成本为基础	按比例分配转移价格
运输分公司			
收入	160 000	130 000	138 889
减：			
铁矿石采购成本（1200 元/吨）	120 000	120 000	120 000
分公司变动成本（100 元/吨）	10 000	10 000	10 000
分公司固定成本（300 元/吨）	30 000	30 000	30 000
分公司营业利润	0	−30 000	−21 111
精炼分公司			
收入（5 800/吨）	290 000	290 000	290 000
减：			
转移成本	160 000	130 000	138 889
分公司变动成本（800 元/吨）	40 000	40 000	40 000

按比例分配下转移价格的计算过程：

卖方分公司运输的变动成本 = 100（元）

买方分公司提炼的变动成本 = 800（元）

转移价格之间的上限（中间产品市价）= 2 100（元）

转移价格之间的下限（中间产品变动成本）= 1 300（元）

转移价格之间的上下限差价 = 2 100 − 1 300 = 800（元）

计算公式：

$$\text{转移价格} = 1\,300 + 800 \times \frac{100}{100+800} = 1\,388.89$$

在以变动成本为基础进行转移定价时，精炼分公司不得不将运输分公司的固定成本视为自身的变动成本，为什么呢？因为就精炼分公司而言，它从运输分公司那里每取得 1 吨铁矿石，就要支付 1 600 元的变动成本，如果买了 10 吨，精炼分公司的成本就是 16 000 元；100 吨则是 160 000 元。而从整个 DL 钢铁公司来看，每吨铁矿石的变动成本实际上只有 1 300 元（在鞍山的买价 1 200 元 + 100 元的运费），剩余的 300 元只是固定成本。从吉林通化购买铁矿石要花掉公司 2 100 元，显然站在整个公司的角度，从鞍山购买铁矿石更便宜。但是，站在运输分公司的角度，他却不希望将铁矿石卖给精炼分公司，因为他如果在通化按市价出售能获得 500 元的利润，而如果出售给精炼分公司这部分利润就转移了。以变动成本确定转移价格时，运输分公司利润被转移的更多，但是从企业整体角度来说确实是创造价值的活动。

按比例分配转移价格的方式，介于上述两种方法之间。

三、基于协商的转移价格制定

以 DL 钢铁公司的运输分公司和精炼分公司为例,假设运输分公司有剩余的运输能力,可以用来将铁矿石从鞍山运至通化,那么只有转移价格等于或超过每吨 1 300 元(运输分公司的变动成本)时,它才会乐意从通化买进铁矿石然后"卖"给精炼分公司。同时,对于精炼分公司,只有在转移价格低于每吨 2 100 元(精炼分公司在通化购买铁矿石的价格)时,才会乐意从运输分公司"购买"铁矿石。

这样,从 DL 钢铁公司整体的角度来看,精炼分公司从运输分公司购买铁矿石才能最大化公司利润(每吨 1 300 元的增量成本与每吨 2 100 元的增量成本相比),但是,只有转移价格介于 1 300 元至 2 100 元之间时,精炼分公司和运输分公司才会都有兴趣进行这项交易,因此获得目标一致性。比如说,每吨 1 925 元的转移价格将使运输分公司的利润每吨增加 625 元(1 925 元 – 1 300 元)的利润,同时也使精炼分公司增加 175 元(2 100 元 – 1 925 元)的利润,因为他们可以 1 925 元的价格内部购买铁矿石而不是以 2 100 元的价格从外部市场购买铁矿石。

四、三种定价方式的比较分析

表 14-3 概括了用本章所述标准确定转移价格的不同方法的特点,符合所有标准的定价方法是不存在的,在定价时,必须同时考虑市场环境、转移定价系统的目标,以及目标一致、管理层付出努力、子单元绩效评估和子单元自治(若需要)四个标准,组织最终采用的转移价格依赖于经济形势和公司已做出的决定,不过,下面这个一般指导原则已在许多特定情况下被证明是制定最低转移价格时应进行的第一步。

表 14-3 不同转移定价方法的比较

标准	市价	成本	协商
取得目标一致性对评估子单元业绩有用	是,当处于竞争市场时	经常,但不总是困难,除非转移价格超过全部成本	是,但转移价格受议价能力影响
激励管理者付出努力	是	是,当以预算成本为基础时,缺乏控制成本的积极性,如果以实际成本为基础	是,因为其以子单元之间的协商为基础议价和协商需要时间,而且当情况改变时可能需要再次复核
保持子单元的自治性	是,当处于竞争市场时	不,因其以准则为基础	
其他因素	市场不存在,或不完善或处于危机时期	对决定产品和服务的全部恒本有用;容易实施	

$$TP_{min} = UIC + UOC$$ 公式 14-4

式中:TP_{min} 为最低转移价格
UIC 为截止到转移时的单位增量成本
UOC 为供应方分公司的单位机会成本

在这里,增量成本是指与产品或服务的生产和转让直接相关的附加成本,机会成本是指如果产品或服务在内部转让,供应方分公司为此放弃的最大利润。比如说,如果供应方分公司是在生产能力之内生产产品,那么进行内部交易而不是外销的机会成本就是市价减去变动成本。这是因为内部每转移一单位产品,供应方就放弃了外销单位产品本应该获取的利润。我们将增量成本和机会成本区分开的原因是,会计核算系统记录了增量成本,却不记录机会成本。这里的指导原则能够衡量最低转移价格的原因就在于,当且仅当转移价格能弥补供应方生产产品的增量成本和因内销而放弃的机会成本时,供应方才愿意把产品卖给组织内的子单元。

本章小结

通过这一章我们了解到,在实行分权制的公司,大部分决策权均掌握在单个子单元中,在这种情况下,控制系统往往通过转移定价来协调它们的运作及绩效。而通常用来确定转移定价的方法有三种:基于市价确定转移价格、基于成本确定转移价格以及协商转移价格。

【关键词】

分权制　转移定价　转移定价的方法

【思考题】

1. 分权制的含义是什么?
2. 转移定价的动因是什么?
3. 转移定价的方法有哪些?

【练习题】

1. 下列各项中,一般不作为以成本为基础的转移定价计价基础的是(　　)。
A. 完全成本
B. 固定成本
C. 变动成本
D. 变动成本加固定制造费用
2. 下列关于制定企业内部转移价格的表述中,错误的一项是(　　)
A. 如果中间产品存在非完全竞争的外部市场,应基于市场价格制定协商转移价格
B. 如果中间产品存在完全竞争市场,理想的转移价格是市场价格
C. 按变动成本加固定费制定转移价格,适用于最终产品市场需求稳定的情况
D. 按全部成本加成制定转移价格,只适用于无法采用其他形式转移价格
3. 卡特彼勒公司是一个高度分权制的公司。每个分公司的管理者对于购买和销售都

有全部的决策权。其拖拉机分公司生产需要关键性部件曲轴,每年用 3 000 个,机械分公司是这种部件的主要供应商之一。

然而,拖拉机分公司刚刚宣布在以后的两年里,它将从两个外部供应商那里以每个 20 000 元的价格购买所需全部数量的曲轴,原因是机械分公司最近决定在今后两年中将曲轴价格从 20 000 元增加到 22 000 元。

机械分公司的经理 JIMMY 觉得提价 10% 是完全正当的。因为该公司最近刚购买了一些生产曲轴的专业设备,折旧费和劳动力成本提高了。JIMMY 拜会了卡特彼勒公司的总裁,要求其命令拖拉机分公司从机械分公司处以单价 22 000 元购买所需的全部曲轴。另外,他指出,生产曲轴的变动成本是每个 19 000 元,固定成本是每个 2 000 元。

要求:

1. 计算拖拉机分公司在以下任何一种情况下从机械分公司内部购买曲轴,对卡特彼勒公司整体所带来的好处或坏处(以年营业利润计)。

(1) 机械分公司用于生产曲轴的设备不能做其他的用途。

(2) 机械分公司将这些设备做其他生产之用,每月将节省现金支出 2 900 000 元。

(3) 机械分公司的这些设备没有其他用处,并且外部供应商将曲轴价格降到每个 18 500 元。

2. 如果你是卡特彼勒公司的总裁,对于 JIMMY 要求命令拖拉机分公司从机械分公司那里购买所需的全部曲轴,你会做如何答复?你的答复会不会不同于按要求 1 中的(1)、(2)、(3)计算的方案?为什么?

【案例题】

中国最早生产重卡的汽车龙头企业——A 集团,生产制造了我国第一辆重型汽车——黄河牌载货汽车。随着集团公司产业链不断完善、规模不断扩大,2015 年,由 A 集团控股的省内重卡行业第一家金融公司——B 有限公司正式成立。

至此,A 集团已经发展为五个主要分部:

A 分部:重卡销售占本集团最大部分。本集团主要产品系列包括 SITRAK(油德卡)、HOWO-T 系列、HOWO-A7、HOWO、斯太尔及豪翰,每个系列再划分为多个子系列,产品销售面向不同的市场领域。此外本集团也从事整车改装及各类专用车制造。

C 与 D 分部:本集团轻卡主要有王牌 7 系、福巧、黄河等系列产品。本集团客车产品涵盖柴油客车、天然气客车、无轨电车、校车等,满足不同用户需求。

E 分部:本集团是中国少数具有生产重卡发动机能力的重卡制造商之一。本集团现在所生产绝大部分发动机能够满足自身需要,同时亦向独立第 H 方销售工程及施工机械用发动机。此外,本集团亦生产重卡其他主要总成及零部件,如变速箱及各类铸锻件。

F 分部:F 分部向本集团产品生产和销售部及本集团提供财务服务,包括吸收存款、发放贷款、签发商业票据和银行票据贴现及汽车金融服务业务。此外,该分部整合现有金融行业资源,通过汽车消费信贷为客户提供资金支持,深受客户好评。目前已建立 13 个地区营业部,消费信贷业务已延伸到 10 多个省份,附设到国内大部分地区。

售后分部:该分部主要是亲人配件服务。在"互联网+"的大背景下创立的"智慧GG"平台,开创了商用车行业自行建造电子商务平台的先河,为本集团亲人配件服务开启了网络营销的新模式。

A集团内部转移价格管理十分复杂,涉及诸多子公司的利益,稍有不慎就会导致子公司之间协调失衡,甚至影响集团的整体发展水平。因此A集团统一定价的产品及子公司之间协商定价的产品,内部转移价格的定价依据主要是:产品的材料成本。原材料成本、辅材成本、配套件成本及自制半成品成本的总和就是产品的材料成本。在进行内部转移价格制定时,本集团的相关负责人首先分析该产品的材料成本,把握定价的基本标准。在此基础上结合子公司的实际经营实况进行材料成本加成,建议相关产品内部转移价格,转移价格的最终决定权交由集团副总裁。

根据以上情况,回答下列问题:

1. A集团现有的转移价格制定合理吗?请说出理由。
2. A集团的定价依据若不合理,请你设计一套方案。